Inhalt

Logbucheintrag 1, geschrieben von Commander Richter auf dem Vaterschiff Enterprise, unterwegs zu neuen Welten, in denen noch nie ein Mensch (auf jeden Fall nicht ich) je zuvor gewesen ist!

Einleitung

Haben Sie schon mal den Spruch gehört »Für ein Kind ist nie der richtige Zeitpunkt«? Glauben Sie mir, das stimmt! Nur ist es eigentlich auch vollkommen egal, denn worauf will man warten?!

Mit 20 passt es nicht, man hat ja noch so viel vor sich, steckt in der Lehre, im Studium oder am Anfang einer megaerfolgreichen Karriere als Internetpionier, will erst mal perfekt Chinesisch lernen, man ist kurz davor, die Welt zu erobern. Und es gilt ja auch noch soooo viele Frauen zu erobern.

Mit 30 steht man mitten im Leben, und wann soll da bitte schön Zeit sein, bei all dem beruflichen Stress. Die eigene Firma läuft, muss aber immer größer werden, und man will das Kind ja schließlich nicht nur schlafend sehen oder erst, wenn es bereits wahlberechtigt ist.

40 ist die neue 30 und die Probleme bleiben dieselben.

Mit 50 wird es selbst für uns Männer eng, wenn wir unserem Kind nicht mit dem Rollator hinterherjagen wollen. Es stimmt also: Den richtigen Zeitpunkt gibt es nicht!

13

Mit meinen 43 befand ich mich genau zwischen der Phase »beruflich eingebunden« und »Ach, das ist aber lieb, dass der Opa mit zum Elternabend kommt«. Aber auf einmal war da so ein Gefühl, das ich am Anfang noch mit einer Art Midlife-Crisis verwechselte. Ein Gefühl, das mir sagte: »Willst du jetzt, bis du in die Grube hüpfst, so weitermachen oder fehlt da nicht etwas?« Und dann begann ein Zweikampf zwischen diesem Gefühl und den Gewohnheiten, denn ich bin ein absoluter Gewohnheitsmensch: mit meiner Frau zwei bis drei Mal die Woche in unser Fitnessstudio, jeden Sonntag die gewohnte Joggingstrecke einmal um den Grunewaldsee, einmal im Monat essen bei unserem Lieblingsthailänder und mindestens einmal im Jahr auf unsere Trauminsel Ibiza.

Alles war irgendwie geordnet und vertraut. Früher hatte ich sogar Schwierigkeiten umzuziehen. Selbst wenn die neue Wohnung dreimal so groß war und in einer viel besseren Gegend lag – sobald es ernst wurde, kam mir die alte Wohnung auf einmal vor wie der totale Knüller.

Und da denke ich allen Ernstes darüber nach, ein Kind zu zeugen und viele meiner so lieb gewonnenen Gewohnheiten einfach über Bord zu werfen?! Eine der Gewohnheiten war es ja zum Beispiel, penibel auf Antjes Persona-Test – das ist so ein Gerät zur Verhütung, das die fruchtbaren (grün) und unfruchtbaren (rot) Tage anzeigt – zu achten, ob wir auch ja im wahrsten Sinne des Wortes im grünen Bereich waren, und jetzt sollte man an den verbotenen roten Tagen richtig Vollgas geben.

Das war schon ein gewisser Prozess, dieses Gefühl aus dem Kopf zu kriegen und nicht mehr darüber nachzudenken, dass ab sofort immer scharf geschossen wurde.

Das Schöne ist, dass ich mich noch genau an den Moment erinnern kann, in dem die Gefühle über die Gewohnheit gesiegt haben. Meine Frau war mit ihrem Neffen und ihrer Zwillingsschwester unterwegs und organisierte seinen Kindergeburtstag bei McDonald's, und von dort aus rief sie mich an und sagte: »Mensch, Thomas, total peinlich, ich war gerade die einzige Erwachsene, die bei McDonald's die Kinderrutsche runtergerutscht ist.«

Ich dachte sofort an unseren ersten Skiurlaub, bei dem sie am Minihügel Hoppelshöh auf einem Kinder-Fließband den Berg erst nach oben sauste und dann im Schneepflug mit atemberaubenden 2,5 Stundenkilometern die 50 Meter ins Tal raste! Eine Frau zum Pferdestehlen, die den ganzen Tag lacht und sich für nichts zu schade ist und jeden Scheiß mitmacht. Das ist die richtige Mutter für meine Kinder, dachte ich und bemerkte dabei: Moment mal, das habe ich noch nie gedacht!

Der Schalter war umgelegt, meine Ängste der Vergangenheit alle wie von einer Sekunde auf die andere weggewischt. Ich flitzte nach Hause, um mit Antje über meine Gedanken und Gefühle zu sprechen, und war auf einmal total aufgeregt. Alles musste stimmen für dieses für mich so wichtige Gespräch, deshalb ging ich noch schnell einkaufen und besorgte einen super Wein, alle Zutaten für ein Megaabendessen und ein paar süße Schweinereien als Nachtisch.

Ich wusste, ich habe noch zwei Stunden Zeit, um zu Hause alles romantisch vorzubereiten, da Antje lange arbeiten musste. Nachdem ich das Essen vorbereitet hatte, zündete ich alle Kerzen an, die ich finden konnte, und empfing Antje schon an der offenen Haustür, bevor sie den Schlüssel ins Schloss stecken konnte. Verdattert fragte sie: »Was ist denn mit dir los? Du grinst ja wie ein Honigkuchenpferd.« – »Nichts«, erwiderte ich, »ich wollte nur einen schönen Abend mit dir verbringen.« Als sie das Essen und den gedeckten Tisch mit den Kerzen sah, fragte sie noch mal: »Komm schon, rück raus mit der Sprache. Hast du irgendetwas zu beichten, hast du irgendwas angestellt?« Auch das verneinte ich, servierte ihr mit einem Handtuch über dem Arm das erste Glas Wein und versuchte mich noch zurückzuhalten bis zum Dessert, aber ich schaffte es nicht, denn Antjes fragende Blicke wurden bohrender. Noch mit halb vollem Mund platzte ich heraus: »Komm, Schatz, wir machen das jetzt einfach, wir legen es drauf an«, ein wenig von mir selbst erschrocken, wie bestimmt ich diesen Satz gerade rausgefeuert hatte. »Du bist 30, das ist perfekt, und ich werde zwar immer interessanter, aber auch nicht jünger, also lass es uns tun!«

Erst war Antje ein wenig sprachlos, ich denke sogar, sie dachte, ich hätte getrunken oder stünde unter dem Einfluss irgendwelcher Substanzen, aber als sie bemerkte, dass ich das im Vollbesitz meiner ... okay, ich will nicht übertreiben ... aber auf jeden Fall einigermaßen klar im Kopf sehr ernst meinte, antwortete sie, zwar mit einem Kloß im Hals, aber voller Vorfreude: »Natürlich, das ist mein größter Wunsch. Ja, lass es uns tun!«

Mit dieser Entscheidung begann eine der spannendsten Zeiten in unserem Leben, die sich mit nichts vergleichen lässt, was mir in der Vergangenheit widerfahren ist. Begleiten Sie mich auf einer Reise ins Ungewisse ohne Rücktrittsversicherung und doppelten Boden, die ich jedem, egal in welchem Alter, nur wärmstens empfehlen kann!

Auf die Plätze, fertig, los!

Die Angetraute

Um eins klarzustellen: Ich liebe meine Frau! Sie ist meine Traumfrau, die beste, die man sich nur wünschen kann, aber … (Mein bester Freund hat mal gesagt, alles vor dem Aber in einem Satz ist unwichtig … hmm … egal, ich denke, in diesem Fall können wir eine Ausnahme machen!) Das Aber bezieht sich auch eher auf die kleinen Macken, die man mit eingekauft hat und bei denen man nach langem Hin und Her entschieden hat: Wer das eine will, muss das andere mögen, basta!

Zu diesen kleinen Macken gehören zum Beispiel solche Kleinigkeiten wie das abendliche Weggehen und Sich-Fertigmachen. Nachdem wir zusammengezogen waren, betrat ich eines Abends nach der Arbeit die Wohnung mit einem komischen Gefühl. Überall im Ankleidezimmer, im Flur, im Bad lagen Klamotten. Schranktüren standen offen, Schubläden waren durchgewühlt. Mein erster Gedanke war: Wir sind ausgeraubt worden, Einbrecher! Nachdem ich mich mit mehreren Sprüngen durch unsere Wohnung bewegt hatte, um mich zu vergewissern, dass die Diebe nicht mehr anwesend waren, rief ich meine Frau an, die mir, als ob nichts gewesen wäre, berichtete, sie habe sich doch nur

nicht entscheiden können, was sie zum abendlichen Weggehen anziehen sollte! (Zu ihrer Ehrenrettung sei gesagt,
dass sie das alles auch wieder wegräumt.)

Noch schlimmer ist die Situation, wenn ich anwesend
bin in dieser heiklen Entscheidungsfindungsphase und
mich trotz zahlreicher Ablenkungsmanöver (Playstation,
Laptop oder Sportschau) nicht davor retten kann mitzu-
entscheiden. Denn sämtliche Klischees treffen bei meiner
Frau in diesem Moment zu! Ja, sie denkt, dass sie durch-
sichtig ist, wenn sie das erste Kostüm beim 1:0 für mein
Fußballteam Hertha direkt vor unserem Fernseher präsen-
tiert und nach meiner Meinung fragt. Dann beginnt das
Ritual!

Sie: »Schatz, wie findest du das hier?«

Ich: »Engel, das ist perfekt, alles passt super zusammen.«

Sie, nachdem sie etwas anderes angezogen hat:
»Oder das?«

Ich (Fehler): »Das sieht auch klasse aus!«

Sie: »Jetzt bin ich verunsichert!«

Ich: »Okay, zieh das Erste an, das war super und du wirst
die schönste Frau des Abends sein!«

Nach gefühlten hundert weiteren Vorschlägen, einem
völlig verwüsteten Ankleidezimmer, in dem ich nur in Spa-
gatschritten bis an mein Hemd, meine Hose und meine Jacke komme, um mich in drei Minuten fertig zu machen,
zieht sie dann das allererste Outfit wieder an und ist damit zufrieden.

Eine weitere Macke ist ihr Figurwahn und ihre Angst,
sie könne drei Gramm zunehmen. Wir reden hier über eine
Frau mit XS-Figur, die sich gerne auch mal eine ganze Tafel Schokolade reinhaut! Danach ist ihr dann immer so komisch irgendwie und na klar, wir müssen viel mehr Sport

machen, und schau mal, wie ich aussehe, mir passt ja kaum noch meine Hose und so weiter.

Interessant ist auch, dass sie Kaffee nur schlürfend zu sich nehmen kann. Ich behaupte nicht, dass sie mit Händen und Füßen isst oder irgendwie nicht gut erzogen ist, es geht nur um dieses Geräusch. Für mich ist das, als ob man mit einem Stück Kreide und dann mit den Fingernägeln über eine Tafel quietscht, und es kräuseln sich bei mir alle Nackenhaare. »Das geht nicht anders, weil das zu heiß ist«, ist dann immer ihre Entschuldigung, aber das stimmt einfach nicht, denn auch ein lauwarmer Kaffee kann von ihr nur mit lautem Schlürfen getrunken werden.

Aber natürlich ist es gerade die Ansammlung von sympathischen Macken, die sie einzigartig macht und daher so liebenswert! Deshalb erzähle ich wahrscheinlich so gerne von der einen oder anderen kleinen Macke.

Ein mulmiges Gefühl

Alles begann mit einem mulmigen Gefühl im Bauch. Klingt komisch, ist aber so. Antje nahm schon seit Jahren nicht mehr die Pille, weil wir mal gelesen hatten, dass es eventuell sehr lange dauert, bis man schwanger wird, nachdem man die Pille abgesetzt hat. Ab da nutzten wir den Persona-Test und ließen es an den grünen Tagen so richtig krachen. An den roten Tagen hieß es wie an einer Ampel: Wenn du hier nicht stoppst und stattdessen bei Rot weiterdonnerst, kann es sein, dass du deinen Freiheitsschein mindestens für die nächsten 18 Jahre verlierst, also runter vom Gas und tief durchatmen.

Antje versuchte die Tage, an denen ich sozusagen mit angezogener Handbremse agieren musste, mit einem zart ins Ohr gehauchten »Du weißt, heute ist rot« in unser Liebesleben zu integrieren.

Und ab jetzt sollte das alles anders sein und mit »anders« meine ich »total umgekehrt«: Schlaf dich ruhig aus an all den grünen Tagen, mein Lieber, aber sobald die Ampel auf Rot schaltet, gib richtig Vollgas.

Für mich war dieses totale Umdenken kein einfacher Prozess, und ich muss zugeben, das erste Mal, als ich scharf schießen sollte, war mein Kopf nicht eine Sekunde ausgeschaltet. Auf einmal turnten Tausende Gedanken durch meinen Schädel: Verdammt, Junge, jetzt wird es echt ernst, leg dich ins Zeug, damit das auch wirklich hinhaut. Will ich das überhaupt? Oh, oh, oh, jetzt muss ich auf die Bremse treten, ach nein, ich darf ja, und ups, jetzt ist es ohnehin zu spät!

Romantisch ist definitiv anders, aber ich versuchte, mir das nicht weiter anmerken zu lassen und kuschelte mit meiner Frau danach gemütlich zusammen. Sie konnte sich anscheinend voll diesem Gefühl »Jetzt machen wir ein Baby« hingeben. Wenn ich ehrlich bin, war ich ein wenig neidisch, dass ich nicht genauso abschalten konnte.

Zusätzlich wollte meine Angetraute in jeglicher Form auf Nummer sicher gehen, dass es auch funktionierte. Das heißt, dass ich an den roten Tagen froh sein konnte, wenn ich mal das Tageslicht erblickte oder zur Nahrungsaufnahme das Schlafzimmer verlassen durfte.

Der nächste Arbeitstag war dann zwar immer anstrengend, weil ich nach den roten Nächten aussah wie ein Zombie, der gerade an einem Ultra-Triathlon teilgenommen hatte, aber er diente auch der Abkühlung, denn ich wusste ja, was die Gottesanbeterin am Abend von mir erwartete.

Ich nahm mir fest vor, an den nächsten zwei grünen Tagen 48 Stunden durchzuschlafen. Aber was ist, wenn es nicht beim ersten Mal klappt oder beim zweiten oder dritten? Ich habe Leute in meinem Freundeskreis, die probieren es seit Jahren. Heißt das ab jetzt auch eine ganz andere Urlaubsplanung, immer fünf Tage im Monat, an denen ich einen Riesenvorrat eingekauft habe, das Handy aus ist und ich mir vorher bei meinem Allgemeinmediziner zahlreiche Vitamininfusionen reinziehe und mir noch zur Sicherheit ein paar blaue Pillen verschreiben lasse nur für den Fall, dass ich vor einer der zahlreichen roten Ampeln dann an einer verstopften Zündkerze leide?

Ich wusste, ich muss endlich aufhören, darüber nachzudenken, damit ich mich nicht zu sehr reinsteigere und lieber alles auf mich zukommen zu lassen, und das schaffte ich irgendwann auch.

Bist du bereit für ein Kind?

Wenn man ein Kind plant, dann denkt man meist an die schönen Dinge wie das erste Lächeln, süße Händchen, kleine Füßchen. Ohnehin gibt es bei der Vorstellung vom Nachwuchs unglaublich viele Wörter, die mit »chen« enden. Seit ich Vater bin, muss ich aber feststellen, dass es in diesem Zusammenhang auch viele Wörter gibt, die so gut wie nie auf »chen« enden, weil die einfach eher eklig sind, aber leider auch dazugehören: Ausfluss, Spuckwindel, Mutterkuchen, Käseschmiere, Wochenfluss, Schleimpfropf, ich könnte ewig so weitermachen und wem jetzt schlecht ist, der sollte noch mal überlegen, ob er wirklich bereit ist.

Genauso wenig denken viele darüber nach, dass Kinder auch Geld kosten. Ich habe mal gelesen, dass ein Kind bis zum 18. Lebensjahr um die 120 000 Euro auf den Kopf haut. Das glaubt keiner? Pro Monat sind das 555 Euro. Wenn man die Erstausstattung mit Kinderwagen und Kinderzimmer bedenkt, ist das nichts als ein kleiner Vorgeschmack auf Schulranzen, Klassenfahrten, Nike-Turnschuhe und vieles mehr.

Und auch im Alltag wird es einige Überraschungen geben. Es wird im Grunde genommen so gut wie nichts mehr so sein, wie es mal war, und daher stelle ich ganz explizit folgende Frage: Bist du bereit für ein Kind?

Hätte ich vorher gewusst, was auf mich zukommt, hätte ich gerne einen Eignungstest gemacht, den ich auch jedem »Baldvater« empfehlen würde und der ungefähr so aussehen könnte:

Der Zeitmanagementtest
Steh um 7.30 Uhr auf und nimm dir fest vor, um neun das Haus zu verlassen. Flute das Badezimmer und schütte dir wahlweise Kaffee oder Marmelade auf dein frisches Hemd. Zieh dich um und renne circa 30 Minuten schon mit dicker Jacke bekleidet durch die Wohnung. Versuche die Zeit zumindest annähernd einzuhalten.

Der Schmutztest
Gieße Früchtetee über dein Sofa und bestreiche dein iPad mit Nutella. Stecke ein Fischstäbchen und eine Milchschnitte in die Sofaritze und lass beides den ganzen Sommer dort. Gib mehrere Mohrrüben und zwei Liter Erdbeershake in einen Mixer, lass den Deckel offen und drücke auf Start.

Der Spielzeugtest

Verteile einen Karton als Babywippe, mehrere Frischkä-
sewraps als Windeln und eine offene Bierflasche als Fläschchen irgendwo in der Wohnung auf dem Boden. Schütte
nun eine große Kiste Schrauben und Dübel aus und schie-
ße sie in jede nur erdenkliche Ecke deiner Bude. Verbinde
dir die Augen und versuche an allen Hindernissen vorbei
ins Bad zu gelangen und wieder zurück, ohne einen Mucks
von dir zu geben, damit das Kind nicht aufwacht.

Der Einkaufstest

Nimm zum Supermarkt zwei volle Sporttaschen mit. In die
eine packst du einen Hundewelpen einer besonders ver-
spielten Rasse und in die andere einfach eine Fünf-Kilo-
Hantel als Windeltasche. Nun versuchst du total entspannt
deine Einkäufe zu erledigen und bezahlst alles, was dein
Kind ... äh, Hund dabei gegessen oder kaputt gemacht hat.
Sollte er dann sein Geschäft verrichten wollen, such ein
angenehmes Plätzchen dafür und stell dabei fest, dass das
gar nicht so einfach ist. Am Ende überleg dir, wie du die
Sporttasche, den Hundewelpen, die Fünf-Kilo-Hantel sowie deinen kompletten Einkauf zurück nach Hause und in
den vierten Stock ohne Fahrstuhl bekommst.

Der Anziehtest

Besorg dir einen lebendigen Kraken. Versuche, ihn in einen Langarmbody zu kriegen, wobei mindestens vier seiner Tentakel in der richtigen Öffnung sein sollten. Stell
dabei deinen CD Player auf volle Pulle vorzugsweise mit
einem kreischenden Gitarrensolo.

Der Füttertest

Besorg dir eine große Plastiktasse. Füll sie bis zur Hälfte mit Wasser. Befestige die Tasse mit einem Pendel an der Decke und lass die Tasse hin- und herschwingen. Versuche nun löffelweise, matschige Cornflakes in die Tasse zu befördern, während du vorgibst, ein Flugzeug zu sein.

Der Schlaftest

Besorg dir einen kleinen Sandsack. Befüll ihn mit fünf bis sechs Kilo und halte ihn am Nachmittag für mehrere Stunden im Arm und wiege ihn hin und her. Dabei drehst du wiederholt den Fernseher an, redest ununterbrochen eine Oktave höher als normal und suchst nach Gegenständen, die für Kinderaugen irgendwie interessant wirken könnten. Tue dies bis circa 21 Uhr. Jetzt legst du den Sandsack ins Bett und schaukelst ihn noch mal um die 15 Minuten. Danach gehst du ins Bett und stellst deinen Wecker auf zwei Uhr nachts.

Um zwei Uhr stehst du auf und trägst den Sandsack wieder für eine Stunde durch die Wohnung, singst diesmal einige Schlaflieder dabei.

Stell den Wecker nun auf fünf Uhr und wiederhole alles. Versuche, dich an noch mehr Schlaflieder zu erinnern.

Stell den Wecker auf sieben Uhr, steh auf und bereite das Frühstück vor.

Wiederhole das Ganze Nacht für Nacht, mindestens drei Monate lang.

Wenn du jetzt immer noch aus voller Brust schreist: »Ja, ich will!«, dann bist du mehr als bereit für das Vaterwerden.

Treffer, versenkt!

Wir hatten uns in den letzten zwei Jahren sehr oft darüber unterhalten, wann es am besten wäre, Eltern zu werden. Am Anfang haben wir sogar den Fehler gemacht, uns mit anderen Paaren darüber auszutauschen.

»Es gibt nie den richtigen Augenblick.«

»Es kommt, wie es kommt.«

»Planbar ist so etwas nicht.«

»Habt ihr euch das auch gut überlegt?«

Und zahlreiche andere wertvolle Tipps paarten sich mit Horrorstorys über 48 Stunden Wehen, Schwangerschaftsvergiftungen und den Verlust sämtlicher Freiheitsrechte mit Sprüchen wie:

»Wenn ihr dachtet, ihr wisst, was müde ist, dann wartet mal auf die ersten sechs Monate.«

»Deine Figur wird nach der Schwangerschaft total verändert sein.«

»Am besten, du schaffst dir eine pflegeleichte Mutti-Frisur an!«

Wow! Und dann endet es meist mit dem Spruch: »Aber Kinderkriegen ist das Größte, was es gibt auf der Welt!« Und da soll nun noch jemand durchblicken?!

All das konnte uns nicht von unserem Kinderwunsch abbringen, am Anfang jedoch mit schwersten Auflagen meiner Frau: »Also ich will unbedingt erst mal einen Jungen, weil, wenn wir ein Mädchen bekommen, dann ist das bestimmt so ein Papakind und will nichts mit mir zu tun haben, und außerdem sollte es im Sommer auf die Welt kommen, da ist immer schönes Wetter, wegen der Geburtstagsfeier und so, und dann müssen wir natürlich auch noch den chinesischen Empfängniskalender berücksichtigen und überhaupt, wo ist eigentlich meine Folsäure ...«

Klingt alles nicht gerade nach heißem, zügellosem Sex, wohl eher nach: »Antreten, Eisprung ist fertig!« Aber das legte sich Gott sei Dank nach zahlreichen mantrischen Gesprächen.

Trotzdem behielten wir Antjes Wunsch nach einem Sommerkind im Hinterkopf und rechneten hin und her. Die Zeit zwischen August und November war die richtige, um ein Kind im Sommer zu kriegen. Kritischerweise kollidierte genau diese Zeit mit Antjes Wunsch, einen Jungen zu bekommen, denn laut chinesischem Empfängniskalender hätten wir dann erst ab Februar loslegen dürfen. Als ich allerdings im Internet las, dass dieser Kalender eine Treffsicherheit von 50 Prozent hat, kam ich aus dem Lachen nicht mehr raus. Das hieß, wenn wir es jetzt darauf anlegten, bekämen wir zu 50 Prozent ein Mädchen, und wenn wir bis Februar warteten, dann zu 50 Prozent einen Jungen – was für ein Quatsch!

Es war Oktober, und die Idee mit dem Sommerkind hatte für Antje daher Vorrang. Außerdem glaubte sie, dass wir ja mit einplanen müssten, dass es natürlich nicht sofort klappen könnte. Ich war mir jedoch sicher, meine MacGyver-Spermien würden sich todesmutig in jeder Nische ihrer Eileiter verstecken und nur darauf warten, dass so ein Ei vorbeischlendert, und sich dann sofort draufstürzen! Ich war sogar der Meinung, dass wir aus diesem Grund froh sein konnten, wenn wir nicht gleich Zwillinge oder Drillinge bekämen. Aus meiner Sicht konnte also so gut wie nichts schiefgehen.

Am 18. Dezember waren wir mit Michael, einem meiner besten Freunde, seiner Frau Susi und seiner einjährigen

Tochter essen. Sie hatten uns aus Hamburg besucht, und auch bei diesem Dinner ging es ums Kinderkriegen. Wir beobachteten die kleine Charlott, so wie wir uns in letzter Zeit so gut wie auf jedes vorbeilaufende Kind fokussierten, und stellten uns dabei vor, wie wohl unseres mal sein würde. Am Abend im Bett klagte Antje über so ein Ziehen im Bauch, für mich ein klares Indiz der »Ich hab zu viel gegessen«-Macke, also schenkte ich dem keine große Beachtung, sondern schmiss nur das Heizkissen an und schmunzelte in mich hinein, denn ich vermutete einen weiteren Anflug ihres Figurwahns.

Am nächsten Morgen, als ich ins Bad schlenderte, kam mir Antje entgegen! Ich hatte im Halbschlaf mitbekommen, dass sie morgens schon aus der Wohnung gegangen war, und mich schon gewundert, dachte aber, es sei vielleicht ein sportlicher Streberanfall und sie habe schon mal eine Joggingrunde hingelegt. Sie war aber nicht joggen gewesen, sondern hatte gleich nach dem Aufwachen einen Schwangerschaftstest aus der Apotheke geholt und war sofort zurückgekommen.

Später erzählte sie mir, dass sie schon seit sieben Uhr wach gewesen war, weil sie auf die Toilette musste, und sich das verkniffen hatte, bis sie den Test endlich in den Händen hielt. Sie kam aus dem Bad auf mich zu. Hätte sie keine Ohren gehabt, hätte sie im Kreis gelacht, ein typisches Anti-Pokerface! Dann kam auch noch die Frage: »Duuuuu, wenn ich mal schwanger sein sollte, willst du es dann gleich wissen oder soll ich dich überraschen?«

Mein agentengleicher Instinkt lief auf Hochtouren und so platzte es aus mir heraus: »Du bist schwanger!« Und sie: »Jaaaa!«

Ich wusste es doch, meine MacGyver-Spermien würden mich nicht im Stich lassen.

Ich umarmte meine Frau, und wir freuten uns beide riesig. Jetzt war es also so weit: Aus Mann und Frau werden nun Mama und Papa.

Erst mal sacken lassen

Wow, was für eine Nachricht! Wenn die erste Euphorie verflogen ist und du dir so richtig bewusst wirst, was das eigentlich bedeutet, hältst du schon mal inne und denkst nach. Ich, der Spaßvogel, der Klassenclown, selbst noch Kind im Kopf geblieben und ja, ich liebe meine PS3 und meine Xbox 360, ich soll jetzt selbst ein Kind bekommen. Geht das gut? Kann ich das?

Ich führte zahlreiche Selbstgespräche. Ein bisschen war das, als ob auf meinen Schultern ein junger Kindskopf-Teufel und ein erfahrenerer Spießerengel saßen.

»Der Sportwagen muss weg! Das ist ein Zweisitzer, wo soll der Kinderwagen hin und all die Spielsachen? Und was der an Benzin frisst!«, sagte dann zum Beispiel der Engel und der Teufel konterte: »Heißt das jetzt, du bist alt? Hast du drei Punkte auf deinem Ärmel, soll ich dir über die Straße helfen? Wegen dem Kind brauchst du doch nicht auf den Wagen zu verzichten, deine Frau hat doch einen Fünftürer mit genügend Platz.«

»Es gibt wichtigere Dinge im Leben als einen Sportwagen, investier in eine Immobilie, werd solide, du musst jetzt für drei denken und ein Vorbild sein«, legte der Engel nach und der Teufel gähnte nur gelangweilt: »Und vergiss nicht, einen Bausparvertrag abzuschließen und zieh dich draußen immer schön warm an, am besten einen Pullunder, du Spießer.«

Solche Dialoge spielten sich in den nächsten Tagen immer häufiger ab, und ich versuchte den für mich richtigen Weg zu finden.

Ich tat dabei oft den dritten Schritt vor dem ersten, weil ich mir zu viele Gedanken über unsere Zukunft mit Kind machte (Auf welche Schule wird es gehen? Bleiben wir hier wohnen oder bauen wir ein Haus mit einem Garten zum Spielen?), obwohl es im Moment wahrscheinlich noch nicht mal die Größe einer Stecknadel hatte. Das war eigentlich gar nicht meine Art, denn ich ließ die Dinge eigentlich immer auf mich zukommen, ohne mir darüber zu viele Gedanken zu machen, aber anscheinend war diese Sache dann doch so groß, dass das in diesem Fall nicht ging.

Auch wenn wir eigentlich noch zwölf Wochen warten wollten, konnten wir es kaum erwarten, unserer Familie zu berichten. Ein guter Zeitpunkt war das Weihnachtsfest bei Antjes Eltern und ihrer Schwester, und gleich nach dem Abendessen erzählten wir ihnen von unserem Christkind. Alle freuten sich riesig, und Antjes Schwester begann sofort mit der Planung: »Also, oben im ersten Stock, da richte ich ein Gästezimmer mit Kinderbett ein, da könnt ihr dann immer wohnen, und ich geh morgen gleich mal auf den Dachboden, ich hab da noch unendlich viele Sachen von Timi in allen Größen, ihr müsst also nichts kaufen.«

Das Weihnachtsfest war super und wir genossen es, mit anzusehen, wie viel Aufwand Antjes Schwester und ihr Mann betrieben, um ihrem jetzt neunjährigen Sohn jedes Jahr ein tolles Weihnachtsfest zu bescheren. Fußabdrücke im Schnee von der Terrasse bis zum Weihnachtsbaum verrieten: Der Weihnachtsmann war da, wir haben ihn nur knapp verpasst. Ein toll geschmückter Weihnachtsbaum und ein gemütliches Essen und im Mittelpunkt der Kleine, der lachend inmitten seiner Geschenke saß. Es war schön, wie sich alle mit uns freuten, und trotzdem war uns immer noch ein wenig so, als ob das alles nicht wahr wäre.

Als die anderen so langsam schlafen gingen, stellten wir uns gemeinsam vor, wie es sein würde, wenn unser Kind das erste Mal bewusst Weihnachten erlebt. Wie es einen Brief an den Weihnachtsmann bastelt und seinen größten Wunsch daraufmalt und ganz fest daran glaubt, dass er ihm diesen Wunsch erfüllen wird. Am Heiligabend wird es ganz aufgeregt sein und sein Gedicht aufsagen und sich dann tierisch über das Geschenk freuen. Es war ein fantastisches Gefühl, und so schliefen wir mit einem breiten Lächeln auf den Lippen ein.

Der erste Ultraschall

Ein paar Tage nach Neujahr bekamen wir einen Termin für den ersten Ultraschall. Ich hatte mich dazu entschlossen, die gesamte Schwangerschaft mit Antje gemeinsam durchzustehen und alle auch noch so unwichtigen Kleinigkeiten in mich aufzusaugen.

Wir waren schon ein wenig aufgeregt: das erste Mal zusammen bei ihrem Frauenarzt, um ganz sicher zu sein, dass wir keinen Fehlalarm hatten. Das Wartezimmer war übervoll und ich war der einzige Mann. Frauen, Schwangere, Mütter mit ihren kleinen Kindern, und mittendrin ich! Als wir ankamen, wurde Antje kurz ins Labor gerufen zum Wiegen, Blutabnehmen und für die Urinprobe. Danach vertrieben wir uns die Zeit mit Zeitunglesen und Durchstöbern der zahlreichen Ratgeber für werdende Eltern. Dann wurden wir endlich aufgerufen und nahmen im Behandlungszimmer Platz.

Der Arzt hatte einen Megaruf und wurde uns von allen Seiten empfohlen. Irgendwie begegneten wir ihm mit einer gewissen Ehrfurcht, ich glaube, ich habe sogar eine Verbeugung gemacht. Schließlich war das der Mensch, der unserem Kind außer uns die nächsten neun Monate am nächsten kommen und der bis zur Geburt sogar viel mehr Einfluss darauf haben würde, dass alles gut geht. Er war schon etwas älter, sehr nett, aber in gewisser Weise einer dieser eher abgeklärten Ärzte. Obwohl dieser Moment für uns bedeutete, »wir sind gerade das Wichtigste auf der ganzen Welt«, sagten mir sein Blick und seine Art eher: »Komm mal runter, Kleiner, das ist hier meine 23 000ste Schwangerschaft, und wir schauen doch auch erst mal, ob du wirklich getroffen hast, und wenn ja, dann ist das auch kein siebtes Weltwunder!«

Er bat Antje, sich auszuziehen.

Man hätte mich auf jeden Fall darauf vorbereiten sollen, wie der Ultraschall abläuft, denn das passierte nicht wie in meiner Vorstellung mit ein wenig Glitschi auf dem Bauch, sondern vaginal. Das heißt also, Antje war in drei Sekunden unten rum nackt und schmiss sich lässig auf einen gynäkologischen Stuhl, den ich, da ich keine Neigungen in dieser Richtung habe, eigentlich nie aus der Nähe hatte sehen wollen.

Der Arzt hockte dann doch recht dicht zwischen ihren Beinen, und ich hatte auf einmal diesen Witz im Kopf, was Gynäkologen und Hunde gemeinsam haben …, nämlich die feuchte Nase. Ich verdrängte diese Gedanken aber sehr schnell, weil ich keinen Moment verpassen wollte.

Ich schaute gebannt auf den Bildschirm des Ultraschall-gerätes. Der Monitor sah aus wie ein Schwarz-Weiß-Fernseher aus meiner Jugend mit einem Krisselbild, bei dem man nicht wusste, ist das jetzt das Erste, Zweite oder doch DDR eins oder zwei.

Dann sagte der Arzt: »Doch, schauen Sie, da sieht man es genau, herzlichen Glückwunsch, Sie erwarten ein Baby.« Ich will ehrlich bleiben, ich sah gar nichts, aber natürlich glaubte ich ihm jedes Wort. Unfassbar, wir sind wirklich schwanger! Ich hätte die Welt umarmen können in diesem kurzen Moment, in dem alle Sorgen, Steuererklärungen und anderer Ballast im Kopf durch dieses kleine Etwas von einer Sekunde auf die andere wie weggeblasen waren. Antje weinte sofort vor Freude, und auch ich musste ein paar Tränen vergießen.

Danach zog sie sich wieder an und der Arzt klärte uns über die nächsten Monate auf. Er errechnete den Geburtstermin, der Mitte August lag, und auch das Datum, an dem wir unser Kind gezeugt hatten, ein Wochenende, an dem wir Wand an Wand mit Antjes Eltern an der Ostsee verbracht hatten, lustigerweise ein Wochenende, an dem mir mein Schwiegervater angeboten hatte: »Junge, wann wird es denn nun mal was mit einem Enkelkind? Wenn du nicht weißt, wie das geht, kann ich dir das gerne noch mal erklären!«

Der Arzt wollte uns alle zwei Wochen sehen, um zu überprüfen, dass alles in Ordnung ist. Wir bekamen unseren nächsten Termin und verließen Hand in Hand die Praxis und wären am liebsten wie in einem kitschigen Teeniefilm hüpfend nebeneinander die Straße runtergerannt. Außerdem kriegten wir irgendwie unser Lächeln den ganzen Tag nicht aus der Fresse. Ein wundervolles Gefühl, das wir am liebsten für immer festgehalten hätten.

Früher habe ich die Leute, die ihr erstes Ultraschallbild herumgezeigt haben, nie verstanden. Was sah man schon auf diesem verwackelten Schwarz-Weiß-Bild! Ein paar Umrisse, die mit viel Fantasie irgendetwas à la Hund, Katze, Maus sein konnten, mehr aber auch nicht.

Doch jetzt hatte ich mein eigenes ausgedruckt und zeigte es überall und nirgends, vorzugsweise auch ungefragt, in die Runde und war mir sogar ziemlich sicher, dass man jetzt schon erkennen konnte, dass das Kind garantiert nach mir kam.

Seitdem gönne ich jedem »Neuvater«, der mir sein Ultraschallbild unter die Nase reibt, dieses Gefühl und tue sogar meist ein wenig interessierter, damit er diesen Moment so richtig auskosten kann.

Realität

Nun war es also so weit! Wir waren schwanger. Ich war glücklich, aber auch platt im Kopf. Tausend Gedanken kreisten in meinem Kopf: Schaff ich das überhaupt, will ich das alles? Natürlich will ich das! Aber wie wird das alles? Und, und, und ... Mir wurde klar, dass über das Schwangerwerden zu reden und schwanger zu sein zwei unterschiedliche Dinge sind.

Generell hatte ich mir fest vorgenommen, ein guter Daddy zu werden. Kinder fahren auf mich ab, ich kann gut mit ihnen und sie mit mir, aber wenn ich ehrlich bin, spreche ich eher von Kindern so ab zwei Jahren, mit denen man schon etwas anfangen kann. Die können dir was sagen oder dich verstehen, aber was mache ich denn nur mit einem frisch geschlüpften?!

Gelegenheit dazu bekam ich circa ein halbes Jahr bevor Antje schwanger wurde, als wir gemeinsam mit meiner Ex-frau, mit der ich immer noch sehr gut befreundet bin, ih-rem neuen Mann und ihrer zwei Monate alten Tochter Ur-laub machten. Wir buchten uns unsere Lieblingsfinca auf Ibiza und verbrachten dort eine Woche.

An einem der Tage wollten die Frauen auf den Hippie-markt. Ich überlegte kurz, was ich lieber tun würde: Auf den Hippiemarkt gehen mit all dem Ramsch und von cir-ca hundert Schwarzafrikanern hören »Hey, man, I make you good price, no fake, it's real Rolex« oder mir bei ei-nem ortsansässigen spanischen Assistenzzahnarzt ohne Betäubung alle Weisheitszähne ziehen lassen. Ein Kopf-an-Kopf-Rennen. Also sagte ich selbstsicher: »Hey, Leu-te, geht ihr mal zu dritt, ich bleibe hier und pass auf die Kleine auf.« Meine Exfrau wirkte leicht hysterisch: »Du alleine mit dem Kind?« Ihre Empörung stachelte mich nur noch mehr an. »Ja, natürlich. Was soll denn schon sein? Ich muss doch keinen Jet in der Luft auftanken, das ist ein Kinderspiel!«

Schließlich konnte ich sie überzeugen und erhielt nun die Instruktionen einer sorgenden Mutter: »Also, wenn sie aufwacht, dann dreht sie so den Kopf von rechts nach links. Dann fängt sie meist an zu schreien. Das kann bedeuten, sie hat Hunger. Dann musst du die Flasche warm machen und ihr geben. Wenn es das nicht ist, dann hat sie halt die Windel voll. Und du meinst wirklich ...?«

»Mann, verschwindet endlich, wahrscheinlich schläft sie selig die zwei Stunden, bis ihr wieder da seid«, sagte ich mit einem versteckten Blick auf die Uhr (15.25 Uhr, also noch fünf Minuten, bis Fußball anfing).

Das Rolltor war noch nicht ganz wieder zu, ich hatte

mich gerade auf die Couch gesetzt, da quakte es aus dem Schlafzimmer.

Ich rannte nach oben, sie war wach und schrie. Okay, also Hunger oder Windel. Ich holte die Flasche aus dem Kühlschrank und machte Wasser heiß, die Kleine zappelte doch ganz schön auf meinem Arm. Endlich war die Milch warm, die sie natürlich nicht wollte. Verdammt, dann ist es die Windel. Ich öffnete die Windel und sagte immer nur: »Bitte nicht, bitte nicht, bitte nicht …« Puh, sie hatte nur gefühlte drei Liter gepullert, mehr nicht.

Ich zog ihr eine neue Windel an, hatte aber die Befürchtung, dass ich sie zu eng anlege. Also lieber locker und geschmeidig, damit nichts einschnürt. Dann doch noch mal die Flasche, immer wieder mit ein bisschen Heulerei zwischendurch.

Irgendwann gab sie Ruhe, und ich legte sie wieder ins Bett. Aber warum dreht sie jetzt wieder den Kopf von links nach rechts? Sie wird doch nicht wieder von vorne anfangen?! In dem Moment hörte ich das Rolltor aufgehen: Verdammt, die kommen schon wieder, ein Blick auf die Uhr: Zwei Stunden später – wie schnell ist bitte die Zeit vergangen?!

Ich raste nach unten, schmiss mich auf die Couch und tat so, als ob nichts gewesen wäre. »Hey, Leute, schon zurück? War alles ganz easy. War kurz wach, das kleine Ding, hab ich schnell gewindelt und gefüttert, das klappte wie ein Länderspiel!«

Verwundert war ich nur, als meine Ex sagte: »Ach, das ist ja niedlich, du hast sie ja ohne Windel ins Bett gelegt!« Ohne Windel? Sollte ich sie doch zu lasch angebracht haben?

Bis heute stelle ich mir zwei Fragen: Erstens, wie hätte

ich ausgesehen, wenn das Kind in das Doppelbett der Eltern gekackt hätte, und zweitens, wo ist diese verdammte Windel geblieben?

Das war also meine Feuertaufe, die mir zeigte, dass es nicht so leicht war, wie ich dachte.

Die »Mommy to be«-App

Seit wir wussten, wir sind schwanger, kaufte ich unzählige Bücher, um mich auf das Vaterwerden einzustellen. Ganz Mann kaufte ich natürlich nicht nur die, die uns schonend auf die Zeit der Geburt einstimmen sollten, nein, ich wollte mich wirklich auf alles vorbereiten: Ich kaufte Titel von »So lernt Ihr Kind schlafen über Nacht« über »Jedes Kind kann richtig essen« bis zu »Lernen in der Schule leicht gemacht«, »So gehen Sie behutsam mit dem Thema Pubertät um« und den »100 schlimmsten Erziehungsirrtümern« – sie zierten fortan unser Wohnzimmer, stets für den Ernstfall griffbereit.

Total am Puls der Zeit musste natürlich auch eine App her, am besten eine, die uns genau erklärt, was denn da alles so los ist in Muttis Bauch! Gefunden haben wir »Mommy to be«! Diese App war zwar eine unter vielen, gefiel uns aber auf Anhieb sehr gut. Total interessant, was man da so erfährt. Wenn man dann jede Woche haargenau sieht, wie sich das Kind so entwickelt, ist das schon unglaublich faszinierend. Das gilt besonders für die ersten drei bis vier Monate, in denen sich bei der Mutter körperlich ja noch nicht so die riesigen Veränderungen einstellen, jedenfalls äußerlich.

Die App ist aufgeteilt in drei Teile: »Was macht das

Kind?«, »Was passiert bei der Mutter?« und ein Tipp der Woche. In dieser Woche entwickeln sich so und so viele Gehirnzellen, in einer anderen haben sich Herz und Leber entwickelt und andere spannende Fakten. Ich fühlte mich teilweise in meine Schulzeit zurückversetzt. Auch damals war es nicht nur spannend, sondern ich habe es eigentlich nie so richtig begriffen, wie sich eine Zelle zigfach teilen kann und dann jede Zelle genau weiß, wo sie hingehört.

Da muss es ja welche geben, die sagen: »Hey, Leute, ich teil mich mal 'ne Runde und werde eine Nase«, während andere sagen: »Okay, cool, das machen wir auch, aber wir werden eine Niere.« Aber auch wenn man nicht genau weiß, warum es so ist – dass es so ist, haut einen förmlich vom Hocker, wenn man sich so intensiv wie wir in diesem Moment damit beschäftigt.

In der Rubrik Mutter wurde es dann eher kritisch! Wenn da stand: »In dieser Woche könnte es sein, dass Ihnen ein wenig schlecht ist«, war klar, dass es Antje nicht so gut ging.

»In dieser Woche könnten Sie erheblich zunehmen.« Ab da war der Tag für meine Frau gelaufen! Sie rannte zur Waage und kam zurück mit einem Sieben-Tage-Regenwetter-Gesicht und sagte: »Die scheiß App hat recht!«

Nach ein paar Tagen entschieden wir uns, den Teil, in dem erklärt wird, was Antje so bekommen oder fühlen könnte, wegzulassen.

Der Rest war jedoch wirklich sehr spannend, und so konnte man sich sehr gut vorstellen, was in Antjes Körper heranwuchs, und das wurde daher sehr real.

Eines Tages las ich in unserer App, dass es gut sei, mit dem Kind zu reden, auch schon im Mutterleib, und daher gewöhnte ich mir an, am Abend nach dem Lesen der App mit Antjes Bauch zu reden. »Stell dir nur mal vor, jetzt hast du schon zwei Arme und zwei Beine und kannst die sogar schon richtig bewegen« und ähnliche Dinge hörte unser Kind von mir jeden Abend im Bett und wusste daher immer aufs Neuste Bescheid.

Heute weiß ich, dass das wirklich wichtig war, denn unser Kind reagiert auf meine Stimme immer sehr positiv. Selbst bei allen Varianten der Comicwelt, die ich so einstreue, um für herzhafte Lacher zu sorgen, bleibt eine tiefe Verbundenheit zwischen dem Kind und mir bestehen, denn es filtert mich aus all diesen verschiedenen Stimmen immer sehr schnell wieder heraus und freut sich. Und für dieses Lachen hat sich der Tipp unserer App 10 000 Mal gelohnt!

Der zweite Ultraschall

Zwei Wochen später ging es dann zum zweiten Ultraschall. Interessanterweise waren wir beim zweiten Besuch noch angespannter als beim ersten. Tausend Gedanken kreisten in unseren Köpfen, ob auch wirklich alles gut ist. In den letzten Wochen hatte es natürlich mal ein Zwicken hier und ein Kneifen da gegeben, und man hatte förmlich die Flöhe husten gehört und sich häufig gefragt: Ist das alles wirklich normal?

Fragen über Fragen, also wieder Angst – aber warum nur? Antje ist knackige 30, raucht nicht, trinkt nicht, wir ernähren uns gut – und dann meine Superspermien! Alle, die nicht zum Zuge gekommen sind, werden sich doch rings um das Ei versammelt haben und denken: Man weiß ja nie, vielleicht kommt ja noch eine zweite Puppe vorbei, und dann schlagen wir zu! Und ansonsten werden sie, ganz Teamwork, das befruchtete Ei doch gemeinsam schützen und sich an der Gebärmutter festkrallen, schließlich haben sie und ich einen Ruf zu verteidigen!

Also war ich der vollsten Überzeugung, alles ist gut, und doch kann man nie ganz unterdrücken, dass man irgendwo im Hinterkopf auch Zweifel hegt, ob auch wirklich alles in Ordnung ist.

Der Arzt empfing uns mit derselben Gelassenheit wie beim ersten Besuch. Er befragte Antje, ob es irgendwelche Schwierigkeiten gegeben habe. Die Kleinigkeiten, die sie berichten konnte, winkte er mit einem Lächeln ab und beruhigte uns: »Das ist alles ganz normal.«

Antje legte sich wieder auf den gynäkologischen Stuhl. Nach den Ultraschallbildern, auf denen man jetzt schon wesentlich deutlicher erkennen konnte, dass dort ein kleiner Mensch in Antjes Bauch heranwuchs, kam der Moment, den ich in meinem ganzen Leben nicht mehr vergessen werde: Wir hörten das erste Mal den Herzschlag, kräftig und superschnell, ungefähr doppelt so schnell wie der eines Erwachsenen, wobei ich mir in diesem speziellen Moment gar nicht so sicher war, ob mein Herz nicht schneller schlug vor Aufregung. Der Schwangerschaftstest, der erste Ultraschall, alles wies darauf hin, wir sind schwanger, aber der Herzschlag machte das alles innerhalb einer Sekunde unfassbar real!

Ich gebe zu, bei einem tollen Song, einer spitzen Liebeserklärung oder einem Film, der ans Herz geht, kann ich auch mal eine Träne verdrücken, aber in diesem Moment hatte ich ein Gefühl im Bauch, im Herz, im Kopf – es war kaum zu beschreiben. Vor dem Arztzimmer umarmten wir uns minutenlang und versuchten uns erst mal zu beruhigen. Circa zwei Meter groß verließ ich die Praxis und hatte noch tagelang ein Gesicht drauf, das alle Leute in meinem Umfeld fragen ließ: »Hey, wer ist hier der Superdaddy?«

Trotzdem wollten wir eigentlich noch warten, bis wir es allen erzählen, so bis zur zwölften Woche, sagt man ja, aber besonders bei mir, muss ich zugeben, entwickelte sich so eine Art Vaterschafts-Tourette! Ich saß vor meinen Freunden und Geschäftspartnern, und es brach förmlich aus mir heraus: »Ja, ertappt, du hast es bestimmt auch schon gesehen oder gespürt, mich aber nicht gefragt, aber ist ja auch egal, irgendwann muss es ja mal raus, nein, erzähl es bloß nicht weiter, aber ja, Antje ist schwanger, ich kriege ein Kind, meine Spermien sind Weltmeister, olé, olé ...«

Was soll das denn? Sonst haben doch eher Frauen das Problem, nichts für sich behalten zu können? Aber ich konnte mich einfach nicht zurückhalten, weil ich vor Freude überschäumte.

Jetzt geht's los, aber wohin mit dem Kind?

Die nächste Zeit war eigentlich sehr angenehm. Wir hatten uns fest vorgenommen, wir werden keine dieser Eltern, die die Frau in Watte packen und sich von ihrem sozialen Umfeld abkapseln. Einige Dinge waren für uns beide natürlich klar: Kein Alkohol, kein Nikotin, keine Medikamente, Antjes einzige Droge bin ich, und das sollte es eigentlich gewesen sein mit den Regeln. Wir joggten weiter zusammen, machten Sport, wir gingen mit Freunden aus zum Tanzen oder Essen und lebten weiter wie bisher.

Wir hatten tolle Gespräche und malten uns aus, wie alles so werden würde, sahen auf einmal nur noch Schwangere, ein wirklich komisches Phänomen, und fingen an, eine neue Wohnung zu suchen, denn in unserer war kein Platz für ein Kinderzimmer. Wir hatten auch schon vor der Schwangerschaft öfter mal nach einer neuen Bleibe geschaut, aber jetzt, da wir wussten, es gab einen festen Zeitpunkt, bis zu dem wir eine Möglichkeit gefunden haben mussten, surften wir eigentlich so gut wie täglich durch die Immobilienseiten. Unsere Joggingstrecke führte ab sofort durch sämtliche Gegenden, in denen wir gerne wohnen wollten. Per Auto steckten wir danach eine unsichtbare Linie ab, bis wohin es für uns noch okay wäre, was die Fahrzeit zur Arbeit anging.

Das Problem an der Sache war, dass die Gegend, in der wir bleiben wollten, zu diesem Zeitpunkt durch den Immobilienboom in Berlin so teuer war, dass ich wahrscheinlich zwei weitere Jobs hätte annehmen müssen oder wie damals, 1984, wieder eine PVC-Matte vor Wertheim ausrollen und nach ein paar Breakdance-Einlagen mit dem Hut hätte rumgehen müssen. Wobei ich vermute, wenn ich die Verrenkungen von damals heute ausprobiere, sollte ich mir eher Gedanken über eine Aufstockung meiner Berufsunfähigkeitsversicherung machen. Die andere Alternative war, aus Berlin rauszuziehen und dann jeden Tag morgens und abends eine Stunde im Stau zu stehen. Das sind zehn Stunden in der Woche, also ein kompletter Arbeitstag, den ich dann verloren hätte. Das sind 50 Tage im Jahr, eingetauscht gegen das doofe Sitzen im Auto. Das war es uns nicht wert, aber bevor unser Nachwuchs in der Küche oder im Esszimmer spielen und neben der Spüle schlafen müsste, würden wir uns sogar darauf einlassen.

Aber wir hatten Glück: Durch einen totalen Zufall wurde die Wohnung genau neben uns frei. Das waren gleich zwei Volltreffer. Erstens wohnte da ein Pärchen, das mich immer sehr stark an die beiden Opas aus der Muppet Show erinnerte, denn die waren nur am Meckern, und zweitens war der Besitzer insolvent und daher nicht in der Lage, einen utopischen Preis aufzurufen. Wir trafen uns mit ihm und konnten uns die Wohnung anschauen. Auch wenn wir bereits vermutet hatten, dass die Wohnung in keinem Topzustand war, schockierte uns die erste Besichtigung schon: vollkommen runtergerockt, vergilbte Teppichböden überall, eine Holzdecke, die schon vor 30 Jahren out war, viele winzig kleine Räume und ein Bad zum Ekeln. Wir mussten eine Menge Vorstellungskraft entwickeln, um sie uns schönzureden. Trotzdem lag der Vorteil, dass wir uns mit dieser Wohnung am ehesten unseren Wunsch, in unserer Gegend zu bleiben, würden erfüllen können, klar auf der Hand. Wir hatten etliche Besichtigungstermine, aber bei jedem Haus oder jeder Wohnung gab es irgendeinen Haken. Die Nachbarwohnung blieb also unsere erste Wahl, und wir drückten weiter die Daumen, dass es klappen würde.

Klischees am laufenden Band

Hungry like a wolf

In der Schwangerschaft kriegen Frauen manchmal Heiß-hunger- oder Durstattacken. Das hat man schon tausend-mal gehört und es stimmt. Aber so schwer kann das doch nicht sein, dachte ich. Wenn sie Hunger bekommt, dann kann sie doch etwas essen, es ist eh meist mehr da, als wir zwei alleine schaffen können.

Zusätzlich bereitete ich mich strategisch auf den Ernst-fall vor. Unser Kühlschrank quoll über! Was sollte es denn sein, saure Gurken, Schokolade oder doch lieber ein paar süßsaure Eier? Selbst bei Süßigkeiten und Knabberzeug holte ich nicht nur eine Sorte, sondern mischte möglichst variantenreich. Unser Süßigkeitenfach hätte problemlos drei bis vier SOS-Kinderdörfer ein Jahr lang glücklich ge-macht. Aber man kann ja kaum in eine Edeka-Filiale um-ziehen, um für jeden nur erdenklichen Fall das Richtige zur Hand zu haben.

Tja, und dann kam sie, die erste Attacke. Selbstsicher ging ich schon mal in die Küche und fragte, wonach es sie gelüste. Meine Frau hatte einen Höllendurst auf ein al-koholfreies Radler. Aber nicht irgendeines, nein, das von Krombacher!

»Engel, wir haben doch hier unten in der Küche einen ganzen Kasten Clausthaler Radler.«

»Nein, das schmeckt mir aber nicht, das ist viel zu süß.«

Verdammt, selbst an das Radler hatte ich gedacht, aber nicht an die richtige Marke! Nun gut, im Normalzustand würde ich sagen, Radler ist Radler, und würde ihr ein Clausthaler im Glas reichen und ihr sagen: »Schau mal, lecker Krombacher.«

Aber als zukünftiger Superdaddy heißt es Punkte sammeln und los, irgendwo dieses blöde Radler holen. Außerdem weiß man ja nie, wozu so ein Weibchen mit Heißhunger oder Höllendurst so imstande ist, man hört ja so einiges aus der Tierwelt.

Kurz darauf wurde mir bewusst: Es ist ja Sonntag und unser Supermarkt hat zu. Wo kriege ich jetzt das Radler her? Ich entschied mich, bei meiner abendlichen Joggingrunde bei einer Tankstelle zu stoppen. Bei der ersten suchte ich wie blöd und stellte fest, dass es leider nur einen mit Alkohol gab und der kam nicht infrage. Sie hatten aber ein alkoholfreies Krombacher Bier. Das nahm ich und dachte mir, das können wir ja selber mit Sprite mischen.

Ich joggte weiter und kam bei einem kleinen Spätkauf vorbei. Der Verkäufer stellte mir mit seiner Mischung aus Deutsch und Arabisch gefühlte einhundert Biermarken vor, aber ein alkoholfreies war nicht im Angebot.

Auf meiner weiteren Strecke, einem klaren Umweg, in Kauf genommen für die Angetraute, kam ich an einer zweiten Tankstelle vorbei. Dort gab es dann endlich auch das Radler von Krombacher. Okay, das hätten wir, und nun ab nach Hause.

Nach ein paar Hundert Metern merkte ich, dass mich der

eine oder andere Spaziergänger kopfschüttelnd anschaute, und in dem Moment wurde mir erst so richtig bewusst, wie asozial ich daherkam mit meinen Sportklamotten, joggend mit zwei halben Litern Bier in jeder Hand ... Aber nun gut, der Zweck heiligt die Mittel.

Zu Hause angekommen schlief meine Frau bereits, und die beiden Flaschen packte ich in unseren Weinkühlschrank und da standen sie dann, bis ich sie circa vier Monate später weggeschüttet habe.

Aber das blieb nicht die einzige Hunger- beziehungsweise Durstattacke. Eigentlich gab es fast täglich so eine Situation. Und das hieß nicht etwa: Ich hätte gerne mal dies oder das irgendwann mal gegessen, sondern: JETZT SOFORT! Da schwappte die positive Stimmung von einer Sekunde auf die andere in saugefährlich.

Jeder kennt das doch aus seiner Kindheit. Man ist mit seinen Eltern im Zoo und wird immer und immer wieder ermahnt: Kind, geh nicht zu dicht an den Käfig, das Tier ist gefährlich, das schnappt nach dir und so weiter. Diesen Instinkt verlernt man im Laufe der Zeit und vergisst, dass es ähnliche Gefahren in einer Ehe gibt, sobald die Frau schwanger ist. Lass sie nie hungrig werden! Das ist wie die Regel, dass Gremlins nie nass werden dürfen. Sie verändern sich in kürzester Zeit, werden aggressiv, es hat den Anschein, als ob sie nach dir schnappten.

Es ist also immer Vorsicht geboten, schließlich steht man ja nicht vor dem Käfig, sondern lebt gemeinsam mittendrin. Aber Gott sei Dank experimentierten wir so lange mit Lebensmitteln, die in diesen Momenten helfen könnten, herum, bis wir die Geheimwaffe fanden, eine Art Betäubungsmittel. Der Schokodrink 0,2! Ja, so einfach kann die Rettung manchmal sein.

Hieß also, sobald der Ton angespannter wurde, die Zähne gefletscht oder die Augen blutunterlaufen waren, schwups, Strohhalm rein, ab in die Futterluke, dreimal kräftig gesaugt und der zukünftige Daddy fiel der Schwarzen Witwe (oder war es die Gottesanbeterin?) doch nicht zum Opfer und konnte eine Kerbe in die Tür ritzen: einen weiteren Tag überlebt auf dem Weg zur Geburt!

Nachtrag: Lust auf Verbotenes

Das schwangere Weibchen muss auf eine Vielzahl von Nahrungsmitteln verzichten, um das ungeborene Glück nicht zu gefährden. Alkohol und Zigaretten sind ja ohnehin tabu, aber es gibt zahlreiche andere Sachen: Sushi, generell rohes Fleisch, Koffein, Salami, Rohmilchprodukte und alle Dinge mit Kuhmilch und zig andere Leckereien stehen für neun Monate nicht mehr auf der Speisekarte. Ich hielt vieles davon für total übertrieben, aber Antje wollte auf jeden Fall supervorsichtig sein.

Und so war es nicht immer einfach, all diesen Versuchungen aus dem Weg zu gehen. Im Supermarkt achtete Antje penibelst darauf, welche Inhaltsstoffe sich in den jeweiligen Verpackungen befanden. Ich mag es eigentlich einzukaufen, besonders freitagabends ab 22 Uhr. Da sind all die braven Bürger unseres Bezirks bereits zu Hause und es ist klasse, einfach easy durch die Gänge zu flitzen, nirgends anzustehen, noch nicht mal an der Kasse, und so total entspannt mit den Einkäufen nach Hause zu kommen.

Durch die ganzen Verbotsschilder in den zahlreichen Ratgebern, die auch noch ich Idiot selbst ins Haus geschleppt und nicht vor Antje weggeschlossen hatte, hieß es jetzt jedoch, in jedem Gang und an jedem Regal stoppen, die Rückseite des jeweiligen Produkts studieren und nach gefühlten Stunden in den nächsten Gang gehen. Das ganze Einkaufen machte so kaum noch Spaß und war für mich total langweilig. Wie haben das eigentlich unsere Vorfahren gemacht?

»Hey, Ehemann, du musst sofort die Kuh gegen ein Schaf umtauschen, ich darf doch keine Kuhmilchprodukte mehr essen, das weißt du doch, du Dummerchen, also husch, husch.« Oder: »Kannst du das Bison noch mal übers Feuer hängen? Das ist noch nicht ganz durch und das rohe Fleisch ist doch ganz schlecht für mich.«

Ich denke mal, diese Diskussionen gab es nie, und auch ich bin ohne größere Blessuren als Held der 80er durch zahlreiche heute unvorstellbare Situationen geschlittert, ohne einen bleibenden Schaden davonzutragen.

Trotzdem unterstützte ich meine Frau natürlich als erfahrener Jäger auf der Suche nach den gesündesten Lebensmitteln. Allerdings ähnelten unsere Supermarktbesuche dadurch der Shoppingtour eines Öko-Restauranttesters.

Die Klimaanlage ist kaputt

Ich denke, jeder Mann kennt das Gefühl: Man liegt im warmen, kuschligen Bett, denkt an nichts Böses und wird auf einmal eng umschlungen von zwei Eiszapfen. Meine Frau machte da keine Ausnahme und kannte kein Erbarmen. Ihre eiskalten Füße umklammerten meine wehrlosen, wunderbar warmen Füße und ließen sie nicht mehr los. Mit der Zeit gewöhnte ich mich daran und atmete ein paarmal tief durch, wenn sie ins Bett kam, so als ob man in einem kalten Pool nur bis zur Badehose steht und dann komplett ins Wasser muss.

Seit der Schwangerschaft war das anders. Und wenn ich anders sage, dann meine ich komplett anders! Sie glich einem Atomreaktor, bei dem seit Tagen die Kernschmelze eingesetzt hat, sie glühte förmlich. Es gab da auch keine Mitte, sondern nur Schwarz oder Weiß, Sekt oder Selters. Jetzt kam sie kuscheln und auch hier sei betont: nicht kuscheln, sondern kuuuuuuscheln, so richtig nah und eng und … heiß! Ich schmiss meine Decke von mir, hatte ohnehin nichts mehr an, aber es war einfach wie in der Sauna. Und dann der Aufguss, wenn sie beim Einschlafen mit zärtlichem Hauchen noch mal zehn gefühlte Grad in Richtung meines Ohrs nachlegte!

Aber auch außerhalb unseres Bettes war es jetzt genau umgekehrt. Mit unserer neuen Klimaanlage hatte sie sich auf Anhieb angefreundet. Da, wo sie früher bei 30 Grad noch fror, saß heute eine Frau, von der Klimaanlage förmlich mit Schnee bedeckt, und ächzte: »Mir ist so heiß!«

Unser Zusammenleben glich von da an einem Staffellauf. Sie riss die Fenster auf, ich machte sie wieder zu, sie stellte die Klimaanlage so ein, dass in den Räumen um die 16 Grad herrschten, ich drehte sie wieder auf normale 18 bis 20 Grad und legte mir für alle Fälle schon mal ein Paar Fäustlinge parat.

Dieser Umstand bedeutet auch, dass sich ihr Trinkverhalten drastisch veränderte. Vor der Schwangerschaft musste ich sie meist dazu überreden, ordentlich zu trinken, und das tat sie nur sehr widerwillig. Jetzt mussten wir immer, wann immer wir das Haus verließen, eine Tankwagenfüllung Flüssigkeit bei uns tragen, so als ob wir uns auf eine Safari begeben wollten. Antje trank wie ein Dromedar, und auch das hatte Folgen.

Wenn wir zum Beispiel abends im Bett lagen, musste sie bei fortgeschrittener Schwangerschaft alle zehn Minuten auf die Toilette, denn zusätzlich zu den Wasserbesäufnissen drückte unser Kind mehr und mehr auf ihre Blase. Aber auch auf diese Situation stellten wir uns ein.

Das Problem bei so vielen nächtlichen Unterbrechungen durch vermehrten Harndrang war, dass Antje irgendwann einfach nicht mal mehr mit halb geöffneten Augen, sondern mit komplett geschlossenen durch die Wohnung torkelte. Eines Nachts bei einem ihrer zahlreichen Besuche des Badezimmers schepperte es vom Allerfeinsten. Ich war sofort wach und befürchtete das Schlimmste. Antje war an dem Wäscheständer hängen geblieben, den sie selbst in den Flur und damit in den Weg gestellt hatte, und der war umgefallen.

Ich ging also am nächsten Tag den Weg zwischen Badezimmer und Schlafzimmer ab und entfernte alle Gefahrenherde wie Schuhe, Handtaschen, Einkaufstüten oder Ähnliches. Das wiederholte ich wie eine Art Wachschutzkontrolle jeden Abend vor dem Schlafengehen.

Der Geruchssinn der Frau

Bei der Schwangerschaft meiner besten Freundin hatte ich mal erlebt, dass sie ihren Mann nicht mehr riechen konnte. »Was meinst du denn damit?«, fragte ich nach. »Ich weiß auch nicht, sein Parfüm und auch sein eigener Geruch, ich kann das einfach nicht riechen, er schläft jetzt im Gästezimmer.« Ich war total perplex! Wie jetzt, sie spricht doch von dem Mann, in den sie verliebt ist und mit dem sie sich entschlossen hatte, ein Kind zu kriegen, und nun, nachdem der arme Kerl seine Pflicht erfüllt hat, kann sie ihn nicht mehr riechen? Darüber machte ich mir schon meine Gedanken, zumal wir noch gar kein Gästezimmer hatten.

In manche Restaurants konnten wir nicht mehr essen gehen, weil meine Frau sämtliche Gerichte, die auf dem Herd standen, schon riechen konnte, bevor wir den Laden so richtig betreten hatten. Auch einige Speisen, die zu ihren absoluten Lieblingsgerichten gehörten, waren jetzt für sie ungenießbar.

Eines Tages gingen wir unser Treppenhaus hinauf und Antje sagte auf einmal: »Boah, das stinkt ja hier nach Zigarette, das geht gar nicht.« Ich roch nichts. Ich hatte zwar von meinem Vater gehört, dass der Geruchssinn mit zunehmendem Alter schlechter wird, aber in erster Linie dachte ich ans Gästezimmer. Nun war es also so weit, auch der Geruchssinn meiner Frau hatte sich verändert, und sie hätte problemlos sämtliche Inhaltsstoffe unserer Rotweinsammlung herausriechen können.

Jetzt hieß es also aufgepasst, wenn man nicht aus dem eigenen Schlafgemach verbannt werden wollte. Ich dusche ohnehin morgens und abends, aber jetzt sprang ich auch zwischendurch mal kurz drunter, um immer wie der frische Frühling zu duften. Mein Aftershave ließ ich das eine oder andere Mal lieber weg und bat Antje, wenn sie wirklich mal etwas als unangenehm empfinden sollte, dann sollte sie es mir bitte sofort sagen, auch wenn ich eine gehörige Portion Respekt davor hatte, dass sie dieses Angebot annahm.

Wenn ich etwas kochte, dann riss ich in der Küche alle Fenster auf und stand mitunter in einem dicken Pulli oder mit Jacke am Herd, Hauptsache, die feine Nase ein paar Zimmer weiter fing nicht an zu meutern. Aber immer klappte das nicht. Wenn ich zum Beispiel beim Sport gewesen war, dann wurde das Sportzeug entweder sofort gewaschen oder auf den Balkon geschmissen und dort zwischengelagert. Auch nicht jedes Waschmittel wurde akzeptiert. Nachdem ich vom Einkauf verschiedenste Waschmittel mitgebracht hatte und alle durch die Riechprobe gefallen waren, boykottierte ich den Einkauf jeglicher Art von Waschmitteln. Wir gingen also gemeinsam in den Supermarkt, und ich schraubte dort nacheinander alle Flüssigwaschmittel auf. Antje roch daran und sagte mehr oder weniger angewidert Ja oder Nein, und so fanden wir dann die Marke, mit der sie leben konnte, vollkommen unabhängig von der Qualität und dem Preis.

Ich kam Gott sei Dank einigermaßen unbeschadet durch die Schwangerschaft, ohne dass Antje im Bett eine Gasmaske trug, und kuscheln war auch noch drin.

Einfach zum Kotzen

Vor der Schwangerschaft hörten wir ja sehr viel über schwangere Frauen, die sich ständig übergeben mussten und denen immer schlecht war, und das hörte sich alles doch sehr nach vermindertem Spaß, besonders für Antje, an. Umso mehr freuten wir uns, dass uns dieses Schicksal anscheinend erspart blieb. Antje steckte die ersten Wochen der Schwangerschaft wirklich sehr gut weg, aß und trank ganz normal mit gutem Appetit und schlecht war ihr nie.

Doch ganz davonkommen sollten wir nicht. Ich war mit ein paar Freunden in Istanbul gewesen und freute mich nach ein paar aufregenden Tagen auf zu Hause. Ich wusste, dass wir recht spät landen würden, also hoffte ich darauf, dass Antje die Wohnung schon auf ein romantisches Tête-à-Tête heruntergedimmt hatte. Diese Vorstellung erhielt erste Kratzer, als sie mir am Telefon berichtete, irgendwie sei ihr total schlecht.

Ich fuhr auf dem Weg nach Hause noch bei einer Nachtapotheke vorbei und holte ein paar Magentropfen und spurtete dann nach oben in die Wohnung. Das »Ein wenig schlecht« hatte sich inzwischen in ein »Ich glaube, ich muss sterben« verwandelt. Antje lag mit ihrem kompletten Bettzeug im Badezimmer auf dem Boden, da sie das Gefühl hatte, sich gleich übergeben zu müssen.

Ich legte meinen Mantel samt meinen versauten Fantasien an unserer Garderobe ab und kümmerte mich um die Dahinsiechende. Ich machte ihr ein paar kalte Wadenwickel und gab ihr die mitgebrachten Tropfen. Danach ging ich in die Küche und dachte, mit einem Glas Tee wird alles gut. Als ich jedoch mit einem Tablett samt ein paar Genesungskeksen wieder vor der jetzt geschlossenen Badezimmertür stand, dachte ich, dahinter kämpft gerade ein Alien mit dem Predator.

Ich ignorierte Antjes »Bloß nicht reinkommen« und stand auf einmal in der Mitte des Grauens. Meine Frau hatte nach Einnahme der Tropfen nicht nur das Klo, sondern das komplette Bad angeschrieben. Ich habe schon vieles aus Liebe gemacht, aber unser Schwur »Durch dick und dünn, durch gute und schlechte Zeiten« wurde an diesem Tag hart auf die Probe gestellt.

Wenn es eins gibt, was ich überhaupt nicht riechen kann, dann ist das der Geruch von Erbrochenem. Aber man kann in so einer Situation ja auch nicht sagen: »Nee, bei aller

Liebe, mach die Sauerei hier mal schön alleine weg, ich geh schon mal ins Bett und schlaf 'ne Runde.«

Nun musste ich auch über diesen Schatten springen und, ganz Ehemann, da durch. Antje hing immer noch über dem Waschbecken und machte munter weiter. Ich glaube, es ist gar nicht nur der Geruch, es ist auch das würgende Geräusch, das durch Mark und Bein geht und den Speichel für alle Fälle schon mal im Mund zusammenlaufen lässt.

Ich tänzelte durch das Bad an allen bereits entstandenen Pfützen im Slalom vorbei und suchte einen Wischeimer und Lappen zusammen. Dabei hielt ich mir ein T-Shirt vor Nase und Mund und versuchte meinen eigenen Würgereiz zu unterdrücken.

Eigentlich wischte ich das Bad, die Waschmaschine, den Trockner und alle anderen Dinge, die durch diese kleine Einlage der speienden Brüterin verdreckt waren, im Blindflug, denn wenn ich auch noch gesehen hätte, was ich da aufwischte, dann hätte ich mir das Ganze auch sparen können, denn dann hätte ich genau daneben gekotzt.

Ich verfrachtete Antje mit einem Heizkissen ins Bett und begab mich mit tränenden Augen zurück in die Geruchshölle. Danach flutete ich das Bad, um ganz sicher zu sein, dass alles weg war, und duschte eine gefühlte halbe Stunde lang. Antje und auch ich waren sehr froh, dass dieser Tag eine große Ausnahme war und der Rest der Schwangerschaft so problemlos verlief, denn ein Riesenspaß war das nicht.

Baby in 3D

Antje hatte von Anfang an eine Körperhaltung, die eher an den neunten Monat erinnerte als an den zweiten, dritten oder vierten Monat: immer eine Hand auf dem riiiiiesigen Bauch ihrer 52-Kilo-Figur und immer von der Couch aufstehen, indem man erst mal halb liegend auf dem Po an der Couch herunterrutscht, um diesen massiven Körper aufzurichten. Antje fühlte sich ja schon im unschwangeren Zustand oft zu dick, was natürlich der totale Blödsinn war, aber jetzt, wo sie wusste, dass sie ein Kind bekommt, war auch unser Festtagsbauch, den wir uns über die Feiertage angefressen hatten, zurückzuführen auf die Schwangerschaft.

In der 13. Woche stand für uns die Feindiagnostik auf dem Programm. Dafür mussten wir in eine andere Praxis, die über einen Megabildschirm, der die ganze Wand einnahm, verfügte. Heute würden wir unser Kind ganz deutlich erkennen können. Das war der Teil, auf den wir uns freuten, aber es sollte auch die sogenannte Nackenfaltenmessung stattfinden, damit wir ein Downsyndrom ausschließen konnten. Antje erklärte dem Arzt gleich zu Beginn, dass sie sich dick fühle. Der kam aus dem Lachen kaum raus und sagte nur: »Dick bei 54 Kilo? Ich habe Patientinnen, die wiegen 154 Kilo, die sind dick!« Danach war Antje dann für den Augenblick beruhigt und wir konzentrierten uns auf die Messung. Sie legte sich auf eine Liege, und der gesamte Raum wurde abgedunkelt. Der Arzt knipste den Monitor an und wir sahen auf diesem Riesenbildschirm unser Baby in 3D.

Unglaublich, wie scharf das Bild war im Gegensatz zu den Schwarz-Weiß-Ultraschallbildern, die wir bisher gesehen hatten. Unser Kind machte Faxen, von wem hatte es das nur? Es steckte eine Hand in den Mund, drehte uns den Hintern zu … Unfassbar und faszinierend! Antje heulte vor Freude ganze 15 Minuten lang. Ich hatte dazu keine Zeit, denn mein Blick wich nicht eine Sekunde vom Bildschirm. Es musste doch irgendwann auch mal zu erkennen sein, ob wir einen Jungen oder ein Mädchen bekamen! Alles war ganz klar zu erkennen, die Arme, die Beine, selbst das Gesicht. Das Einzige, was uns das kleine Etwas partout nicht zeigen wollte, war sein Genital. Ich fragte den Arzt, ob er denn erkennen könne, was es wird. Er antwortete, ja, das könne er, aber das dürfe er uns noch nicht verraten. All unser Betteln, uns zu sagen, ob wir uns auf Hellblau oder Rosa einstellen sollten, half nichts. Das sei wohl darauf zurückzuführen, dass einige Paare, wenn sie zu früh wüssten, es wird ein Mädchen, doch noch eine Abtreibung in Erwägung zögen. Ich fühlte mich nach dieser Aussage ins Mittelalter zurückversetzt und dachte mir, wenn er nicht sieht, dass meine Frau strahlt wie ein Honigkuchenpferd, weil sie sich ein Kind so sehr wünscht, dann weiß ich auch nicht. Noch beknackter war, dass wir es ohnehin circa zwei Wochen später von unserem normalen Arzt erfahren würden.

Aber am Ende war es uns einfach nur wichtig, dass uns dieser zweite Arzt auch bestätigte, dass alles nach Plan lief und in Ordnung war. Wir bekamen beim Gehen noch eine DVD mit den ganzen Aufnahmen mit und haben so für immer ein tolles Andenken an diese Zeit in bewegten Bildern. Am Abend verschickten wir die kleinen Filmchen an unsere Familie und Freunde, um dieses Glück mit ihnen zu teilen.

Schwangerschaftsdemenz

Im Laufe der Schwangerschaft hört man ja häufig von zig Beschwerden und Krankheiten, mit denen andere Schwangere sich herumplagen, und hofft dabei, sie selber nie zu bekommen. Sodbrennen, Wasser in den Beinen, Diabetes und vieles mehr. Wir versuchten das zu ignorieren und konzentrierten uns auf die Dinge, die in unserer tollen App standen.

Eines Tages stand dort jedoch etwas von Schwangerschaftsdemenz, und passend zum Thema hatte ich diese Passage bald wieder vergessen. Sie kam mir jedoch wieder in Erinnerung, weil immer mehr Situationen darauf hindeuteten, dass meine Frau eine Extrapackung davon bestellt hatte.

Unabhängig von zahlreichen Witzen, die ich wieder und wieder erzählen konnte und über die sie sich immer wieder aufs Neue totlachte, steckte eines Tages der Schlüssel von außen in unserer Wohnungstür. Das alleine wäre noch nicht so schlimm gewesen, aber es entwickelte sich zu einer gewissen Routine.

Eines Tages kam Antje von einem Einkaufsbummel zurück und berichtete mir stolz von all den tollen Lippenstiften, Cremes und Lidschatten, die sie sich bei Douglas gekauft hatte. Als sie mir ein paar dieser Errungenschaften vorführen wollte, bemerkte sie, dass sie die Tüte nicht finden konnte, sie hatte sie irgendwo stehen lassen. Unter Tränen zählte sie auf, wo sie überall gewesen war, denn ich vermutete, dass sie die Sachen in einem der anderen zahlreichen Stores ihrer Shoppingtour vergessen hatte.

Die Verheulte saß wie ein Häufchen Elend auf der Couch, während ich einen Laden nach dem anderen abtelefonierte. Bei H & M hatte ich schließlich Glück, denn dort hatte sie die Tüte in der Umkleidekabine vergessen. Wir düsten schnell hin, und die Welt war wieder in Ordnung. Ich hoffte nur, dass es nie eine Diskussion geben würde nach dem Motto: »Also das letzte Mal, dass ich unser Kind gesehen habe, war bei Mango und danach war ich mir eigentlich total sicher, dass es wieder ins Auto gestiegen ist …«

Der Gipfel war schließlich, dass sie das komplette Schlüsselbund am Briefkasten hängen ließ, so nach dem Motto: »Hey, liebe Einbrecher, wir wollen euch das Leben nicht zu schwer machen, ihr seht ja am Schild des Briefkastens, zu welcher Wohnung dieser Schlüssel passt, also einfach aufschließen und alle Sachen aus der Wohnung tragen, Cola und Schokolade liegen im Kühlschrank. Und jetzt viel Spaß!«

Auch der Autoschlüssel war immer häufiger verlegt, und irgendwann fuhren wir eigentlich nur noch mit dem Ersatzschlüssel.

Die Gedächtnislücken waren wirklich extrem auffällig. Bei zig Gelegenheiten hieß es von ihr nur: »Na toll, das hättest du mir ruhig mal sagen können.« »Hab ich doch«, erwiderte ich dann und sie: »Von wegen, das höre ich jetzt zum ersten Mal.« Und dann begann sie immer wieder aufs Neue die Suche nach dem Anker, an den sie sich erinnern konnte: »Weißt du nicht mehr, das war da und da, wo der so und so noch meinte, dass das hier und da und so weiter«, kramte ich wieder und wieder in ihrem Kopf, während sie immer weiter Stein und Bein schwor: »Das habe ich noch nie gehört.« Und irgendwann platzte dann jedes Mal der Knoten: »Ach ja, stimmt, jetzt, wo du das sagst, fällt es mir wieder ein.«

Ich beruhigte mich selbst immer wieder und sagte mir:

Solange sie noch nach Hause findet, nicht auf dem Küchentisch schläft oder in den Kamin pullert, ist das alles nur halb so schlimm und hat ja auch mit der Geburt ein Ende!

Doch dann las ich in der App von der Stilldemenz nach der Geburt ... Na wunderbar, das konnte ja heiter werden!

Wie soll es bloß heißen?

Die Diskussion, wie das Kind heißen soll, würde kommen, das war mir ganz klar, und ich wusste, ich würde um den Namen kämpfen wie ein Löwe. Zu präsent waren mir die Loser-Namen meiner Schulzeit. Es gab zu meiner Zeit lauter langweilige Namen, die damals sehr modern waren: Die Jungen hießen alle Thomas, Marcus, Frank, Andreas, Alexander, Christian oder Peter – und das war's dann auch schon. Daher war in jeder Klasse jeder Name meist mehrfach vertreten. Auf der Oberschule hatte ich sogar mal einen Thomas mit demselben Nachnamen in meiner Klasse. Ich fand eine Statistik der beliebtesten Namen nach Jahrgängen, und der Name Thomas belegte von 1960 bis 1969 zehn Jahre lang den ersten Platz, außer in meinem Geburtsjahr 1968, da landete er auf Platz zwei, na toll, sehr einfallsreich, da fühle ich mich gleich als etwas Besonderes.

Und dann gab es natürlich noch die Namen, bei deren Wahl die Eltern entweder betrunken waren oder sich anscheinend einen Spaß daraus machten, ihrem Nachwuchs eine schwere Kindheit zu bescheren. Kinder mit Namen wie Willi oder Horst waren zum Beispiel dafür prädestiniert, ständig durch den Kakao gezogen zu werden. Beides wollten wir unserem Kind natürlich nicht antun, und daher kauften wir uns ein Vornamenbuch und recherchierten im Internet nach den in diesem Jahr beliebtesten Namen, für die wir uns auf keinen Fall entscheiden würden, denn dann säße eines Tages unser Kind mit zehn anderen Justins, Jasons, Kevins, Chayennes oder Mandys in einer Klasse.

Genauso angesagt und daher bei uns ebenfalls auf der schwarzen Liste waren kurze Namen, die auch gerade schick waren, wie Lena, Lina, Mia, Noah, Lula, Finn und so weiter. Auf einmal kamen auch noch altdeutsche Namen auf den Schirm: Wilhelm, Arthur, Paul, Maximilian, Moritz oder Friedrich. Aber in unseren Ohren klang das eher nach unseren Großeltern.

Wenn es ein Junge werden würde, waren wir uns schon lange sicher, dann würden wir ihn Keanu nennen. Außer dem Schauspieler Reeves kannten wir niemanden mit diesem Namen. Außerdem war meine Theorie, dass ein Junge mit diesem Namen auf jeden Fall super aussehen würde. Irgendwie bescheuert, aber ich konnte mir einfach keinen Nerd mit Nickelbrille vorstellen, der Keanu heißt.

Bei einem Mädchen wurde es da schon schwieriger. Alle Namen, die Antje so vorschlug, fielen automatisch auf meine schwarze Liste, meine landeten anscheinend auch auf ihrer, und so war es schon schwer, ein gemeinsames Ergebnis zu finden.

Irgendwann fiel mir der Name eines Mädchens ein, das mir als junger Typ mal sehr geholfen hatte. Ich war circa 20 und mit meinem Kumpel unterwegs quer durch Europa. In Nizza fanden wir es total männlich, von einer Klippe zu springen. Bei einem der Sprünge erwischte ich ein Wellental und krachte mit dem Gesicht auf den Meeresgrund.

Ich verlor für einen Moment das Bewusstsein, wachte unter Wasser wieder auf und schnellte an die Oberfläche. Beim ersten tiefen Atemzug durchzuckte mich ein irrer Schmerz, denn ich hatte bei dem Aufprall zwei Schneidezähne verloren und die Nerven lagen frei, was ich bei jedem Windzug merkte.

Ich rannte durch die Stadt mit einem Handtuch vor dem Mund und hatte tierische Schmerzen. Dann traf ich Gott sei Dank ein französisches Mädchen, das mir half und mit mir zu einer Zahnärztin ging, die mich endlich behandelte, denn die meisten hatten am französischen Nationalfeiertag geschlossen. Lustigerweise war die Zahnärztin im achten Monat schwanger und eigentlich nur in der Praxis, um sie abzuschließen. Sie hatte aber Erbarmen und setzte mir zwei Provisorien ein, sodass ich meine sechs Wochen Urlaub nicht abbrechen musste. Der Name des Mädchens, das mir geholfen hatte, war Fabienne, und ich habe diesen Namen nie vergessen, denn ich verbinde ihn bis heute mit etwas sehr Positivem. Und das Beste an der Story war, dass auch Antje den Namen toll fand.

Also hatten wir jetzt eine Entscheidung: Junge = Keanu, Mädchen = Fabienne.

Der dritte Ultraschall – Brust oder Keule

Am Morgen des dritten Ultraschalls war besonders Antje sehr nervös. Ich glaube, sie war zwei Stunden früher als sonst aufgestanden und polterte durch die Wohnung. Als sie es dann durch ihr Aufräumbowling endlich geschafft hatte, auch mich zu wecken, stand auch ich auf und fragte sie, ob sie unbemerkt eine längere Reise hinter sich gebracht habe und jetzt unter Jetlag leide, denn gefühlt war es für mich mitten in der Nacht. »Nein, du weißt doch, heute werden wir es endlich wissen, ob wir einen Jungen oder ein Mädchen bekommen!« – »Ach so!«, tat ich gelangweilt, ging ins Bad – und jetzt war auch ich aufgeregt.

Wenn ich ehrlich bin: Antje wünschte sich, seit ich sie kenne, immer einen Jungen. Sie liebt ihren Neffen Tim, und durch das Spielen mit ihm fand sie mehr und mehr Gefallen an dem Gedanken. Dazu kam, dass sie der Überzeugung war, dass ein Mädchen, falls wir eins bekommen würden, garantiert ein Papakind werden würde, da sie auch einen sehr starken Bezug zu ihrem Vater hat, seit sie ein kleines Mädchen war. Meine Aussage, dass auch ein Junge mehr auf mich stehen würde als auf sie, beruhigte die Situation auch nicht, sondern brachte sie nur auf die Palme.

Auch ich konnte mir das mit einem Jungen sehr gut vorstellen. Mit ihm zum Fußball gehen und versuchen, ein tolles Vorbild zu sein. Mein Anwalt und Freund Peter sagte eines Tages zu mir: »Thomas, ganz egal, was es wird, Hauptsache, ein Junge.« Und so hatte man diesen Gedanken, es könnte ein Junge werden, doch recht häufig im Kopf.

Also wieder das Prozedere mit dem Ultraschall. Wichtig war natürlich erst mal die Aussage unseres Arztes, der wie auch schon der Arzt der Feindiagnostik der Meinung war, dass weiterhin alles nach Plan verlief und in Ordnung war. Die Messungen ergaben, dass sich unser Kind im normalen Bereich befand und sogar ein wenig schwerer oder größer war, als in der jeweiligen Woche vorgesehen. Wir schauten wieder gebannt auf den Bildschirm, aber irgendwie wollte das kleine Etwas auch heute nicht so richtig zeigen, was es nun war. Verschämt schien es in der Gebärmutter hin und her zu springen, und es war kaum möglich, etwas zu erkennen. Ich suchte immer nach einem Riesenschatten, einer Art Anakonda, die sich lässig über den Oberschenkel schlängelt – es ist doch schließlich mein Sohn, wenn es einer wird, und wenn ich nichts in der Richtung sehe, dann wird es wohl ein Mädchen werden.

Dann stoppte der Arzt das Bild und sagte: »Sehen Sie diesen kleinen Punkt da? Sie bekommen einen Jungen!« Ich rückte näher an den Bildschirm und fragte mich, welchen Punkt er meinte, während Antje, na klar, wieder tränenüberströmt, lachte und weinte gleichzeitig. »Sind Sie sich wirklich sicher?«, fragte ich nach. »Ja, ziemlich sicher«, antwortete der Arzt.

Also wenn ich ehrlich bin: Gesehen habe ich nichts, aber ich vertraute jetzt mal dem Arzt, kaufte in Gedanken schon mal eine Harley-Davidson-Jacke in XS, baute die Carrera-Bahn auf und besorgte alle Dinos, die ich kriegen konnte, damit sich Keanu wohlfühlen würde. Wir kriegen einen Sohn, ick bin stolz wie Bolle!

Zwei Tage später sah ich einen Vater auf der Straße, dessen Sohn einen Riesenbock hatte. Er schrie und ließ sich nicht anfassen. Was würde ich später tun?! Natürlich könnte ich jetzt davon ausgehen, das ist doch mein Sohn, der wird keinen Bock haben, aber ich glaube, so viel Glück habe selbst ich nicht – also was werde ich tun? Werde ich den hinteren Teil meines Autos schallisolieren und die Tür erst wieder öffnen, wenn der Kleine mit einer weißen Fahne winkt? Werde ich zu Hause klingeln, wegrennen und im Treppenhaus Antje zurufen, ich habe einen Termin? Oder werde ich einen Weg finden, damit umzugehen?

Ich war gespannt.

Schlaflos in Seattle

Wenn meine Frau früher, vor der Schwangerschaft, schlafen ging, und zwar vollkommen egal, ob für einen kurzen Mittagsschlaf oder nachts, dann ratzte sie normalerweise wie ein Stein. Selbst wenn ich daneben lag und noch ein wenig fernsah, war ihr das vollkommen egal. Ganz im Gegenteil, wenn sie sich zu mir drehte und ihren Kopf auf meine Brust legte, dann dachte man spätestens nach einer Minute, sie sei von einem Nashorn-Betäubungspfeil getroffen worden.

Im Laufe der Schwangerschaft kam es immer häufiger vor, dass sie mit dem Schlafen Schwierigkeiten hatte. Bei Nanu-Nana habe ich mal ein T-Shirt gesehen, auf dem stand: »Wenn ich hier nicht schlafe, dann schläft hier keiner!« Genauso schien meine Frau zu denken, also hatte sie folgende Taktik:

Sie schmiss sich von einer Seite auf die andere, unterstrich das Ganze mit ein paar Seufzern und Stöhnern, bis sie auf jeden Fall sicher war, dass ich dadurch wach wurde. Dann folgte die scheinheilige und doch zuckersüße Frage: »Schahhhaaatz« – und ich betone, sie sagte nicht einfach »Schatz«, sondern »Schahhhaaatz« – »kannst du auch nicht schlafen?«

Ich wollte antworten: »Ja hallo, wenn du hier rumturnst, als ob du für die Olympischen Spiele trainierst, da kann man ja wohl auch kein Auge zutun, verdammt!« Aber als verständnisvoller Baldvater sagte ich nur freundlich: »Nein, Schatz, kann ich nicht, total komisch, wie kommt's nur?«

»Ach Mensch, wenn du auch nicht schlafen kannst, dann lass uns doch noch einen Film sehen oder so, bis wir wieder müde werden«, schlug der Störenfried vor.

Müde werden? Ich bin müde! Aber wie gesagt, in der Schwangerschaft heißt es oft erst mal tief durchatmen, bevor man antwortet.

»Klar, Schatz, können wir machen. Möchtest du vielleicht auch noch etwas trinken oder essen?«, fragte ich die Frage, die ich mir auch selbst hätte beantworten können. Daher quälte ich mich während ihrer Antwort auch schon aus dem Bett und ging in die Küche.

Also war um 4.30 Uhr die Nacht zu Ende. Wir holten uns ein paar Cornflakes ins Bett und schauten einen romantischen Film. Mit ein wenig Bauchstreicheln klappte es dann doch, und wir schliefen im Morgengrauen noch mal für ein paar Stunden fest ein.

Ein anderes Mal schreckte ich, wie von der Tarantel gestochen, hoch: Auch das hatte sich stark verändert, meine Frau hatte immer öfter Albträume – und ich rede hier nicht von so einem kleinen Wimmern und man stupst sie ein wenig an und dann schläft sie weiter, ich spreche von lauten Schreien und einer Schütteleinlage meinerseits, bis sie endlich aus diesem Albtraum aufwachte.

Einmal dauerte es wirklich fast eine Minute, bis sie mir klar antwortete: »Oh mein Gott, ich hatte so einen Albtraum.« Dann kuschelte sie sich an mich und schlief weiter, während ich noch eine halbe Stunde geschockt wach lag. Ich grübelte lange, was das für ein Traum gewesen sein könnte. War im Laufe des Tages etwas Schlimmes passiert, oder hatten wir einen blöden Film gesehen? Es musste auf jeden Fall etwas mit Aliens, die gegen Monster kämpfen, mit zahlreichen Axtmördern und meiner Frau mittendrin gewesen sein! Mich ließ das nicht los, also fragte ich sie am nächsten Morgen, ob sie noch wisse, was sie geträumt habe. Sie sagte: »Ja, das war total krass.« Ich: »Okay, dann sag mal, was war denn?« Sie: »Nein, du lachst nur.« Ich: »Quatsch, schieß los.« Sie: »Nun gut, da war so ein Typ und der kam zu uns in die Wohnung und ich überraschte ihn in unserem Ankleidezimmer. Dann hat der Kerl mich angelacht und hatte einen meiner Lieblingslippenstifte in der Hand und hat ihn vor meinen Augen abgebrochen, da musste ich total schreien und davon bin ich aufgewacht. Krass, oder?« Lippenstift abgebrochen ... Das war dein Albtraum? Wie gesagt, tief durchatmen und sich immer wieder sagen: Alles wird gut!

Die Hebamme

Laut den Informationsblättern im Wartezimmer des Arztes war es langsam an der Zeit, sich eine Hebamme zu suchen, die uns zur Seite stehen würde bei allen Fragen rund um die Geburt. Auf Empfehlung unseres Arztes lernten wir seine, wie er sagte, beste Hebamme kennen.

Ich weiß gar nicht, ob ich eine richtige Vorstellung davon hatte, wie eine Hebamme so aussieht, aber unsere war eine, wie man sie sich vorstellen könnte. Nicht mehr ganz Größe 42, eine Stimme, also als ob sie circa 50 Zigaretten am Tag rauchen würde, aber mit dieser Stimme auch wieder sehr beruhigend, wie eine Märchenerzählerin.

Sie empfing uns in der Praxis des Gynäkologen, bloß in einem anderen Zimmer, das nicht ganz so nach Arzt aussah. Hier standen ein paar Duftkerzen, dort ein paar Räucherstäbchen, alles mutete ein wenig esoterisch an. Der Besuch bei ihr beruhigte uns aber ungemein, da wir jetzt wirklich mal Zeit hatten, unser gesamtes Repertoire an Fragen runterzurasseln.

Diese Frau wurde für uns eine wirklich wichtige Begleiterin auf dem Weg zur Geburt und auch noch danach. Was wir besonders genossen, war, dass sie uns nicht dafür verurteilte, dass wir das Kind per Kaiserschnitt holen wollten. Ganz im Gegenteil: Sie bekräftigte uns sogar bei dieser Entscheidung, zumal Antjes Schwester einen Jungen mit fast fünf Kilo zur Welt gebracht hatte, was uns schon beim Zuhören wehtat. Da die beiden Zwillingsschwestern sind und auch unser Kind bei allen Messungen immer eher schwerer war als die Norm, waren am Schluss eigentlich alle einig, dass ein Kaiserschnitt die beste Variante sei.

Wenn wir etwas fragten, was sie als erfahrene Hebamme dann doch amüsierte, dann hatte sie ein Lachen drauf, das uns an das Ende des Michael-Jackson-Songs »Thriller« erinnerte. Aber dann erklärte sie uns mit ihrer bassigen Stimme haargenau das, was wir eben wissen wollten.

Auch beim Klischee Hebamme haben wir gelernt, es gibt solche und solche, und nicht alle Horrorstorys von Ex-JVA-Angestellten, die auf Hebamme umgeschult haben, sind wahr – von Hebammen, die in einem militärischen Befehlston Dinge sagen wie: »Nun stellen Sie sich mal nicht so an, ich habe selbst fünf Kinder, und zwar alle auf natürliche Weise bekommen.« Oder: »Wenn Sie das Kind nicht normal gebären, dann haben Sie nie eine richtige Bindung zu dem Kind.«

All das ist zum einen Quatsch und zum anderen gibt es hier, wie in jedem anderen Beruf auch, Frauen, die diesen Beruf aus Leidenschaft betreiben und sich gut in die jeweilige werdende Mutter hineinversetzen können, und solche, die es eher lustlos betreiben.

Wir waren auf jeden Fall sehr glücklich, dass wir uns gesucht und gefunden hatten, und fühlten uns bei ihr sehr wohl. Was besonders schön für Antje war: Sie hatte eine neue Labertante am Telefon. Wie ist denn dies und wie ist das? Jede Woche telefonierten sie, und sie wurde zu einer Art großer Schwester, die halt schon ein paar Hundert Kinder auf die Welt gebracht hatte und uns daher viele wertvolle Tipps geben konnte.

Das zweite Drittel

Tatütata, die Wohnung ist da

So langsam wurde es doch eng, was unsere Wohnsituation anging. Wir fanden einfach keine geeignete Wohnung, für das überstürzte Bauen auf einem Grundstück irgendwo bei Berlin, das wir ja auch noch nicht einmal hatten, war es eh zu spät und es waren noch vier Monate bis zum Geburtstermin. Bisher hatten wir nach einer Eigentumswohnung gesucht, aber durch den Boom in Berlin waren diese in unserer Gegend für uns unbezahlbar. Schweren Herzens verlagerten wir unsere Suche ab sofort auch auf Mietwohnungen und spielten mit dem Gedanken, unsere Wohnung dann erst mal zu verkaufen, um so Zeit zu gewinnen, um in Ruhe weiter zu suchen, wenn unser Kind da wäre.

Doch genau als wir uns das mit der Nachbarwohnung aus dem Kopf geschlagen hatten, meldete sich die Maklerin der Bank bei mir und sagte, dass die Bank eingeknickt sei, und wenn mein Angebot noch stehen würde, dann könnten wir uns einigen. Wir waren auf der einen Seite sehr glücklich, auf der anderen war es uns schleierhaft, wie wir innerhalb von circa drei Monaten die Wohnung überhaupt in einen bewohnbaren Zustand bringen sollten.

Wir schlugen trotzdem zu und planten, die neue Wohnung mit einem Durchbruch mit der alten zu verbinden. Der Geburtstermin war, wie schon erwähnt, Anfang August, und die Renovierung – oder sollte ich besser sagen: Sanierung – begann nach langem Hin und Her, Notarterminen und Schlüsselübergabe erst im Juni und verlief alles andere als geordnet.

Ab sofort war ich, neben meiner Arbeit, eigentlich nur noch in sämtlichen Baumärkten der Stadt, kaufte Farbe, besorgte Laminat und tausend andere Sachen. Ich engagierte ein paar Handwerker, unterschätzte aber die Tatsache, dass viele Gewerke aufeinander aufbauen. So waren Abrissarbeiten von mehreren Wänden noch nicht das Problem, aber Fliesenleger, Elektriker, Trockenbauer, Klempner, Laminatverleger waren teilweise von anderen Arbeiten abhängig. Um auf der Baustelle den Überblick zu behalten, hätte ich gut und gerne fünf Sprachen lernen müssen, und so lief natürlich einiges schief, weil doch alles recht unorganisiert war.

Wenn Antje bis jetzt noch keine pränatale Depression hatte, dann sorgte die Renovierung dafür, dass sie immer näher am Wasser gebaut hatte und fertig war mit den Nerven. All unsere Vorsätze von wegen: »Wir bauen das Kinderzimmer frühzeitig und machen alles fertig in der Wohnung, denn zum Schluss wird es ja doch beschwerlich und nach der Geburt haben wir eh keinen Kopf mehr dafür«, kamen mehr und mehr ins Wanken. Ich sah uns schon mit drei Bauhelmen (einen in XXXS) in unserer halb fertigen Wohnung hausen oder bei unseren Eltern einziehen.

Die gesamten Renovierungsarbeiten waren im Großen und Ganzen eine einzige Katastrophe und genau das Gegenteil von dem, was man sich bei fortgeschrittener Schwangerschaft wünscht. Jeden Tag war die Nacht gegen sieben Uhr vorbei durch einen Presslufthammer oder durch die Bauarbeiter an sich. Unabhängig davon, dass sie alle naselang klingelten, weil sie Wasser brauchten, auf die Toilette mussten oder irgendeine Frage hatten, wurde uns jetzt erst so richtig bewusst, dass Handwerker, die den ganzen Tag einen Presslufthammer bedienen, ungefähr dreimal so laut reden wie ein normaler Mensch. Antje war der Meinung, wir würden nie fertig werden, ich war derselben, gab es aber nie zu.

»Das wird schon alles, wirst sehen«, versuchte ich sie dann zu besänftigen.

»Auf keinen Fall, das klappt nie«, sagte sie eines Tages und fuhr entnervt für ein paar Tage zu ihren Eltern. Für mich ein Glücksfall, denn jetzt ging ich direkt in die Höhle des Löwen und gab Anweisungen und trieb an wie auf einer Cäsarengaleere. Es hätte nur noch ein Trommler gefehlt. Aber durch meine ständige Anwesenheit nahm der Umbau wirklich Fahrt auf und der Fertigstellungstermin wurde wieder realistischer.

Öfter mal knuddeln

Jeder kennt das, es gibt bei Frauen kuscheln mit kleinem k und das Kuscheln mit großem. Das hieß, wenn meine Frau zu mir sagte: »Komm, Schatz, lass uns noch ein wenig kuscheln«, musste ich mich vorsichtig herantasten, um herauszubekommen, ob sie wirklich nur kuscheln wollte oder ob es zur Sache ging. Und das Bedürfnis meiner Frau nach körperlicher Nähe stieg proportional mit der Dauer der Schwangerschaft. Ich stehe zwar auch auf körperliche Nähe, aber das Zusammenleben mit ihr glich mehr und mehr einem Leben in einem Terrarium mit einer Würgeschlange.

Es begann noch recht harmlos. Wenn wir die Straße entlangschlenderten, kuschelte sie sich in meinen Arm oder legte den Kopf an meine Schulter. Im Café konnte es dann schon mal passieren, dass sie sich direkt auf meinen Schoß setzte und mich umklammerte, bis ich eine gewisse Schnappatmung bekam. Zu Hause kaum auf der Couch oder im Bett, umschlangen mich ihre Arme und Beine und ich wurde leicht klaustrophobisch.

Ich ließ das meist eine Weile über mich ergehen, aber das Problem war irgendwann das eine Bein, das noch auf mir drauflag, wenn meine Frau bereits eingeschlummert war. Nach einer Viertelstunde wog das XXS-Beinchen auf einmal gefühlte 1000 Kilo, und ich war gewillt, meinen Letzten Willen aufzuschreiben, falls ich mich aus dieser Position nicht befreien sollte.

An einigen Tagen begrüßte sie mich, wenn ich von der Arbeit kam, mit den Worten: »Wir kuscheln gar nicht mehr, du bist so weit weg!« Wie bitte? Wir waren, sobald wir zusammen waren, förmlich siamesische Zwillinge! Aber Antje war auch das nicht genug. Ich musste mich oft selbst daran erinnern, dass ich mir fest vorgenommen hatte, auf alle hormonellen, körperlichen und gefühlsmäßigen Veränderungen meiner Frau in der Schwangerschaft positiv zu reagieren, um sie zu unterstützen. Also ergab ich mich meist meinem Schicksal und lag mit ihr auf unserer Couch und japste nach Frischluft.

Generell mag ich es ja, meiner Frau körperlich nahe zu sein oder zu Hause oder in der Öffentlichkeit kleine Zärtlichkeit auszutauschen, jetzt war es aber vielmehr so, als ob wir an einem Tanzmarathon in den 50er-Jahren teilnahmen, bei dem sich die Paare pro Stunde nie länger als fünf Minuten loslassen durften, und das konnte manchmal schon anstrengend werden.

Im Laufe der Zeit spielte natürlich auch eine Rolle, dass ihr Bauch ab und an mal im Weg war. Robbte sie im Bett an mich heran, dann lag ich fast in einer Art Halbkreis in ihrer Richtung, oder sie entschied sich für die Löffelchenstellung und ich kraulte ihr von hinten den Rücken oder legte meinen Arm um sie, um ihren Bauch zu streicheln. So schlief sie dann auch meist recht schnell ein und wenn ich bemerkte, dass sie ruhig und gleichmäßig atmete, dann drehte ich mich in Zeitlupe von ihr weg, zog ganz langsam meinen Arm unter ihr weg und deckte sie zu. Dann lag ich endlich vollkommen befreit auf dem Rücken und atmete tief durch.

Doch meine schwangere Frau entwickelte anscheinend ein paar Sensoren ähnlich wie eine Einparkhilfe, bloß umgekehrt. Das heißt, sobald ich mich zu weit von ihr entfernte, schlug das Kuschelwarnsystem an und sie drehte sich um in meine Richtung, um mich erneut mit Armen und Beinen zu umklammern. Das wiederholte sich so lange, bis ich auf den letzten 15 Zentimetern unseres Bettes lag und sie den Rest vereinnahmte. Dann schien ihr System Erbarmen zu haben, damit ich nicht vor dem Bett schlafen musste.

Erste-Hilfe-Kurs

Als meine Frau sich dafür entschied, unser Kind per Kaiserschnitt auf die Welt zu bringen, dachte ich: Yes, ich bin raus. Kein Geburtshilfekurs mit Torben, Sören, Ulf und all den anderen Frauenverstehern, die dann hinter ihrer Frau sitzen und hecheln wie ein Cockerspaniel. Auch wenn das bestimmt wichtig ist – die Vorstellung dazwischen zu sitzen war für mich immer ein wenig schwierig. Doch dann kam ihr die Idee: »Hey, ich habe gelesen, da gibt es so einen Erste-Hilfe-Kurs für Babys und Kleinkinder, den müssen wir unbedingt machen, es kann ja so viel passieren ...« Und schon war ich wieder drin!

Also gingen wir noch ziemlich verschlafen an einem Samstag in aller Herrgottsfrühe zu einer auf den ersten Blick doch sehr netten Hebamme und reihten uns ein in die Reihe der verängstigten oder zukünftigen Eltern. Als Allererstes fiel mir ein Reporter von Galileo auf ... Sollte meine Frau etwas im Schilde führen? Sie kannte mich ja und wusste, dass ich der Sache doch eher skeptisch gegenüberstand. Daher ließ ich diesen Typen nicht mehr aus den Augen und suchte ständig nach einer versteckten Kamera.

Dann gab es eine lustige Fragerunde nach dem Motto: »Erzählt doch mal eure fieseste Horrorstory, was euch schon so mit eurem Kind passiert ist.« Und anschließend versuchten sie sich mit ihren Geschichten gegenseitig zu toppen: »Unser Kind ist vom Wickeltisch gefallen, weil es sich auf einmal gedreht hat, und ich war nur kurz im Bad.« – »Also unser Sohn hatte morgens beim Verabschieden auf einmal Schaum vor dem Mund. Er hatte einen Tab aus der Spülmaschine gegessen. Da mussten wir aber sofort in die Notaufnahme.« – »Das ist doch noch gar nichts. Mein Sohn hat eine Nussallergie und hat einen Schokoriegel gegessen, bei dem 0,00001 Prozent Erdnuss mit drin war. Die Ärzte sagten, er hätte sogar sterben können.« Eine andere Teilnehmerin knallte daraufhin feinfühlig heraus: »Erdnüsse sind aber keine Nüsse!« Na endlich eine Absolventin der Klugscheißerschule, bring mal ein wenig Leben in die Bude ... »Das spielt doch keine Rolle, es ging dabei um Leben und Tod«, erwiderte die Erdnuss-Mutter. »Trotzdem sind Erdnüsse keine Nüsse«, legte die Klugscheißerin nach. Nachdem ich die Blicke der beiden Hausfrauen verfolgt hatte, dachte ich mir: In was für ein Krisengebiet bin ich denn hier geraten!

Die Hebamme versuchte zu schlichten und bot einen Themenwechsel an. »Hier gebe ich mal ein paar Blätter in die Runde, welche Pflanzen im Garten so alles giftig sind und wozu ihr Verzehr führt.« Unglaublich, bei jeder zweiten Pflanze, die in unseren heimischen Gärten wächst, hieß es nur Krampfanfälle, Atemnot, Tod nach zwei Stunden. Hallo? Haben die beim Memory die Bilder vertauscht und wir reden hier über hochgefährliche australische Giftschlangen? Nein, es sind wirklich die Tollkirsche und andere Gewächse aus dem Little Shop of Horror. Tja, liebes Kind, mit diesem Wissen in meinem Kopf blüht dir wohl ein Leben in geschlossenen Räumen ohne Garten, Wald und Wiesen …

Noch ganz benommen von all den Eindrücken, setzte die Hebamme dann zum Todesstoß an. »Wir teilen jetzt mal die Gruppe auf, und dann bekommen immer zwei Personen eine Aufgabe, die sie dann den anderen vortragen.« Na klasse, gleich müssen wir bestimmt unseren Namen tanzen oder uns alle gemeinsam ganz doll lieb haben. Meine Frau wurde dem Galileo-Typen zugeteilt und sollte den finalen Rettungsgriff üben, wenn sich die Kinder verschluckt haben. Meine neue Freundin, die mir zugeteilt wurde, war die Erdnuss-Frau, mit der ich einen perfekten Erste-Hilfe-Kasten zusammenstellen sollte. Das Vortragen der einzelnen Gruppen ähnelte mehr und mehr einem Referat in der Schulzeit und ich wartete, wann ich benotet würde. Wie erkläre ich meiner Frau nur, dass ich hier unbedingt rauswill? Als ich einen ersten Versuch startete, sagte meine Frau zu mir: »Wollen wir nicht einfach abhauen?« Und das taten wir dann auch.

Sechs Richtige mit Zusatzzahl, Sofortrente mit Sahne obendrauf – so ist sie, meine Frau!

Die Sache mit dem Gewicht

Endlich erreichten wir ein weiteres Zwischenziel. Antje war im sechsten Monat, ihr Bauch wuchs langsam zu einer ordentlichen kleinen Murmel und es ging ihr weiter hervorragend. Bei einem unserer zahlreichen Besuche beim Gynäkologen bekamen wir eine tolle Nachricht: Der Arzt erklärte uns, dass unser Kind ab sofort theoretisch lebensfähig sei! Uns fiel eine Riesenlast von den Schultern, denn wir hatten zwar die ersten kritischen Wochen längst überstanden, aber im Hinterkopf hatten wir trotzdem oft den Gedanken: Was wäre, wenn jetzt etwas passieren würde und das Kind käme?

Doch dann bekamen wir noch die technischen Daten nachgeliefert, und ich kam ins Stutzen! Der kleine Wurm wog jetzt 600 Gramm und war circa 35 Zentimeter groß. Wie passt das zusammen? 600 Gramm und lebensfähig? Zwei Big Mac wiegen 600 Gramm, vier iPhones wiegen 600 Gramm, zehn Snickers wiegen 600 Gramm – das ist doch gar nichts! Und so winzig klein soll unser Nachwuchs schon lebensfähig sein? Ich konnte mir das einfach nicht vorstellen, und daher war es mit der Beruhigung auch gleich wieder vorbei.

Ich begann zu lesen und zu rechnen. Ich stellte fest, dass das Kind besonders im achten Monat noch mal richtig Dampf gibt, was das Wachsen angeht, und dann circa. 200 Gramm pro Woche zunimmt. Mein Taschenrechner glühte: »Bei der Geburt wird unser Kind sechs Billionen Mal so viel wiegen wie in der ersten Schwangerschaftswoche.« Antje machte eine Handbewegung vor ihrem Kopf, die sehr an einen Scheibenwischer erinnerte. Ich redete mich förmlich in Rage: »Und wenn es so weiterwachsen würde wie im achten Monat, dann würde es mit zehn Jahren 635 Kilo wiegen.« – »Ich weiß nur, wie viel das Bügeleisen wiegt, das ich dir gleich an den Kopf werfe, wenn du nicht endlich aufhörst mit dem Blödsinn.«

Ich fand diese Fakten alle äußerst spannend, aber ich verstand, dass ich damit in diesem Raum der Einzige war, und behielt alle weiteren Rechenbeispiele lieber für mich.

Im Laufe der nächsten Wochen und, wie schon vermutet, besonders im achten Monat ging die Gewichtsrallye wirklich in die entscheidende Runde. Wenn der Arzt dann die Normkurve auf seinem Bildschirm anschaute, dann war unser Kind immer am oberen Limit. Zwar im Normbereich, aber eben doch etwas schwerer und auch größer als für die jeweilige Woche üblich und auch schwerer als in unserer »Mommy to be«-App beschrieben.

Das ließ für uns nur zwei Möglichkeiten zu: Die erste war, dass es in der Familie lag. Antjes Zwillingsschwester hatte ihren Neffen mit stolzen 4,7 Kilo auf die Welt gebracht, aua, ich betone noch mal: auf natürlichem Wege. In ihrem Falle hatte sich der Arzt verrechnet und gedacht, dass Tim, die kleine Wuchtbrumme, viel kleiner sein würde, als es dann bei der Geburt der Fall war.

Die zweite Möglichkeit war, dass der Arzt sich um ein paar Wochen vertan hatte und wir schon viel früher das Kind erwarteten. Das würde wiederum bedeuten, dass der erste Schuss, nachdem wir uns entschlossen hatten, ein

Baby zu kriegen, bereits getroffen hätte. Für mich wäre das natürlich ganz klar die einleuchtendste Erklärung gewesen.

Egal, ich kam aus dem Rechnen gar nicht mehr raus und konnte meine neusten Erkenntnisse doch nicht immer für mich behalten.

Übrigens möchte ich hier ausdrücklich betonen, dass es, trotz der Drohung mit dem Bügeleisen, zu keiner häuslichen Gewalt gekommen ist.

Koalas müssen schlafen

Ich glaube, ich hatte meinen letzten Mittagsschlaf ungefähr mit sechs Jahren. Im normalen Arbeitsleben ist er für mich ohnehin undenkbar, denn ich kann ja nicht nach einem Geschäftsessen sagen: »Herr Ober, es war sehr lecker, und jetzt lege ich mich hier noch eine Runde aufs Ohr!«

Irgendwie fand ich Mittagsschlaf als Kind schon nicht so toll. Meine Oma bestand darauf, wenn ich bei ihr war, aber immer wenn sie mich ins Bett legte, fielen mir zig Sachen ein, die ich so anstellen konnte und die nie etwas mit Schlafen zu tun hatten. Kurz bevor sie zu mir kam, um mich zu wecken, rieb ich immer meine Wangen am Bettzeug, da ich sie glücklich machen wollte. Sie rief mir dann freudestrahlend entgegen: »Schau, was für schöne rote Bäckchen du hast. Gott sei Dank hast du geschlafen. Das hat doch gutgetan, oder?« – »Ja, Oma.«

Bei meiner Frau ist das anders. Sie möchte am liebsten täglich einen Mittagsschlaf machen und zieht das auch knallhart durch, wann immer es geht! Ihr Spruch dazu an jedem freien Tag ist dann: »Ich geh mal ein Päuschen machen!«

Während der Schwangerschaft breitete sich das Päuschenmachen aus wie ein Virus. Erst war es nur ein kurzes Nickerchen nach dem Mittagessen, dann wurden daraus auch gerne mal mehrere Stunden. Irgendwann hatte ich die Befürchtung, dass meine Frau sich in einen Koalabären verwandelt hatte und einfach den ganzen Tag verschlief.

Besonders in den ersten paar Wochen der Schwangerschaft war sie so ziemlich rund um die Uhr müde. Am Morgen musste ich sie wie einen pubertierenden Teenager fast schon aus dem Bett prügeln oder mit literweise Kaffee reanimieren, damit sie überhaupt aufstand. Ich vermutete, dass die rasante Entwicklung unseres Kindes in ihrem Körper so viel Energie zog, dass selbst die kleinsten Anstrengungen wie zum Beispiel Wäscheaufhängen einem Langstreckenlauf glichen. Ich fand das eher witzig, denn dieser permanente Schlafzimmerblick und der eigentlich immer verschlafen verwuschelte Kopf meiner Frau waren einfach zu süß. Antje war aber eher genervt, denn sie hatte das Gefühl, einfach nichts mehr zu schaffen.

Durch ihre ständige Müdigkeit veränderte sich auch unser Fernsehverhalten. Wenn wir es uns, wie früher, auf unserer Couch gemütlich machten, um uns einen Film anzusehen, dann schlief meine Frau meist kurz nach dem Vorspann ein. Am nächsten Morgen verlangte sie dann von mir, dass ich ihr haargenau erklären sollte, wie der Film weitergegangen war.

Aus diesem Grund musste ich auch unser Sexleben strategisch planen. Wenn ich sicher sein wollte, dass es noch zum Austausch von Körperflüssigkeiten kam, musste ich die Zeit nach dem Mittagsschlaf und vor der Abendmüdigkeit abpassen, und das war keine große Spanne. So konnte es passieren, dass ich tagsüber die Arbeit unterbrach, um für ein Schäferstündchen nach Hause zu fahren, und dann noch ein paar Termine am Abend erledigte. Deshalb war es für mich dann auch überhaupt kein Problem mehr, wenn ich die Brüterin am Abend leicht komatös von der Couch ins Bett tragen musste.

Interessant war: Je müder Antje wurde, desto agiler erschien uns unser Kind. Laut der Mommy-App hieß es, dass das Kind im sechsten Monat circa 90 Prozent des Tages schläft, aber ich war mir zu 100 Prozent sicher, dass es sich hier um einen Fehler handelte und unser Kind 90 Prozent des Tages wach war und das auch durch zahlreiche Tritte deutlich machte.

Das erste Strampeln

Antje hielt, seitdem sie wusste, dass sie schwanger war, immer eine Hand auf ihrem Bauch. Ich denke mal, das ist ein gewisser Automatismus und drückt eine Verbundenheit zwischen Mutter und Kind aus. Immerhin wächst da etwas in der Schwangeren heran, was vorher nicht da gewesen ist. Für mich ist das ein Gefühl, das man als Mann kaum nachempfinden kann. Als leichte Hypochonder grübeln die meisten Männer ja schon beim kleinsten Magengrummeln, ob man nicht doch etwas Ernsteres haben könnte, was würden wir da machen, wenn wir schwanger wären und ab und zu ein Zwicken oder Zwacken spürten? Ich glaube, da wären die Wartezimmer übervoll und die Ärzte am Rande der Verzweiflung.

Immer wieder mal hatte ich die Szene aus »Aliens« vor Augen, in der Sigourney Weaver auf dem Rücken liegt und auf einmal ein kleines Baby-Alien durch ihre Bauchdecke stößt. Man sieht daran: Man sollte Kinder nicht alles auf DVD oder im Fernsehen sehen lassen. Ich hatte auch lange Zeit Schwierigkeiten, nachdem ich den Film »Der weiße Hai« angeguckt hatte. Bis ich Anfang 20 war, zog ich selbst im Chlorbecken im Freibad meist die Füße recht schnell wieder aus dem Wasser aus Angst, von einem verirrten Hai zurück ins Becken gezogen zu werden.

Vollkommen behämmert, was einem so durch den Kopf geht, und jetzt als werdender Vater halt die Sache mit dem Alien. Dadurch war mir immer etwas mulmig, wenn meine Frau zu mir sagte: »Komm schnell, fühl mal, jetzt strampelt es.« Wenn ich dann vorsichtig meine Hand ausstreckte, um sie auf ihren Bauch zu legen, hatte ich anfangs ein recht komisches Gefühl.

Bei den ersten Versuchen spürte ich eher nichts, was mir am Anfang gar nicht so unrecht war. Antje war irgendwann schon fast am Verzweifeln, weil es jedes Mal so ablief. Doch eines Tages war es dann so weit: ein kurzer, aber knackiger Tritt gegen meine Hand. Es fällt schwer, diesen Moment in Worte zu fassen, aber er machte die ganze Schwangerschaft noch einmal um einiges realer. Im Laufe der Zeit veränderten sich die Tritte und fühlten sich eher an, als ob da drinnen langsam zu wenig Platz war und das kleine Etwas sich reckte und streckte und der Bauch sich dann an der jeweiligen Stelle entsprechend spannte. Manchmal wanderte der Bauch auch von einer Seite zur anderen, vielleicht weil das Baby sich gerade drehte. Manchmal war er rund und manchmal eher quadratisch. Für Antje mittlerweile ein normales Gefühl, für mich sah das teilweise beängstigend aus, und ich dachte immer, das muss doch total wehtun. Antje beruhigte mich jedoch und meinte, es sei ein schönes Gefühl und kaum zu beschreiben.

Im Laufe der Zeit gewöhnte ich mich an den Anblick und fand mehr und mehr Gefallen an den Turnübungen unseres Kindes und nutzte die Gelegenheit, es zu noch mehr Bewegungen zu animieren. Ich sprach mit meinem Kind oder vielmehr mit dem Bauch meiner Frau, aber ich ging davon aus, dass beide mich verstanden. Jeden Abend nahm ich mir fortan die Creme gegen Schwangerschaftsstreifen und cremte, was das Zeug hielt. Und das wirkte so, als ob man im Indischen Ozean ein paar blutige Fischköder ins Meer schmeißt und Minuten später die hungrigen Haie ums Boot kreisen. Denn sobald sich meine Hände mit kreisenden Bewegungen um Muttis Bauch schlängelten, ließ der erste Tritt nicht lange auf sich warten.

Mir machte das Heidenspaß, meist so lange, bis es Antje zu viel war und sie sagte: »Ich glaube, es ist gut jetzt.«

Doch keine Keule

Es stand mal wieder ein Ultraschall an, und so langsam war es für uns ja klar, wie das Ganze abläuft. Da wir wussten, das Wartezimmer wird wieder so aussehen wie beim DSDS-Casting, holten wir uns noch schnell zwei Coffees to go und zwei Waffeln für ein kleines Frühstück. Dann ins Wartezimmer eins, Antje schnell ins Labor Urin abgeben, kurzer Piekser in den Finger, um den Eisenwert zu ermitteln (Man sieht, man wird so langsam zum Fachmann.), und schlussendlich mit einem hysterischen Aufschrei kurz wiegen und alles im Mutterpass eintragen.

Wieder zurück bei mir begann dann mein Job. Während wir uns den Rest der Waffel in den Mund stopften, erzählte meine Frau mir von ihrem neuen Gewicht:

»Oh mein Gott, so viel habe ich noch nie gewogen, ich fühle mich wie ein Wal, der gestrandet ist und den mindestens 20 Leute zurück ins Meer hieven müssen!«

Ich machte ihr dann immer zig Komplimente, von denen sie jedoch nur die Hälfte glaubte:

»Nein, Schatz, du bist nicht dick, dein Bauch ist im Verhältnis doch noch recht klein, du siehst total sexy aus, das ist ja auch viel Wasser und, und, und ...«

Dieser Dialog wiederholte sich alle 14 Tage in verschiedensten Variationen, und es wurde immer schwerer, die richtigen Worte zu finden, um Antje wieder aufzurichten.

Im zweiten Wartezimmer versuchten wir uns dann wieder die Zeit zu vertreiben und fingen an, Eltern- und Kinderzeitschriften zu lesen, um uns schon mal auf alles, was da käme, vorzubereiten. Dann wurden wir aufgerufen und setzten uns endlich ins Behandlungszimmer. Diesmal kam uns der Arzt ein wenig verwirrt vor, besonders als er sagte: »Na, dann wollen wir mal schauen, was es wird.« Wir sahen uns fragend an. »Aber Sie haben doch schon vor drei Wochen gesagt, dass es ein Junge wird.« Er war ein wenig verdattert und fand im Ultraschall auch prompt diesmal nicht den entscheidenden Unterschied. Antje und ich warfen uns irritierte Blicke zu, während der Arzt weiter krampfhaft nach dem gewissen Etwas suchte. Ich grübelte: Wenn da nicht gleich ein Riesengerät auf dem Bildschirm zu sehen ist, dann gehe ich sofort zum Vaterschaftstest, denn dann kann der Junge nicht von mir sein.

Dann sagte der Arzt vollkommen emotionslos: »Nein, jetzt sehe ich es ganz deutlich, es wird ein Mädchen.« Wir hielten es für einen Scherz, da der Arzt ja öfter mal ganz lustig drauf war, aber er pochte darauf, dass es wirklich ein Mädchen sei.

Antje war wie hypnotisiert. Ich wusste, wie sehr sie sich einen Jungen gewünscht hatte. Nachdem sie eine Weile geweint hatte, knallte sie dann im Auto raus: »Dann müssen wir eben noch ein Kind machen.« Sie sagte das so ernst, dass ich kurzfristig überlegte, ob sie sich wirklich auf eine Tochter einstellen könnte oder das Kind gleich nach der Geburt bei der Babyklappe abgeben würde. Und vor allem: Mal angenommen wir arbeiteten gleich nach der Geburt an dem nächsten Kind – was wäre, wenn ich wirklich nur Mädchen kann, bei wie viel Kindern wäre dann Schluss?

Ich sah mich schon umringt von den Spice Girls in Miniformat und mich als einzigen Mann in dieser Frauen-WG begraben unter einem riesigen Haufen neu geshoppter Klamotten.

Aber unabhängig davon musste auch ich mich erst mal auf diese neue Situation einstellen. Keine Dinos, keine Carrera-Bahn, nicht mit neun das erste Mal so richtig einen heben. Nein, jetzt hieß es: Lillifee, Lotti Karotti und die Welt ist rosarot.

Doch nach einer Weile freundeten wir uns mehr und mehr mit dem Gedanken an. »Natürlich kriegt die Kleine trotzdem Hertha-BSC-Bettwäsche«, feixte ich und erntete einen »Nur über meine Leiche«-Blick meiner Frau.

Das Gespött der Freunde

Am witzigsten fanden diese Situation unsere Freunde, besonders die männlichen. »Na dann, mein Lieber, da hast du dir ja was eingebrockt. Da wirst du schön zu tun haben, bis sie 18 ist. Du kennst doch selbst alle Sprüche der Typen!« Damit hatten sie bei mir einen Nerv getroffen! Natürlich habe auch ich mein Vorleben und sicherlich kenne ich tausend Sprüche, Anmachen und Verrenkungen, nur um in so ein kleines Mädchenherz zu gelangen. Und ich rede hier nicht von den Zweierreihen im Kindergarten, Hand in Hand auf dem Weg zur nächsten Eisdiele, oder einem Zettel, auf dem steht: »Willst du mit mir gehen? Ja, nein, vielleicht. Bitte ankreuzen.« Ich rede von zu schnell pubertierenden Jugendlichen, die nur noch eins im Kopf haben. Als Verschwörungstheoretiker glaube ich ohnehin, dass in den Cornflakes von heute irgendetwas enthalten ist, was besonders die Mädchen schneller erwachsen werden lässt, und so sieht manchmal eine 14-Jährige schon aus wie 18. In meiner Jugend liefen die Mädels auf dem Gymnasium mit hässlichen Roots-Botten, Holzfällerhemden und Arafat-Schals durch die Gegend, und Schminke war für die meisten ein Fremdwort.

Früher war alles noch ein wenig im Verborgenen oder wurde hinter vorgehaltener Hand besprochen. Ich erinnere mich an meine Jugend vor dem ersten Mal. Mein Vater hatte eine der ersten Videotheken, und ich holte mir heimlich ein paar Pornofilme nach Hause. Was ich da sah, war für mich am Anfang spannend, aber irgendwann auch normal. Das heißt, ich war von meinem ersten Mal eher enttäuscht, da ich dachte, dass da eine Art Sexolympiade ablaufen müsse und nicht diese normale Nummer, die es schlussendlich war. Und ich weiß, wie selbst ich danach darüber gedacht habe. Aber heute sehen das die Kids auf jedem YouTube Channel und halten Sex und alles, was damit zu tun hat, schon recht früh für ganz normal.

Boah, mir wird gerade selbst beim Schreiben heiß und kalt. Dieser mehr oder weniger kleine Unterschied ist für mich doch ein sehr großer. Ich musste immer wieder die

Vorstellung verdrängen, dass so ein mieser 16-Jähriger meine kleine Zauberprinzessin mit seiner Justin-Bieber-Matte und irgendwelchen Bravo-Foto-Love-Storys den Kopf verdreht und ihr eventuell das Herz bricht. Mich selber sah ich dann in einer Art Dirty-Harry-Fantasie diesen Mistkerl mit Betonschuhen zu den Fischen werfen. Bei einem Jungen wäre das anders, da würde man als Vater wahrscheinlich noch mit dem kleinen Gangster abklatschen und denken: »Ja, das ist mein Junge.« Aber bei einer Tochter sehe ich das ganz anders.

Ich weiß heute noch nicht, ob ich bei dem Thema eine gewisse Gelassenheit bekommen werde, im Moment ist es für mich unvorstellbar, das locker zu sehen.

Mode für Schwangere

Was Antje nicht locker sehen konnte, war ihre Figurveränderung. Ungefähr ab dem sechsten Monat spielte sich folgendes Schauspiel des Öfteren ab: Wir wollten abends mit ein paar Freunden weggehen. Ich saß im Wohnzimmer, meine Frau war im Ankleidezimmer zugange. Aus demselben flogen nach und nach immer mehr Kleidungsstücke, begleitet von Antjes Flüchen. Deckung suchend näherte ich mich dem Zimmer und fragte sie, was denn los sei. »Was soll los sein? Mir passt einfach nichts mehr, in all meinen Klamotten sehe ich fett aus und nicht schwanger, ich will, dass man meinen Bauch sieht!«

Bei den ersten Malen nahm ich das nicht allzu ernst und dachte mir: Achtung, Hormone im Tiefflug, nichts wie weg und ruhig verhalten, bis der Ärger verflogen ist. Ich bemerkte aber mit der Zeit, dass dieses Problem für Antje wohl ein ernsteres war, und schlug ihr daher vor: »Komm, wir schauen mal nach Umstandsmode.« – »Das kommt gar nicht infrage, da kann ich mir auch gleich ein Zelt kaufen oder einen Jutesack.«

Ich stöberte mit ihr im Internet und musste zugeben, viele der angebotenen Klamotten sahen aus wie aus dem Kleiderschrank eines Seniorenheims und waren absolut unerotisch. Ein Schlag ins Gesicht für jede Frau, so wie meine, die im normalen Leben penibelst auf ihre Kleidungszusammenstellung achtet: Passt das Oberteil zur Hose? Welcher Gürtel dazu, welche Uhr und welche Kette und natürlich welche Schuhe?

Und jetzt sollte sie sich zurückentwickeln zu einem in ihren Augen Höhlenmenschen. Ich war sprachlos und überlegte bereits, ob ich nicht eine Firma gründen sollte mit Kleidung, die schwangeren Frauen auch Spaß macht, da bekamen wir von einer Freundin den Tipp: »Geht doch mal in den Laden Sexy Mamas, da findet ihr bestimmt etwas.« Der Name klang schon mal gut, und die Homepage versprach auch, dass wir dort fündig werden könnten. Wir machten uns also auf nach Kreuzberg, um Antjes Kleiderschrank aufzupimpen.

Ich setzte sie erst mal an dem Laden ab und machte ein paar Erledigungen. Sie sollte mich anrufen, sobald sie so weit war. Ich erwartete einen genervten Anruf nach dem Motto »Alles Schrott hier« – aber weit gefehlt. »Komm her, ich hab ein paar Sachen rausgesucht und will wissen, was du sagst.« In der Hoffnung, diese Baustelle schließen zu können, düste ich, so schnell ich konnte, zu dem Laden und fand Antje hinter einem Riesenstapel Klamotten.

Was nun folgte, war eine Stunde Schwangerschaftsmodenschau, bei der ich eigentlich bei jedem neuen Modell den Daumen reckte und sagte: »Schatz, das sieht fantastisch aus.« Mit der Zeit entdeckte sie einige Kombinationen, die sie selbst toll fand und in denen sie sich wieder wohlfühlte. Das Wichtigste bei jedem Kleidungsstück war für sie, dass man den Babybauch ganz klar als solchen erkennen konnte und nicht den Eindruck hatte, sie habe zu viel gegessen.

Dieser Laden hat offenbar die Ansprüche der Mütter verstanden, die eine Schwangerschaft nicht als Anlass nutzen wollen, neun Monate rumzulaufen wie ein Brückenpenner, sondern ihre Weiblichkeit behalten wollen. Ich begrub also meine Geschäftsidee, dies als Erster erkannt zu haben, und freute mich darüber, dass meine Frau mit einem Riesenlächeln nach Hause kam und ein weiteres Klischee bediente: Wir Männchen ziehen im Laden eine Hose an und wenn sie passt, dann passt sie auch zu Hause. Weibchen müssen zu Hause unbedingt noch mal kontrollieren, ob sich auf der Fahrt nach Hause etwas verändert hat. Also ließ ich auch die zweite Modenschau an diesem Tag mit genau denselben Klamotten bei uns zu Hause über mich ergehen und dachte wie so oft: Alles wird gut – denn natürlich passte alles!

Das Kinderzimmer kommt zuerst

Das Wichtigste für meine Frau war es, dass wir das Kinderzimmer in der neuen Wohnung als Erstes bestimmten und dass es auf jeden Fall als Erstes fertig würde. Da wurden hundert Kataloge gewälzt und im Internet recherchiert, Preise verglichen und Skizzen gezeichnet. Ich bin der Überzeugung, dass viele Menschen für die Planung ihres dreistöckigen Hauses weniger planen als meine Frau für das Kinderzimmer. Und so gab es an zahlreichen Tagen nicht etwa einen entspannten Fernsehabend, sondern es ging wieder und wieder um das Kinderzimmer.

Ich dachte mir, ganz männlich-praktisch: Wir brauchen ein Kinderbett, möglichst eins, das mitwächst, damit wir den Plunder nicht alle naselang neu kaufen müssen, denn die Babys wachsen ja wie Pershings, eine Wickelkommode mit einer Wärmelampe und einen Kleiderschrank, das Ganze am besten in Weiß, du suchst dir eine schöne Farbe aus, außer Rosa, wir streichen das Ganze und gut ist!

Nicht so meine Frau: »Papperlapapp, selbst streichen, da weiß ich jetzt schon, wie das aussieht, nee, nee, nee, wir kaufen mal schön etwas Zusammenhängendes, das bereits fertig ist, und außerdem sollen da auch noch ein paar Schmetterlinge drauf und bunte Farbtupfer. Ein Kleiderschrank reicht ohnehin nicht, eher drei und noch ein bis zwei Truhen zum Verstauen des ganzen Spielzeugs. Und welche Lampe nehmen wir nur? Und dann müssen wir natürlich noch … Hey«, stupste sie mich erbost an, »hörst du mir überhaupt noch zu?«

Ich war eigentlich schon bei »Papperlapapp« raus und schaute im Fernsehen irgendeine Sportsendung ohne Wickelkommode. »Nein, Schatz, natürlich hör ich dir zu, hört sich alles super an.« Aber im Grunde wusste ich, dass ich der einzigartigen Diskussionsart meiner Frau ab diesem Moment ohnehin nicht mehr entfliehen konnte, denn egal welche Antwort man gibt, man bewegt sich im Kreis und wird keine Lösung finden.

»Findest du das Lilane schöner oder das Fliederfarbene?«, fragte Antje beim Blick in den Katalog. Ich schaute kurz hin und sagte: »Ich finde das Fliederfarbene ganz schön.« – »Also Lila ist doof, ja?«, hakte die Innendesignerin nach. »Nee, doof meine ich nicht, aber Flieder ist schöner«, antwortete ich und hörte sogleich: »Ich find Lila eigentlich auch ganz schön.« So langsam ein wenig entnervt, da ich wesentliche Teile des Fußballspiels verpasste, sagte ich ihr: »Du, dann mach Lila, mir ist das im Grunde egal.« – »Ach, egal«, plusterte sie sich auf. »Interessiert dich denn das Thema gar nicht? Es geht doch schließlich um unser Kind!« – »Nein, es geht um zwei Farben, und die kannst du aussuchen, ich füge mich deinem Urteil«, erwiderte ich so ruhig wie möglich. »Ja toll, jetzt kann ich wieder alles alleine entscheiden«, fauchte die Schmoll-Liese. Ich versuchte, einen Schlussstrich zu ziehen: »Nein, pass auf, ich entscheide jetzt, das Zimmer wird lila!« Darauf sie: »Na super, du bist ja auch wie die Fahne im Wind.«

Tief durchatmen, hieß es dann für mich und mir immer wieder vorbeten, das sind die bösen, bösen Hormone, die von deiner Frau Besitz ergriffen haben. Das geht vorbei, es wird besser werden. Wurde es zwar in den nächsten Diskussionsrunden nicht, aber wir fanden das passende Kinderzimmer und damit war dieser Punkt wenigstens erledigt.

Es lag auf der Hand, dass wir natürlich drei Schränke und die Truhen für das Spielzeug kauften und passend dazu eine Tisch-Stuhl-Kombination für vier Kinder, falls mal Besuch da ist, einen rosa Teppich und allerhand Accessoires.

Baby Walz, die Kinderdealer

Bevor ich Vater wurde, dachte ich oft darüber nach, dass man heute noch viel mehr auf die Kinder achten muss als in meiner Jugend. Früher war es eine Riesensache, wenn ein Junge auf der Oberschule ein Klappmesser dabeihatte. Das holte er raus und der halbe Schulhof stand um ihn herum. Heute könnte ein Grundschüler mit einem Leopard-3-Panzer auf den Schulhof fahren und würde von seinen Mitschülern nur ein müdes Lächeln oder ein »Geile Karre« ernten.

Zu meiner Schulzeit hat der eine oder andere mal einen Joint geraucht, heute denkt man auf einigen Toiletten der Oberstufenzentren, es hätte geschneit. Drogen, Waffen, alles gibt es heute an jeder Ecke und einfach zu bekommen. Daher bin ich der Überzeugung, dass man viel mehr auf die Kinder aufpassen und sie aufklären muss als noch vor 20 Jahren.

Aber wer passt auf uns Eltern auf? Es gibt keine Windeln zum Auswaschen mehr, wie mir mein Vater erklärt hat. Heute kann man aus zig verschiedenen Anbietern auswählen und bekommt Wegwerfwindeln in jedem Supermarkt oder jeder Drogerie. Und auch alle anderen Dinge, die man für ein Kind benötigt, sind im Überfluss vorhanden und bauen teilweise aufeinander auf. Und jetzt geht sie los, die Sucht. Zahlreiche Anbieter locken mich mit kostenlosen Starterpaketen, die problemlos zu uns nach Hause verschickt werden. Wenn man sich dann an die eine oder andere Windel gewöhnt hat, dann bleibt man meist auch bei der Marke hängen und bestellt sie nach.

Aber noch schlimmer sind die Live-Dealer wie zum Beispiel Baby Walz. Man betritt diesen Drogensumpf nichtsahnend und abgelenkt durch unzählige lustige Kinder- und Babybilder. Aber die Kleidungsstücke und Utensilien für ein unbeschwertes Kinderleben sind nicht etwa zufällig kreuz und quer im Laden verteilt, nein, man wird systematisch eingekreist: Ganz hinten im Laden stehen die Babybetten und die Kinderwagen, also Dinge, die man ohnehin auf jeden Fall braucht, daher muss man durch den gesamten Laden hindurch. Hat man sich dann nach einem Beratungsgespräch für das richtige Modell entschieden, begleitet einen die Verkäuferin auf dem Weg zur Kasse.

Blick nach links, »Haben Sie eigentlich schon eine Wickeltasche?«, Blick nach rechts, »Denken Sie noch an den Nasenball, falls sich Ihr Kind mal erkältet«, Augen wieder links. »Und ganz wichtig sind natürlich ein vernünftiges Babyfon und die Sensormatte wegen des plötzlichen Kindstodes.«

Kindstod? Mir wird ganz heiß. Ich brauche das natürlich alles, und vor allem weiß ich genau: Wo sie das herhaben, da gibt es noch mehr davon, also her damit!

Als besorgter Jungvater ist man empfänglich für alle gut gemeinten, aber Angst machenden Ratschläge von Frauen, die sich tagein, tagaus nur mit solchen Themen beschäftigen. Das ist, als ob dein Versicherungsagent dir sagt: »Haben Sie eine Hausratversicherung? Stellen Sie sich nur mal vor, es brennt und Ihre schöne Wohnung wird komplett abgefackelt.« Natürlich möchte man sich so etwas nicht vorstellen, also schließt man eine entsprechende Versicherung ab.

Und so ging ich mit dem Vorsatz in den Laden, mir eine neue Matratze für den von einer Freundin geerbten Kinderwagen zu holen, und verließ den Laden mit einem Babytragegurt, einem Gerät zum Aufwärmen der Milch, einem Thermometer für die Ohren, damit die Kleine das nicht in den Po kriegen muss, mehreren Fläschchen für Tee und Milch mit den Aufsätzen eins, zwei und drei, einer elektronischen Wippe, die von alleine wippt, zum Dahinschlummern, zahlreichen Steckdosen-Schutzkappen und, und, und.

Das Einzige, was ich nicht mitnahm, war die Matratze, die musste bestellt werden. Trotzdem war der Wagen bis obenhin voll.

Hör auf zu atmen!

Alle Sinne meiner Frau verstärkten sich im Laufe der Schwangerschaft, anscheinend eine von der Natur durchaus gewollte Veränderung, um bei jedem noch so kleinen Geräusch der Brut sofort am Start zu sein. Natürlich würde das später nützlich sein, wenn dieser kleine kackende Terrorist sich jeden Tag aufs Neue etwas überlegt, mit dem er für Aufmerksamkeit sorgen wird.

Für mich bedeutete das jedoch zusätzliche Schwierigkeiten, wenn es zum Beispiel um unsere ganz normale Nachtruhe ging. Ich bin generell kein Schnarcher, außer vielleicht, was äußerst selten vorkommt, wenn ich mal ein zweites oder drittes Glas Rotwein mit meinen Freunden genossen habe. Aber auch dann fand Antje das eher süß und gab mir zärtlich einen kleinen Stupser, damit ich mich zur Seite rollte, und umarmte mich und wir schliefen so auch sofort wieder ein. Am nächsten Morgen erzählte sie mir dann am Frühstückstisch selig lächelnd: »Ach, Engel, du hast heute Nacht wieder so süß geschnarcht.«

Jetzt mit dem Gehör eines Marvel-Superhelden war das

anders. Ich lag also mit Antje im Bett, als ich plötzlich im Halbschlaf bemerkte, wie sich die Angetraute ziemlich provokant und zickig mal auf die eine, mal auf die andere Seite wälzte. Dabei schnaubte sie laut vernehmlich »Maaaaaaann« in meine Richtung. Von ihr weggedreht öffnete ich die Augen und überprüfte noch mal alle Fakten: Nein, ich hatte keine Party am Vorabend und, nein, es gab auch keinen Rotwein. Meine Schlafstellung war nicht auf dem Rücken, sondern seitlich und da ich ja nun halb wach war, konnte ich ganz sicher sagen, dass ich nicht geschnarcht hatte. Also fragte ich die doch leicht Angepiekte: »Was ist denn los?« Und sie antwortete: »Du atmest zu laut …«

»Wie soll man denn leiser atmen?«, fragte ich unsicher. »Na, so ruhig halt und nicht in meine Richtung, so kann ich einfach nicht einschlafen …«

Antje rückte ihre Kissen zurecht und baute eine Art Schutzwall, der mich anscheinend von ihr räumlich, aber auch schalltechnisch abgrenzen sollte. Nun gut! Ich konzentrierte mich also auf meine Atmung, drehte mich von ihr weg und dann immer schön leise, ruhig und gleichmäßig einatmen und ausatmen, einatmen und ausatmen. Mit Schweiß auf der Stirn wurde jede Bewegung auf oder unter der Decke vermieden. Ich lag förmlich regungslos da und versuchte jedes noch so kleine Geräusch zu unterbinden. Ich konzentrierte mich so stark, dass ich einfach nicht mehr einschlafen konnte.

Die Krönung war natürlich, dass meine schlafraubende Frau selig dahinschlummerte und leicht zu schnarchen begann!

Gerecht ist das nicht …

Der Weg ins Finale

Findest du mich noch attraktiv?

Im Laufe der Schwangerschaft veränderte sich der Körper meiner Frau mehr und mehr. Am Anfang bis weit in den dritten Monat sah sie keineswegs schwanger aus, das Einzige, was sich monströs vergrößert hatte, waren ihre Brüste. Nicht nur einmal entfuhr mir der Spruch: »Mann, sind die dick, Mann.« – »Findest du? Ich finde, die sehen toll aus und passen total zu mir.« Ich fand vielmehr, sie sah aus, als ob ich in Zukunft nur noch mit einem leicht russischen Akzent mit ihr sprechen würde und sie Olga nennen sollte, aber das gab ich natürlich nicht zu.

Danach fing auch ihr Bauch an zu wachsen, aber mehr nach vorne als zu den Seiten. Wenn man sie von hinten sah, hatte man bis weit in den sechsten Monat nicht den Eindruck, dass sie überhaupt schwanger war.

Den Bauch fand Antje ja eher spannend, aber alles andere total zum Kotzen. Dadurch bekam ich ständig Fangfragen gestellt, die ich als Mann eigentlich immer nur falsch beantworten konnte.

»Jetzt wiege ich schon so und so viel, findest du mich dick?« – »Wer? Ich? Aber natürlich nicht, mein Engel.« – »Komm schon, das sagst du doch nur, weil ich es hören will!«

Es ist, glaube ich, vollkommen egal, was man als Mann in solchen Situationen antwortet, es kommt immer nur an: »Ich bin fett, ich bin ein Wal, lauft alle zusammen und rollt mich zurück ins Meer.«

Daher versuchte ich solche Unterhaltungen, so gut es ging, zu umgehen und Sätze einzuwerfen wie: »Mann, du siehst heute wieder so heiß aus, ich könnte sofort über dich herfallen.« Auch das glaubte sie mir nicht, aber sie fühlte sich geschmeichelt und lachte. Ahhh, verstehe, Freunde, man darf also nicht auf die Frage warten, man muss sie erahnen und vorher ein Kompliment rausknallen. Kenne ich ja vom Fußball, klassischer Konter!

Aber irgendwann halfen auch die Komplimente nicht mehr so richtig. Es wurde halt immer beschwerlicher und alles tat irgendwie nur noch weh, und da war ein »Das Outfit steht dir aber sehr gut« einfach nicht mehr ausreichend, um die Laune zu heben.

Eines Tages, eher durch Zufall, griff ich mir einen ihrer Füße und begann ihn zu massieren. Antje verdrehte sofort ihre Augen und stöhnte: »Ahhhh, Mann, ist das gut.« Wie bitte? Ich hatte doch kaum den ersten Fuß in der Hand und fragte interessiert nach: »Meinst du das ernst? Ich hab doch noch kaum was gemacht.« – »Wirklich, Schatz, was meinst du, was diese armen Füße alles tragen müssen bei dem Gewicht, das sind die doch gar nicht gewöhnt! Mach weiter, bloß nicht aufhören«, schmetterte sie mir entgegen, sich bereits auf der kompletten Couch rekelnd. So wie man immer über ältere Menschen sagt, Essen ist der Sex des Alters, wurde mir nun bewusst, Füße massieren ist der Sex der letzten Schwangerschaftswochen!

Tja, und da hatte ich ihn nun, meinen neuen Job! Anfänglich als kleine Aufmerksamkeit des liebenden Ehe-

manns gedacht, wurde es zusehends ein fester Tagesord-
nungspunkt, so wie Zähneputzen. Kaum hatte ich mich
abends in unser Bett gelegt und das erste Mal tief durchge-
atmet, flog als Erstes eine Ölflasche und als Zweites einer
ihrer Füße in meine Richtung, ohne dass es noch irgendeiner Erklärung bedurft hätte.

Die Frage, ob ich meine Frau noch attraktiv finden würde, rückte in diesen Situationen komplett in den Hintergrund. Hauptsache, ihre Füße und damit ihre komplette
Welt in diesem Moment wurden wieder in Ordnung gebracht. Das klappte ganz gut bis zum achten Monat, da
half eigentlich so gut wie gar nichts mehr, um Antje von
ihren Pfunden abzulenken. Der Zug war abgefahren, der
Drops gelutscht, die Messe gesungen.

Es wurde Zeit, dass die Kleine auf die Welt kam.

Die Tasche für das Krankenhaus

Man liest ja in sämtlichen Ratgebern und Zeitschriften,
man sollte möglichst früh daran denken, alles für das
Krankenhaus zusammenzupacken. Meine Vorstellung war
eigentlich, es ginge dabei um eine Art Kulturtasche mit
Zahnpasta, Zahnbürste und ein paar Cremchen. Dazu ein
paar Wechselslips, und das war es im Großen und Ganzen.
Von dem, was Antje mitnehmen wollte, hatte ich nicht mal
annähernd eine leise Ahnung. Und doch war ich ja eigentlich vorgewarnt durch Antjes Ausflüge zu ihren Eltern, bei
denen sie doch regelmäßig unseren kompletten Hausstand
mitnahm. Was sollte denn dann jetzt anders sein, wenn sie
für fünf Tage ins Krankenhaus ging? Ich Dummerchen, das
war wirklich ein wenig naiv von mir.

Am Anfang war es nur eine kleine, unscheinbare Tasche, die unbeachtet von mir in einer Ecke des Wohnzimmers stand. Aufmerksam wurde ich erst dadurch, dass die kleine Tasche mehr und mehr umrahmt wurde von verschiedensten Dingen, die Antje noch so einfielen.

So gesellte sich eines Tages eine zweite Tasche dazu, voll mit diversen bequemen Klamotten, einem Bademantel und Badeschlappen, ein paar Basecaps, weil es ja sein könnte, dass sie ihr goldenes Haar nicht regelmäßig waschen und föhnen könnte, und ja, natürlich trotzdem einem Föhn und zahlreichen Bürsten, falls doch! Ich stellte gerne das eine oder andere neben oder in die Sachen, um Antje ein wenig zu necken. Eine Flasche Sambuca neben die Handtücher, ein Hertha-BSC-Sitzkissen in die Tasche, meine Playstation oder meinen Squashschläger und meine Rennradschuhe. Antje feuerte die Sachen dann immer quer durch das Zimmer, wenn sie meinen Streich bemerkte.

Unbeirrt davon wuchs der Berg in und um die Krankenhaustasche im Laufe der nächsten Wochen mehr und mehr. Ein paar Bücher, ein Stapel Frauenzeitschriften, ein iPod – ich bekam das Gefühl, sie dachte, sie führe zu einer Kur und nicht ins Krankenhaus, um unser Kind zu gebären. Wann will sie sich den ganzen Krempel denn nur reinziehen? Wenn das Kind da ist, wird sie doch ohnehin nichts anderes mehr im Sinn haben. Aber das ist, wie wenn sich zwei Frauen prügeln, da darf man nicht dazwischengehen.

Also stellte ich mich seelisch darauf ein, dass ich ein Umzugsunternehmen beauftragen oder in den nächsten Tagen nach und nach jeden Tag einen Teil dieses Megahaufens mit nach unten tragen würde, um ihn im Auto zu verstauen.

Schließlich wollte ich nicht am letzten Tag zehnmal

hoch- und runterwetzen, wenn es losging, sondern ruhig und entspannt Arm in Arm mit meiner Frau der Zweisamkeit entfliehen.

Action Jackson in Muttis Bauch

Das niedliche Strampeln, das für mich am Anfang noch ein wenig befremdlich war, fand ich zunehmend spannend und faszinierend. Antjes Bauch und ich wurden nach und nach die besten Freunde.

In den letzten Monaten wurde aus dem süßen, kleinen Strampeln ein mittelschweres Schlagzeugsolo, auf das selbst Phil Collins stolz gewesen wäre. Unsere Tochter schien besonders musikalisch zu sein. Wenn wir zum Beispiel etwas lauter Musik im Radio hörten, dann wurden sämtliche Tanzschritte von »Dirty Dancing« bis »Step Up 3« abgespult. Für Antje war das ab jetzt nicht mehr ganz so angenehm wie für die Kleine, und meist mussten wir sofort die Musik leiser drehen, damit das Mittagessen auch wirklich drinblieb. Daher war in den letzten Monaten eine unserer Lieblingsbeschäftigungen, nämlich ins Kino gehen, auch nicht mehr möglich. Die Basstöne sorgten für so viel Unruhe in Muttis Bauch, dass dieser gelegentlich das Popcorn um die Ohren flog.

Am schlimmsten war es beim Besuch des Musicals »West Side Story« im letzten Drittel. Unser Baby schien zu denken: Was ihr könnt, kann ich schon lange, und vollführte eine Art Mischung aus Riverdance und Breakdance, und zwar so lange, bis wir vorzeitig den Saal verließen. Im Foyer beruhigte sich der kommende Dancingstar recht schnell – woraus wir schlossen, dass unser Kind doch viel mehr von der Außenwelt mitbekam, als wir gedacht hatten.

Wir beschränkten uns in den letzten paar Monaten dann eher auf kuschlige Videoabende. Was uns besonders auffiel war jedoch, dass der Schlaf- und Wachzyklus bei dem kleinen Wonneproppen anscheinend genau andersherum eingestellt war als unserer. Am Tage ohne große Dezibel-Belästigung schien sie zu schlafen, von ein paar kleineren Tritten hier und da einmal abgesehen. Aber am Abend, da wurde Madame munter. Kaum lagen wir kuschelnd im Bett und schauten uns einen Film an, da wurde sie anscheinend wach und fing an, ihren Frühsport zu verrichten. Da kam eine Beule oben links, dann wieder eine unten rechts, dann wanderte der Bauch wieder von einer Seite zur anderen.

Manchmal versuchten wir auch zu erkunden, ob sie jetzt mit dem Kopf nach unten oder nach oben lag oder anders ausgedrückt: Machte sie gerade einen Handstand oder einen Spagatsprung?

Auf jeden Fall war es meist kaum möglich, einen Film in Ruhe zu schauen, und später, ab dem achten Monat, störte es Antje und dadurch natürlich auch mich beim Schlafen. Manchmal schreckte sie mitten in der Nacht hoch, weil unsere Tochter anscheinend gerade einen Fallrückzieher geschossen hatte. Das erschreckte mich dann aus meiner Tiefschlafphase so, dass ich förmlich im Bett stand: »Wie, was, wo? Einbrecher? Geht's los? Was soll ich machen?«, stammelte ich dann, bis mich meine Frau aufklärte und wir uns wieder hinlegten.

So langsam machten wir uns Sorgen und dachten: Was ist, wenn das Kind auch so aktiv sein wird, wenn es erst auf der Welt ist? Und so richtig beruhigen konnte uns niemand.

Die einen sagten, wenn das Kind so aktiv im Mutterleib ist, dann wird es danach meist ganz ruhig, und die anderen sagten nur: »Na, wenn das Kind jetzt schon so unruhig ist, dann könnt ihr euch ja auf einiges gefasst machen.«

Schlussendlich hofften wir einfach nur, dass unsere Kleine möglichst schnell versteht, dass sie kein Vampir ist und deshalb nicht warten muss, bis es dunkel wird, bis sie zum Leben erweckt wird, denn wir hatten nicht vor, unsere Berufe aufzugeben und ab sofort nur noch nachts zu arbeiten, da wir ja gemeinsam mit unserer Tochter am Tage auch mal ein Nickerchen würden machen müssen.

Sex in der Schwangerschaft

Das Thema »Sex in der Schwangerschaft« ist ein sehr komplexes, habe ich festgestellt. Nicht zwingend nur wegen der Veränderung rein körperlich, sondern der Kopf spielt eine Riesenrolle.

Bevor wir schwanger waren, brauchte man ja nicht viel nachzudenken und konnte sich komplett seiner Lust oder seinen Gefühlen hingeben. Als es dann darauf ankam, dass der bis dahin »sinnlose« Sex auch etwas erreichen sollte, nämlich ein Kind zu zeugen, da schaltete sich der Kopf das erste Mal so richtig ein und blockierte teilweise das hemmungslose Gerammel, denn jetzt arbeiteten wir auf ein bestimmtes Ziel hin.

Wenn es dann passiert ist, fragt man besonders in den ersten drei Monaten, die ja die kritischen in der Schwangerschaft sind: Sollten wir uns nicht lieber ein wenig zurückhalten, damit nichts passiert? Auf der anderen Seite hat man so eine Art Gefühl, man müsste noch nachlegen, so nach dem Motto: »Mag sein, dass das mit der Befruchtung schon geklappt hat, aber lass es uns einfach jeden Tag tun, um ganz sicher zu sein.«

Die Angst, sehr vorsichtig sein zu müssen, wich einem ganz neuen Lustgefühl. Meine schwangere Frau machte Lust auf mehr, ohne dass man schon etwas sah. Daher war unser Sexleben in den ersten drei Monaten so gut wie unverändert, und da man ja jetzt auch nicht mehr auf irgendwelche grünen oder roten Tage achten musste, auch recht unbeschwert.

Dann begann Antjes Bauch zu wachsen, am Anfang noch recht langsam, und glich im vierten Monat eher einem selbst angefressenen Urlaubsbauch. Auch im fünften Monat war alles noch ganz okay, doch ab dem sechsten fielen einige Stellungen einfach unter den Tisch. Ab jetzt war es wirklich anders als vor der Schwangerschaft. Wir behalfen uns mit zahlreichen Kissen und Decken, und es bedurfte nun einer gewissen Planung, wenn es zum Äußersten kam, um nicht mittendrin aufhören oder unterbrechen zu müssen.

Eins hatte ich die ganze Schwangerschaft über nie, obwohl ich schon zig Märchenstunden anderer Männer in meinem Leben darüber gehört hatte, nämlich Angst, dass mein Penis in irgendeiner Art und Weise in Kontakt mit dem Ungeborenen kommen könnte. Das war und ist für mich eine Ausrede für Männer, die einfach nicht mit ihrer Frau in dem Zustand schlafen wollen.

Zum Ende der Schwangerschaft hin wurde es aber selbst uns zu beschwerlich. Antje konnte nur noch in ganz bestimmten Stellungen schlafen, geschweige denn irgendwelche waghalsigen Verrenkungen machen. Auf dem Bauch zu liegen war ohnehin undenkbar, und selbst die von vielen in diesem Stadium bevorzugte Löffelchenstellung bedeutete zum Schluss eher Stress als Entspannung.

Wir reduzierten in enger Absprache unser Sexleben also auf Kuscheln mit kleinem k, und ich versicherte meiner Frau in regelmäßigen Abständen, dass das für mich als total verständnisvollen Ehegatten gar kein Problem sei. Und in den letzten zwei Wochen ließen wir, nach der Information einer Freundin, dass man durch einen Samenerguss kurz vor dem Geburtstermin die Wehen einleiten könne, ohnehin die Hände voneinander, da wir ja einen geplanten Termin hatten und eine nicht eingeplante Emergency-Room-Stressaktion mit Tatütata vermeiden wollten.

Nabelschnurblut

Als werdende Eltern entwickelten wir mehr und mehr einen Blick in die Zukunft. Wenn wir in trauter Zweisamkeit oft die Dinge auf uns zukommen ließen, war jetzt der Gedanke »Was wäre, wenn ...?« ein ständiger Begleiter. Dazu gehörte für uns auch die Angst, dass das Kind eine gefährliche Krankheit hätte. Was könnten wir dagegen tun? Konnte man sich schützen oder irgendwie vorbeugen?

Bei einem unserer zahlreichen Arztbesuche entdeckten wir eine Broschüre über das Einlagern von Nabelschnurblut. Ich hatte schon ein paarmal in der Vergangenheit davon gehört und weil es ja nicht um mich ging, damals noch ohne Kind, fand ich das eigentlich immer toll. Jetzt ging es um unser noch nicht geborenes Kind und um unseren Wunsch, alles zu tun, damit es ihm immer gut gehen würde.

Auf der einen Seite war das Ganze schon recht teuer, auf der anderen wäre es ein unglaubliches Unglück, wenn wir die Chance gehabt hätten, mit den Stammzellen zu helfen, und diese Chance nicht nutzen würden. Wir diskutierten über Tage und Nächte und kamen zu der Überzeugung, das machen wir.

Wir nahmen Kontakt zu dem Institut in Leipzig auf und wurden sehr freundlich über alle Möglichkeiten aufgeklärt. Wir bekamen dadurch ein immer sichereres Gefühl, das Richtige zu tun, ganz im Gegensatz zu zahlreichen blöden Kommentaren unserer Umwelt. Im Allgemeinen schienen uns viele, mit denen wir über dieses Thema sprachen, für eine Art Familie Frankenstein zu halten. Ich dachte mir, das werden die Menschen auch über die erste Herztransplantation gedacht haben, und heute gibt es kaum ein Körperteil, das nicht ausgewechselt oder nachgezüchtet werden kann.

Natürlich ist es schon crazy, wenn man Fotos sieht, bei denen einer Maus ein menschliches Ohr auf den Rücken gesetzt wird, um es dann später einem Menschen zu transplantieren. Vielleicht finden das auch viele Leute eklig, aber ich denke, der Ohrlose wird sagen: »Wisst ihr eigentlich, wie egal mir das ist? Hauptsache, ich kriege mein Ohr wieder und sehe nicht aus wie Niki Lauda.«

Meine Überzeugung ist, dass die Medizin sich heute so schnell entwickelt, dass es eine gute Chance gibt, kranke Zellen aus diesen Stammzellen zu ersetzen und so schlimme Krankheiten zu vermeiden oder zu heilen. Es ist schön zu wissen, dass wir diese Möglichkeit haben, und trotzdem hoffen wir natürlich, dass wir sie nie brauchen werden, und wenn es so ist, dann ist es das schönste Geld, das wir umsonst ausgegeben haben.

Direkt nach der Geburt würde es daher nicht so sein, dass ich die Nabelschnur durchschneide, was mir unter uns gesagt sogar ganz lieb war, sondern die speziell dafür ausgebildete Hebamme würde das Blut der Nabelschnur und die darin enthaltenen Stammzellen abfüllen und sofort kühl lagern. Am selben Tag käme dann ein Kurier der Klinik, um das Blut, so schnell es geht, zur Analyse ins Labor zu bringen.

Leider stellte sich bei unserer Nabelschnur dann heraus, dass das Blut und die Zellen wahrscheinlich nicht ausreichen würden, um später damit arbeiten zu können, und so konnten sie nur einige Tests durchführen, die uns die Sicherheit gaben, dass die Kleine keine Allergie oder Gendefekte hatte. Die Klinik stellte uns frei, aufgrund dieser Tatsache vom Vertrag zurückzutreten, aber ich vertraue auf die Geschwindigkeit der Medizin. In 20 Jahren, daran glaube ich ganz fest, wird eine einzige Stammzelle ausreichen, um ein Organ oder einen Körperteil nachzuzüchten. Und vielleicht zehn Jahre später wird es mir möglich sein, mir meine pflegende Krankenschwester mit dem Gesicht von Heidi Klum und dem Hintern von Jennifer Lopez selbst zusammenzubasteln, damit auch das Altwerden einen gewissen Reiz behält.

Vogelfrei oder: Frauen bauen ein Nest

Ich habe häufig davon gehört, dass Frauen bis zur Geburt noch alles herrichten wollen, alles schick machen, bevor das Kind kommt. Bei meiner Frau war das ein bisschen anders. Oder sagen wir mal so: Ich hatte das Gefühl, sie sammelt für das noch zu bauende Nest. Überall in der Wohnung waren kleine Haufen verteilt: ein paar Papiere hier, ein paar Kleidungsstücke da, ein paar Dinge, die irgendwann unbedingt noch sortiert werden müssen, und so weiter. Unsere Wohnung glich mehr und mehr einer Wanderdüne. Es wurde nichts wirklich weggeräumt, sondern lag irgendwann auf jedem einzelnen Quadratmeter der Wohnung.

Erschwerend kam hinzu, dass die Möbel für das Kinderzimmer eingetroffen waren. Antje wollte sie ja unbedingt als Erstes haben, um fertig zu werden und alles einzurichten, sie hatte nur nicht auf dem Schirm, dass wir den Durchbruch von unserer alten Wohnung vom jetzigen Ankleidezimmer in das spätere Kinderzimmer so spät wie möglich durchführen wollten, damit nicht der ganze Staub der Renovierungsarbeiten zu uns drang. Dadurch standen jetzt also die Kinderzimmermöbel überall in der Küche und im Ankleidezimmer.

Passend dazu wurde Zimmer für Zimmer auf den Kopf gestellt und die Schränke ausgemistet. Ich dachte mir am Anfang: Klasse, endlich schmeißt sie mal was weg. Aber das ist etwas, was meiner Frau unfassbar schwerfällt. Es geht ihr daher weniger darum auszumisten, sondern es geht darum, umzuräumen und dabei festzustellen: »Wir haben viel zu wenig Platz und vor allem viel zu wenig Möbel.«

Wenn sie sich wirklich mal dazu durchringt, etwas wegzuwerfen, dann dauert das oft sehr lange. Ich: »Sag mal, das T-Shirt, das trägst du doch nie, oder?« Sie: »Nee, das habe ich das letzte Mal mit 16 getragen!« Ich: »Na, dann kann das doch weg, oder?« Sie: »Spinnst du, das ist von Nike, das war mal richtig teuer.« Dass mir in so einem Fall als Mann das Verständnis fehlt, liegt auf der Hand. Meine quietschfarbenen Sakkos mit Schulterpolstern zum Hochkrempeln waren auch mal teuer in den 80ern, aber natürlich habe ich die weggeschmissen oder in die Altkleiderbox geworfen, wenn ich sie nicht mehr trug, das spielt in ihrer Denkweise aber keine Rolle. Nicht fragen, nur wundern und akzeptieren, dass das T-Shirt jetzt halt nicht mehr im Regal, sondern in einer Schublade liegt.

Ähnlich ist das mit Vasen. Natürlich schenke ich meiner Frau ab und an mal ein paar Blumen, und zwar nicht nur zum Geburtstag oder bei schlechtem Gewissen, auch mal einfach so. Aber wir haben Vasen, da wäre jeder Blumenladen neidisch: große, kleine, runde, eckige, welche für nur eine Blume oder ganz große, mit Erde gefüllt. Aber auch wenn zeitgleich immer nur ein Blumenstrauß in unserer Wohnung ist – man braucht all diese Vasen für den Fall der Fälle.

Aber in den letzten drei Monaten erfüllte Antje dann doch auch das Nestbau-Klischee, und nach und nach konnte man wieder die Farbe unseres Laminatbodens erkennen und – ich weiß, fast ein Ding der Unmöglichkeit – ja, sie fing sogar an, Sachen ihres Messie-Haushalts wegzuwerfen. Ich gebe zu, wir hatten vorher einen Deal gefunden, der darin bestand, dass sie sich für alle drei Sachen, die sie wegwirft, ein neues Shirt, Kleid oder eine Bluse kauft, aber egal wie, ich eroberte so einen Teil meiner Seite des Kleiderschranks zurück.

Das große Finale des Chaos folgte dann mit dem Durchbruch der Wand zur Nachbarwohnung. Ich musste das komplette Ankleidezimmer leer räumen, um die Schiebetür und das neue Ankleidezimmersystem zu installieren oder besser, installieren zu lassen. Jetzt lagen also auch noch unsere kompletten Klamotten im Wohnzimmer rum. Wir lebten für eine Woche wirklich nicht nur bildlich gesprochen wie auf einer Müllkippe.

Ich war sehr froh, als sich dann alles wieder normalisierte und Stück für Stück wieder eingeräumt werden konnte. Als dann am letzten Wochenende vor der Geburt endlich die Möbel aus der Küche ins Kinderzimmer kamen, fühlten wir uns endlich wieder wohl in unserem Nest, das Antje von nun an wirklich liebevoll dekorierte, um unsere kleine Prinzessin willkommen zu heißen.

Die anstrengenden letzten Wochen

In den letzten drei bis vier Wochen bevor es ernst wurde, war das Leben meiner Frau eine einzige Anstrengung. Sie konnte eigentlich in keiner normalen Stellung mehr schlafen und ihre Kissenschlacht, die sie jeden Abend vollführte, sah mehr und mehr so aus, als ob sie ein Iglu bauen würde. Es gab zwei Kissen für den Nacken und den Kopf, eins für zwischen die Arme, eine Seitenschläferrolle für die Knie und ein weiteres Kissen unter den Knöcheln. Ich trainierte tagelang, auf einem so kleinen Stück unseres Ehebettes zu schlafen, das mir meine Frau noch überließ, dass es wahrscheinlich bequemer gewesen wäre, im Kinderbett zu übernachten.

Am Tage hatte sie eigentlich kontinuierlich Rückenschmerzen und der Weg zur Osteopathin, die mit ein paar Knicken hier und ein paar Knackern da in den letzten Monaten das eine oder andere Mal für Linderung gesorgt hatte, war jetzt nicht mehr möglich.

Unsere letzte gemeinsame sportliche Aktivität, das Nordic Walking, wich einem breitbeinigen Watschelgang, bei dem sie den Bauch so sehr rausstreckte, dass es aussah, als ob sie jeden Moment eine Brücke versuchen würde. Socken zog sie nur noch im Sitzen an, da es im Stehen doch eher nach doppeltem Rittberger oder zwei Promille im Turm aussah. Dazu kam eine leichte Tollpatschigkeit, die mich eigentlich rund um die Uhr in Alarmbereitschaft versetzte. Ich wusste genau, wo die nächste Unfallklinik war, und falls die nicht geöffnet sein sollte, wo die zweitnächste war. Verbandszeug lag immer griffbereit und den Erste-Hilfe-Kurs hatte ich noch mal aufgefrischt.

Ich war nur noch damit beschäftigt, Nahrung in die Wohnung rein- und Müll aus der Wohnung rauszubringen, die Antje in Anbetracht der vier Treppen immer seltener verließ. Es war Mitte Juli, und der beschissene Sommer hatte mit Deutschland ein Erbarmen, was für Antje zusätzliche Probleme bedeutete. Sie war schon bei normalem Wetter schnell am Schwitzen, aber bei 30 Grad war es kaum noch zum Aushalten. »Sommerkind, Sommerkind«, zeterte sie, »toll, dass sie später bei ihrem Geburtstag draußen feiern kann, aber was ist mit mir? Ich halte das nicht mehr aus. Sie zahlt sowieso keine Miete für diese kuschlige Einzimmerwohnung, also raus mit ihr.« Ich ermutigte sie, dass es sich ja nur noch um ein paar Wochen drehte und wir die ja wohl auch noch gemeinsam schaffen würden. Ich riet ihr davon ab, Flip-Flops zu tragen, aber sie dachte sich: Lass den Typen reden. »Was soll ich denn sonst tragen? Reitstiefel bei dem Wetter oder was? Außerdem kannst du ja nicht jedes Mal nach Hause kommen, wenn ich meine Schuhe ausziehen will, denn alleine schaffe ich das nicht mehr. Also Flip-Flops, basta!«

Ich hatte die Flip-Flop-Diskussion schon fast wieder vergessen, als ich eines Abends nach Hause kam und Antje mit schmerzverzerrtem Gesicht auf der Couch saß. Sie beichtete mir, dass sie am Nachmittag eine einwandfreie Sonne geschossen hatte, genau vor dem voll besetzten Wiener Café. Jetzt tat ihr der Fuß so weh, dass sie nicht mehr auftreten konnte. Bevor ich dazu kam, ihr die vorwurfsvolle Frage nach ihrem Schuhwerk zu stellen, beichtete sie weiter: »Ja, ich weiß, ich bin blöd und hatte natürlich Flip-Flops an und bin watschelnd an einem Stein hängen geblieben.« Ich rief bei einem befreundeten Orthopäden an, der sich bereit erklärte, sie noch nach Feierabend zu behandeln.

Aber wie sollte sie jetzt unbeschadet nach unten ins Auto kommen? Heldenhaft bot ich an, sie huckepack die Treppen hinunterzutragen. Diese Idee bereute ich bereits ab dem dritten Stock. Ächzend und wankend stolperte ich weiter die Treppen hinunter und dachte bereits über die Treppen nach oben zum Arzt nach! Dort angekommen wurde eine Verstauchung festgestellt und Antje bekam eine Stützbandage und den dringenden Rat, von Flip-Flops und allen anderen Breakdance-Einlagen jetzt in den letzten paar Wochen Abstand zu nehmen. Antje hielt sich dann auch daran, jedenfalls hat sie mir nie mehr von weiteren Einlagen erzählt.

Der neunte Monat

Mir war nie klar, dass eine Schwangerschaft nicht neun, sondern zehn Monate dauert, und meiner Frau glaube ich auch nicht so ganz, denn genau an dem Tag, an dem der neunte Monat um war, hatte sie wirklich keine Lust mehr, auch nur einen einzigen Tag weiterzumachen.

Nun gut, wir Menschen sind mit diesen zehn Monaten eigentlich noch recht gut bedient, wenn man sich die anderen Spezies mal anschaut. Ein Weißwal bekommt sein Kleines

80 Kilo schwer nach geschlagenen 16 Monaten. Ein Nashorn trägt seinen Nachwuchs 18 Monate und ein Elefant sogar 22 Monate mit sich rum. Doch all diese Fakten konnten meine Frau nicht aufheitern. Sie fühlte sich genau wie dieser Weißwal, und ab jetzt war eigentlich jeder restliche Tag der Schwangerschaft einer zu viel.

Sie konnte nicht mehr ordentlich sitzen, und jedes Mal, wenn ich ihr beim Aufstehen half, sah das ein wenig nach Walzerbahn aus. Wir schunkelten uns sozusagen förmlich in die Senkrechte. Sie konnte jetzt die Waage von oben nicht mehr sehen, was in ihrem Gemütszustand wohl auch ganz gut war.

Sämtliche Witze über Dicke oder Schwangerschaft waren ab sofort tabu, wenn man nicht Gefahr laufen wollte, erdolcht zu werden. Ich kann es mir jedoch nicht verkneifen, hier ein paar zu nennen, die ich in den neun Monaten gehört habe:

Noch ein paar Kilo mehr, und Sie werden bei IKEA ein Kissen nach deinem Bauch benennen.

Steht eine Schwangere vorm Spiegel und sagt: »Spieglein, Spieglein an der Wand, wer ist die Schönste im ganzen Land?« Darauf der Spiegel: »Geh mal zur Seite, ich seh ja nichts!«

Langsam bin ich so dick, dass schon kleinere Frauen in Umlaufbahnen um mich herumfliegen.

McDonald's hat gerade angerufen, deine Frau steckt schon wieder in der Rutsche fest.

Aber selbstverständlich waren meine Lippen versiegelt, und keiner dieser Witze kam je vor Antje über meine Lippen. Ihre Zwillingsschwester wurde damals immer liebevoll Schränkchen genannt und zum Schluss Schrankwand, und noch heute sagt Antje zu ihr Dicke, obwohl sie gar nicht mehr dick ist. Das wollte ich meiner Frau ersparen, und daher war sie in meinen Augen, sobald Dritte dabei waren, gertenschlank!

In Wirklichkeit hatte ihr Bauch jetzt eine beängstigende Größe erreicht. Er sah aus wie ein Fesselballon – oder eher wie ein Fesselballon, der einen anderen verschluckt hatte. Antje und ich konnten uns nicht vorstellen, dass ihr Bauch jemals wieder so sein würde wie früher.

Und etwas anderes wurde uns nun immer bewusster. In einer Sendung hatten wir mal gehört, in jeder Beziehung sei einer der Gärtner und einer die Blume. Antje fragte mich, obwohl sie die Antwort ohnehin vorher wusste: »Wer ist bei uns eigentlich die Blume und wer der Gärtner?« – »Du, Engel, bist definitiv die Blume«, erwiderte ich wie aus der Pistole geschossen.

Und diesen Umstand fand Antje besonders in den letzten Wochen genial. Der Gärtner kochte das Mittag- oder Abendessen, ging einkaufen, machte die Betten samt den hundert Kissen und kümmerte sich um all die Dinge, die sonst noch zu erledigen waren. Die Blume konzentrierte sich ganz auf ihre Schwangerschaft und ließ sich verwöhnen, durch die Gegend kutschieren und betütteln. Es hätte eigentlich nur eine kleine Glocke gefehlt, die sie läuten konnte, wenn sie irgendetwas brauchte, aber das blieb dem Gärtner Gott sei Dank erspart.

Schatz, meine Hose ist nass!

Meine Frau ist grundsätzlich sportlich, das liebe ich, denn das bin ich auch. Radfahren, Joggen, Fitness und, und, und – das macht mit ihr zusammen gleich doppelt so viel Spaß. Daher, und auch weil wir uns gemeinsam das Ziel gesetzt hatten, in der Schwangerschaft nicht weit über 15 Kilo zuzunehmen (wobei ich mir bei meiner Frau sicher war, bei mir nicht so ganz), machten wir bis weit in den achten Monat so gut wie täglich zusammen zehn Kilometer Nordic Walking. Wenn es im Sommer sehr heiß war, dann fuhren wir auch mal mit unserer Vespa ins Kino oder an den See, wobei wir jedes Mal empörte Blicke ernteten, da uns die Passanten, die Antje hinter mir hochschwanger sahen, alle für verrückt erklärten. In Deutschland scheint so etwas immer ein Riesenthema zu sein, in unserem Thailandurlaub sahen wir teilweise vier Personen samt Kindern auf einem Mofa, und da sagt keiner etwas und alle lächeln.

Bei einer Radtour zu unseren Freunden schafften wir es dann endgültig fast in die Abendnachrichten. Wir fuhren ein ganz schönes Stück, so um die 30 Kilometer. Als wir auf dem Rückweg waren, machten wir eine Pause bei unserem Lieblingsthailänder, und als wir dort aßen, fing es tierisch an zu regnen. Wir blieben einfach dort und warteten ab, bis es mal eine Regenpause gab. Dann beeilten wir uns, zahlten und schwangen uns auf die Räder. Nach genau fünf Minuten fing es noch stärker an zu regnen, doch Antje rief mir zu: »Jetzt ist es auch egal, jetzt ziehen wir es durch, also ab nach Hause.« Das Problem: Wir hatten keine Schutzbleche und beide weiße Klamotten an. So fuhren wir also durch den Monsun, und man sah besonders bei Antje alles. Und wenn ich sage alles, dann meine ich das genau so! Pitschnass kamen wir bei uns an, lachten uns tot und waren uns trotzdem nicht zu schade, uns noch schnell eine Kugel Eis bei unserem Eckladen zu holen.

Manchmal, wenn es ihr nicht so gut ging, joggte ich und Antje fuhr mit dem Damenfahrrad mit Körbchen vorne drauf nebenher. Das war für uns neben der sportlichen Betätigung auch superentspannend, und wir konnten so von unserem Tag erzählen. Bei einer dieser Touren fuhren wir ziemlich weit durch einen Wald und einen schönen Park. Als wir eine Brücke überquerten, sagte sie den für mich unvergesslichen Satz: »Schaaaatz« – da war es wieder, das »Schaaaaatz« – »meine Hose ist nass!« Oh mein Gott, oh mein Gott, die Fruchtblase ist geplatzt! Was nun? Wir sind genau bei der Hälfte der Strecke ... Meine Frau nach Hause tragen, fünf Kilometer, denn da steht ja unsere ordnungsgemäße »Jetzt geht's los«-Tasche? Oder direkt in die Notaufnahme? Oder Geburt hier im Park am Fußballplatz, damit es, gleich wenn es auf die Welt kommt, Bescheid weiß, dass Fußball das Allerwichtigste ist? Fragen über Fragen.

Vor meinem geistigen Auge lief ich in olympiaverdächtiger Zeit ins Krankenhaus und schrie immer wieder: »Fruchtblase ... Fruuuuuuuuchtblase ... Halllllllooo! Mein Kind will raus ... Jetzt mal alle Mann die Hacken in den Teer und wo kein Eis ist, könnt ihr rennen!« In meinem Kopf spielten sich Szenen aus Filmen wie »Kuck mal, wer da spricht« und »Nine Months« ab, immer mit mir in der Hauptrolle. Mal war ich der Heldenvater, der mit ein paar Handtüchern und Wasser aus der nächsten Pumpe das Kind alleine auf die Welt bringt und mit seinen Schneidezähnen die Nabelschnur durchbeißt, mal der nicht ganz so heldenhafte, der ohnmächtig erst wieder aufwacht, wenn er sein Kind schreien hört.

Während ich also alle Möglichkeiten durchspielte, wie ich Antje jetzt auf dem direkten Weg ins Krankenhaus kriegen könnte, stand Antje neben ihrem Rad und fummelte am Sattel herum. »Mensch, Engel, du hast ja die Ruhe weg, mach hinne, wir müssen los!« Doch dann erlöste sie mich aus diesem Tagtraum und sagte: »Ich glaub, bei dem Regen der letzten Tage hat sich der Sattel vollgesogen …«

Na klasse, Fehlalarm. »Bist du irre? Ich hatte gerade fast einen Herzinfarkt und habe nur noch überlegt, ob ich es schaffe, dich durch den Park zu tragen, ohne irgendwann zusammenzubrechen, bevor wir ein Taxi erreichen.« – »Ach, wie süß«, veräppelte mich meine Frau, »hast du dir Sorgen gemacht? Wie niedlich, du, mein Held, du!« Aber ich kam noch zu meinem ritterlichen Einsatz. Auf dem Rückweg bekam sie nämlich auf einmal Krämpfe im Fuß und eine ihrer Sandalen war kaputt. So konnte sie unmöglich nach Hause humpeln.

Also schwang ich mich feenhaft auf ihr Rad, sie hinten auf den Gepäckträger und so düsten wir zwei Wonneproppen mit einem halben Platten und einem ächzenden Damenrad nach Hause und waren für die Nachbarschaft auf jeden Fall ein Bild für YouTube!

Porta

Einen Tag vor unserem Kaiserschnitttermin rief mich meine Frau weinend an. »Ich halte das nicht mehr aus! Dieser Krach, dieser Staub, wir werden nie fertig, alle Handwerker gehen mir auf die Nerven, ich kann einfach nicht mehr.« Oh Gott, wir sind auf der Zielgeraden und jetzt kommt Frauchen doch noch ins Straucheln. Ich setzte meine letzte Waffe ein. »Komm, Schatz, wir holen dich jetzt mal da raus und gehen shoppen!« Komisch, meine Frau weinte gar nicht mehr, denn das Wort »shoppen« wirkte wie ein Aus-Knopf!

Ich holte sie also ab, und wir machten uns auf den Weg zu Porta, einem riesigen Möbelhaus in Potsdam. Da gibt es neben tollen Möbeln auch eine Riesenauswahl an Accessoires und Schnickschnack, genau das Richtige zum Ablenken.

Antje und ich rollten im wahrsten Sinne des Wortes durch die Gänge. Ich dachte mir: Was soll mich schon schocken? Kinderzimmer, Büro und alle weiteren Räume unserer Wohnung sind so weit eingerichtet, dass neue Möbelstücke eigentlich nur noch in der Nachbarwohnung Platz finden könnten. Es kann also im Grunde nur um ein paar Kleinigkeiten zum Dekorieren gehen.

Diese trügerische Sicherheit wurde jedoch jäh zerstört. Meine Frau entdeckte eine Abteilung mit einem Super-mega-mehr-geht-nicht-Angebot: »Wenn Sie Ihre alten Handtücher abgeben, dann bekommen Sie für jedes alte ein nagelneues für sage und schreibe nur 2,95 Euro!«

Meine Frau war hin und weg: »Mensch, das ist doch super, da können wir doch mal so richtig zuschlagen, neue Handtücher für das Gästebad, für unser Bad, dann noch welche zum Austauschen und die alten fliegen endlich mal raus, das find ich gut.«

»Schatz«, versuchte ich so sanft wie möglich einzuwerfen, »der Haken ist: Wir haben unsere alten Handtücher doch gar nicht dabei.«

»Dann müssen wir sie halt holen«, erwiderte mir die baldige Mutter, wobei sie schon den ersten Stapel Handtücher zusammensuchte.

Mit Logik – dass man zum Beispiel kurz nachrechnet

und sich sagt: wenn wir jetzt noch mal nach Berlin, dann wieder nach Potsdam und wieder zurück nach Berlin fahren, hat sich das mit dem Angebot benzinmäßig auch erledigt – kommt man bei dem Zustand meiner Frau nicht weit. Also atmete ich in Anbetracht der Tatsache, dass wir am nächsten Tag ein Kind bekommen sollten und bitte nicht heute in der Bettenabteilung eines Möbelhauses mit der Garantie, in den RTL-Spätnachrichten zu landen, ein paarmal tief durch und erwiderte: »Natürlich, Schatz, alles, was du willst, du bist die Königin, also lass uns nach Hause fahren, die Handtücher holen.«

Also fuhren wir 45 Minuten zurück zu unserer Wohnung, ich schoss die vier Treppen hoch und sammelte alles, was nach einem Handtuch aussah, zusammen und rannte bepackt wie ein Maultier wieder runter und zurück zum Auto.

Wir erreichten Porta 15 Minuten vor Ladenschluss. Nicht auszudenken, was passiert wäre, wenn wir eine Viertelstunde später angekommen wären.

»Hier sind die RTL-Spätnachrichten: Eine hochschwangere Frau und ihr verwirrter Ehemann sind heute Abend in ein Möbelhaus eingebrochen. Interessanterweise war das Einzige, was sie entwendet haben, 20 Handtücher. Beide befinden sich bis zur Geburt in der Ausnüchterungszelle.«

Touchdown

Der Tag der Geburt

Wann ist ein Mann ein Mann? Diese Frage von Herbert Grönemeyer stellte ich mir in den letzten Tagen vor der Geburt häufig. Wie kann man der eigenen Frau zeigen, dass alles gut wird, und sie beruhigen, wenn man selbst am liebsten einen dreifachen Marathon laufen würde, um mal runterzukommen?

Am letzten Tag, unterstützt durch Arbeit, Stress und Handwerker, die 24 Stunden vor der Geburt endlich unsere Wohnung verlassen hatten, war ich innerlich ein Wrack. Um sieben aufstehen, obwohl erst um halb zwei eingeschlafen, Antje wie in Trance schnell etwas zu essen machen, da sie wegen der Narkose für die Kaiserschnitt-OP später nichts mehr essen darf. Dann sie wieder ins Bett legen, damit sie noch mal Ruhe findet. Dabei durchatmen, eher schnaufen, aber immer so, dass sie es nicht merkt, sie hat den Kopf voll genug.

Babyfläschchen, Nuckel für die ersten zwei, dann die nächsten vier Wochen und dann die nächsten drei Monate oder wie war das noch mal? Egal, was so gesagt wird und wie viel man liest und wie viele wertvolle Tipps man so bekommt, auf diesen Tag kann einen keiner richtig vorbereiten! Jede lieb gemeinte SMS steigert den Puls nur noch mehr, denn man weiß, jetzt geht es wirklich los! Und immer wieder runterfahren, cool wirken, um Antje zu beruhigen. Wer verdammt noch mal beruhigt mich? Ich hoffe, ich werd nicht umkippen im OP.

Warum gibt es diese altmodischen Jerry-Lewis-Geburten nicht mehr, bei denen man in einem Wartezimmer zwei Stunden lang wartet, wieder anfängt zu rauchen und dann ein frisch frottiertes Kind durch eine Scheibe sieht und die Schwester sagt: »Herzlichen Glückwunsch«? Dann geht man zu seiner Frau, die aussieht wie ein Hollywoodstar, und küsst sich und alles ist total easy!

Aber das bleibt ein frommer Wunsch. Selbst der Narkosearzt, der uns ein paar Wochen vor der Geburt darüber aufklärte, was bei der Betäubung so alles passiert, antwortete auf meinen Versuch, die Situation mit der Frage »Und was ist mit meiner Narkose?« zu entkrampfen, nur humorlos: »Was für eine Narkose?«

Antje war unfassbar aufgeregt, wir kamen in den Kreißsaal, in dem sie an einen Wehenschreiber angeschlossen wurde. Hier stellte sich dann auch heraus, dass es sich bei der von Antje in den letzten zwei Tagen wegen des Magengrummelns und der Krämpfe vermuteten Magen-Darm-Grippe doch schon um die Wehen handelte und es wohl ganz gut war, schon an diesem Tag ins Krankenhaus zu fahren. Die Hebamme, eine Krankenschwester und auch ein Arzt versuchten Antje eine Kanüle zu legen. Keiner traf so richtig, und es spritzte nur so durch die Gegend. Super, jetzt war schon vor der Geburt alles voller Blut. Alles nur die Generalprobe, dachte ich so vor mich hin, gleich wird alles super laufen.

Anette, Antjes Freundin, kam ins Krankenhaus und

sorgte für weitere Ablenkung. Ich bekam von einem Arzt einen OP-Kittel und viel zu große Schuhe in Größe 47. Mein Traum, dass ich jetzt ungefähr so aussah wie George Clooney in »Emergency Room«, zerplatzte beim Blick in den Spiegel. Besonders die OP-Haube sah aus, als ob wir auf einer Faschingsfeier eingeladen wären. Aber egal, ich steckte mir ein paar Stifte in die Hemdtasche, legte meinen Mundschutz an, quatschte ein paar andere Patienten voll und machte ein wenig auf Oberarzt.

Zwischendurch schoss ich ein paar Bilder mit dem Handy, um diese Momente für später festzuhalten. Was ich aber nicht machen wollte, war, einen auf Martin Scorsese zu machen mit Kamera, Action und Regieanweisungen wie: »Wink doch mal.« Ein Bekannter hatte mit seiner Digicam sogar die komplette Geburt gefilmt, und ich spreche von einer normalen Geburt, die über 16 Stunden dauerte, und er hatte auch genau dort gefilmt, wo man als Mann bei der Geburt garantiert nicht hinschauen sollte.

Wer guckt sich so was später an?, fragte ich mich. Die beiden Eltern, obwohl doch besonders die Frau die Erinnerung an die Schmerzen und Wehen bestimmt lieber schnell verdrängen möchte? Oder sitzen solche Leute dann bei Kaffee und Kuchen mit den Schwiegereltern und ziehen sich diesen Horrorstreifen gemeinsam rein mit Kommentaren wie: »Schau mal, das ganze Blut« und »Hey, ich hab den Kopf als Erster gesehen«? Für mich war das undenkbar, und daher beschränkte ich mein filmisches Können auf ein paar Fotos.

No way back – unsere Tochter kommt

Tja, und dann rollten wir auch schon los. Antje musste schon in den OP, um eine Spinalanästhesie zu bekommen, und ich sollte vor der Tür warten.

Eine Krankenschwester rief ganz hektisch: »Wo ist der Stuhl für den Ehemann?« – »Was für ein Stuhl? Ich brauche keinen Stuhl!«, spottete ich. »Doch, Sie brauchen einen Stuhl«, herrschte mich die OP-Schwester an. Aber warum?

Wenn ich bis jetzt nicht nervös gewesen wäre, dann ab jetzt auf jeden Fall! Da saß ich dann also auf meinem Stuhl im Gang und konnte nichts machen außer warten. Unser Freund Dr. Lucas kam kurz vorbei. Er arbeitete im selben Krankenhaus als HNO-Arzt und wollte uns kurz Glück wünschen. Er fragte erstaunt, wo denn Thomas sei.

Er war direkt an mir vorbeigelaufen und hatte mich sogar gegrüßt, aber erkannt hatte er mich anscheinend nicht. Vielleicht sah ich ja doch wie ein cooler Arzt aus. Wir drückten uns kurz, er fragte, ob wir tauschen wollten und ich die Nasenkorrektur in OP 2 durchführen wolle, aber ich verneinte und durfte nach zehn Minuten nun endlich auch in den OP.

Eigentlich hasse ich Krankenhäuser und alles, was damit zu tun hat, aber an diesem Tag wollte ich jeden Moment mitkriegen, und es fühlte sich alles sehr normal für mich an.

Antje lag mit dem Kopf zu mir. Meine Vorstellung, dass mich im OP der Arzt, ein oder zwei Schwestern und im Höchstfall noch der Narkosearzt erwarten würden, wurde nicht bestätigt. Es war eher so voll wie in der Hertha-BSC-Ostkurve. Lauter Menschen, ich denke mal, so circa 15, wuselten um uns herum.

Antje wurde nervöser und nervöser. »Ich spüre meine

Hand nicht mehr«, sagte Antje mir. »Ich meine auch nicht, Engel, denn du zerquetschst sie gerade«, erklärte ich ihr mit schmerzverzerrtem Gesicht. »Lenk mich ab, lenk mich ab ...« Die Kommandos meiner Frau wurden bestimmter.

»Hör mal, Engel, der Herzschlag unserer Kleinen«, unternahm ich einen Versuch, über etwas anderes nachzudenken, was genau so lange funktionierte, bis der Narkosearzt zu mir sagte: »Herr Richter, das ist der Herzschlag Ihrer Frau, und sie muss sich jetzt beruhigen.« Super, meine Angst, dass meine Frau hyperventiliert, teilte also auch der Arzt. Es gelang mir nur bedingt, sie ein wenig runterzubekommen, und dann ging es auch schon los.

Der Frauenarzt – oder sollte ich sagen: der Robbie Williams des OP – betrat als Letzter die Bühne. Es hätte nur noch gefehlt, dass er durch ein wenig Trockeneisnebel, von hinten angestrahlt, in den Raum gekommen wäre, mit einer großen Fanfare im Hintergrund. Jetzt waren wir sozusagen mittendrin in einer Folge »Grey's Anatomy«, und der Gott in Weiß war der Star des Tages. Er begrüßte uns kurz und sagte dann knapp: »Wir fangen jetzt an.«

Das war das Signal für meine Frau, endgültig durchzudrehen. »Darf ich meinen Mundschutz ablegen, damit meine Frau meine Wange spürt?«, fragte ich in einem Anflug von Romantik, während sie mich fast schon anschrie: »Thomas, rede mit mir, rede mit mir, rede mit mir ...«

»Ja, das würde ich ja gerne, aber du redest ja in einer Tour.« Ich kann mich nicht mehr genau erinnern, was ich alles gesagt habe, aber nach circa drei bis vier Minuten Wange an Wange, in denen ich meine Brille zur Seite geschmissen hatte, weil ich vor Anspannung eine Träne nach der anderen verdrückte, hörten wir ein Kind schreien ... Wie jetzt, das ist unseres?!

Unfassbar! Ich war ab sofort OP-Robbie-Williams-Fan!

Nach all den Storys über Kaiserschnitte hatte ich mir vorgestellt, dass irgendwie alles so à la »Saw III« voller Blut wäre – aber weit gefehlt. Davon sahen wir gar nichts. Alles war dezent abgehängt. Und auch unser süßes Baby war nicht etwa von oben bis unten besudelt, sondern sogar richtig hübsch und zitterte in dem kleinen Frotteehandtuch.

Antje war sehr erleichtert und küsste mich und sagte ganz hektisch: »Ich liebe dich und du versprichst mir, wir bleiben auch die nächsten zehn Jahre zusammen, ja?« Was meinte sie denn damit? Zehn Jahre? Ich ging irgendwie eigentlich von für immer aus. Wird da irgendeine Lebensversicherung ausgezahlt, brennt sie dann mit dem Gärtner durch? Ich und auch sie können uns bis heute diese Aussage nicht erklären!

Dann bekam ich die Kleine nach einem kurzen Moment, in dem die Hebamme die Nabelschnur versorgte, auf den Arm und heulte wie ein Schlosshund! All die Anspannung, dass hoffentlich alles gut geht, und all die Sorgen, die ich auch vor meiner Frau versucht hatte zu verbergen, um vor ihr den starken Kerl mit der stolzen Brust und den breiten Schultern zu mimen, fielen von einer Sekunde auf die andere von mir ab. Nichts war in diesem Moment wichtig außer diesem kleinen Wesen, das sich wahrscheinlich die ganze Zeit fragte: »Ey, seid ihr doof? Da war doch gerade noch alles so kuschlig warm – was soll das? Macht mal einer die Heizung an und überhaupt: Warum ist das eigentlich so hell hier?«

Ich hielt Antje unsere Tochter direkt vors Gesicht, da Antje sie selbst noch nicht halten konnte, denn es musste ja noch genäht werden. Und sie war auf einmal von einer Sekunde auf die andere ruhig wie bei der Zigarette danach. »Schau mal, sie hat meine Lippen, ach, und wie niedlich sie schaut, hach, ist das alles schön.« Verwundert war ich schon ein wenig: Wer hatte den Schalter umgelegt, oder waren es einfach die Hormone? Auf jeden Fall habe ich sie nie glücklicher gesehen als in diesem Moment – außer vielleicht bei unserer Hochzeit ... und unserer Verlobung ... ach, ich weiß auch nicht, es war auf jeden Fall wunderschön!

Zurück im Kreißsaal

Fabienne wurde, in ein großes, kuschliges Handtuch gewickelt, in den Kreißsaal getragen. Dort legte die Hebamme die Kleine unter eine Wärmelampe. Sie wurde gewaschen und gewogen und wir warteten ungeduldig, wann wir endlich aus dem OP zu ihr konnten. Kaum auf der Welt, vermissten wir sie auch schon, sobald sie den Raum verließ. Im Gegensatz zu der unglaublich schnellen Operation kam uns das Vernähen vor wie eine Ewigkeit. Trotzdem haben Antje und ich für diese 15 Minuten eine Art Filmriss, denn worüber wir uns unterhalten haben, wissen wir leider nicht mehr. Als das Nähen endlich fertig war, verabschiedete sich der Arzt und beglückwünschte uns zu dieser tollen Tochter, und ich glaube, das hat er wirklich nur uns gesagt und noch nie jemand anderem zuvor.

Antje wurde mit dem Operationstisch bis zur Tür geschoben und dort von vier Männern mit einem Laken auf ein normales Bett gehievt. Mir tat das schon beim Hinsehen weh, aber Antje war sehr tapfer, denn sie wollte durch nichts verzögern, endlich ihre Tochter in den Arm zu nehmen. Im Kreißsaal warteten auch schon unsere Familie und unsere besten Freunde, und auch sie vergossen ein paar Freudentränen mit uns. Endlich bekam Antje die Kleine auf die Brust, und da fühlte sie sich auch am wohlsten und schlief dort eine ganze Weile.

Wir hatten etwas davon gehört, dass die Babys nach circa 20 Minuten anfangen zu saugen und dann etwas essen wollen, aber unsere Tochter gönnte sich erst mal ein Nickerchen von über zwei Stunden.

Antje hatte ja seit sieben Uhr nichts mehr gegessen, und jetzt war es schon 15 Uhr. »Magst du was haben?«, fragte ich sie. Sie schmetterte mir entgegen: »Ich habe richtig Hunger auf 'ne Currywurst mit Pommes!« Ich also zur berühmten Kudamm-Bude 195 und für 50 Euro für alle Currywurst mit Pommes geholt, schnell zurück ins Krankenhaus und Antje haute die Dinger weg, aber hallo. Als die Schwester dann ein wenig später kam und ihr sagte: »Sie wissen ja, Sie dürfen wegen der Narkose noch zwei Stunden nichts essen«, nickte sie brav mit den letzten zwei Stücken Wurst in den Backen und wir grinsten beide um die Wette. Super, gleich nach der Geburt ein tolles Vorbild wir beide.

Ich blieb bis zum Abend im Krankenhaus und hatte unsere Tochter, so oft es ging, auf dem Arm. Glücklich, aber auch sehr erschöpft lagen wir nebeneinander, Antje im Krankenbett und ich auf einem Stuhl daneben.

Wenn man die Fotos von diesem Tag anschaut, denkt man, wir haben bei einem 72-Stunden-Nonstop-Tanzmarathon mitgemacht. Wir waren sogar zu müde, um in die Kamera zu lächeln. Trotzdem war ich sehr froh, Antje nun wirklich vom ersten Ultraschall bis zur Geburt begleitet und unterstützt zu haben. Diesen Tag werden wir beide wohl niemals vergessen.

Zehn Sprüche, die du dir als Mann im Kreißsaal lieber sparen solltest:

1. Wann geht's los? Mir ist so langweilig.
2. Warte mal kurz, der Akku meiner Kamera lädt noch.
3. Tut's weh?
4. Kann ich meine PSP mit reinnehmen?
5. Weck mich, wenn's da ist.
6. Wow, auf dem Ultraschallbild sieht man ja noch ein zweites Kind! ... War nur ein Scherz.
7. Guck mal, ich kann mit dem Hüpfball rumspringen.
8. Dauert es noch lange?
9. Weiß jemand, wie es bei Hertha zur Halbzeit steht?
10. Egal was es wird – Hauptsache, ein Junge.

Fünf Tage Krankenhaus

Ich fuhr nach Hause, den Weg circa fünf Minuten vom Krankenhaus schaffte ich gerade noch so. Ich hielt noch kurz bei unserem Lieblingseisladen und feierte mit dem Besitzer bei einer Portion Spaghetti-Eis meine kleine Prinzessin. Vom Eisladen bis zu unserer Wohnung sind es noch circa 50 Meter. Oben angekommen putzte ich mir im Halbschlaf noch die Zähne und das Nächste, woran ich mich erinnern kann, ist der Wecker, der um acht Uhr klingelte. Ich lag auf dem Bett, auf der Decke, noch in den Klamotten vom Vortag.

Kopfschüttelnd ging ich unter die Dusche und vor meinem geistigen Auge spulte sich noch mal der gesamte vorherige Tag ab. Mit einem Lächeln und mit neu getankter Kraft düste ich auch gleich wieder ins Krankenhaus.

Antje hatte die Nacht durchgemacht, denn unsere Tochter schlief ja bei ihr und Antje war zu aufgeregt, um zu schlafen. Ich hielt die Kleine im Arm und hatte schon wieder Tränen in den Augen, als sie sich ein wenig zitternd an mich schmiegte.

»Was für ein tolles Kind!«, dachte ich. »Klar, bei den Eltern!«, überlegte ich weiter und doch kam mir auch in den Sinn, dass wohl jeder sein eigenes Kind total süß und toll findet, selbst wenn Außenstehende denken: Was will der Typ mit dem kleinen Schimpansen auf dem Arm, der eine Windel trägt? Niemand würde doch über sein eigenes Kind sagen: »Junge, Junge, da müssen wir uns aber einiges schöntrinken.« Ich beschloss daher, sobald ich mit unserer Tochter die Klinik verlassen konnte, sie nicht nur unseren Freunden zu zeigen, die uns ohnehin anlügen würden, sondern auch Wildfremden das Kind vor die Nase zu halten, um ein neutrales Urteil zu bekommen.

Was für ein Blödsinn!, dachte ich schon einen Moment später, für mich ist meine Tochter das schönste Kind der Welt und damit basta. Ich ahnte damals noch nicht, dass solche beknackten Gedankengänge uns unser weiteres Leben auf Schritt und Tritt begleiten würden.

Nachdem ich der kleinen Prinzessin ein Minifläschchen mit 50 Millilitern Milch gegeben hatte, bei dem sie sofort wieder einschlief und sich an meinen Hals schmiegte, fiel es mir unsagbar schwer, sie und Antje im Krankenhaus zurückzulassen und zur Arbeit zu gehen. Die Gedanken an die beiden begleiteten mich den ganzen Tag, und ich konnte es kaum erwarten, am Abend wieder ins Krankenhaus zu fahren.

Nach fünf Tagen sollte ich sie dann abholen können. Als Überraschung hatte ich mir fest vorgenommen, dass die Wohnung bis dahin fertig sein würde. Ich fuhr daher mit

Antjes Freundin Anette zu meinem gelben Lieblingsmöbelhaus, da sie ein gutes Händchen für Accessoires und Deko hat. Mein Kumpel Andi und ich bauten das System für das Ankleidezimmer auf und Matze, mein Trauzeuge, kam mit seinem Sohn Timi, um mir beim Streichen zu helfen.

Alles zu schaffen neben den Besuchen im Krankenhaus und der Arbeit war zeitlich kaum möglich, daher hieß es einfach schon jetzt: Schlaf wird überbewertet. Ich fühlte mich zurückversetzt in die Zeit, in der ich auch gerne viermal in der Woche in der Disko gewesen bin und des Öfteren die Nacht durchgemacht habe. Ich musste aber schmerzlich feststellen, dass es mit 20 problemlos möglich ist, mit Mitte 40 jedoch fühlt man sich noch Tage danach wie ein Zombie.

Trotzdem schaffte ich es mit der Unterstützung aller Beteiligten, am letzten Tag fertig zu werden und freute mich auf Antjes Heimkehr in unser neues Reich für drei.

Welcome home

Das Kind im eigenen Zimmer

Nach zwei Stunden Schlaf fuhr ich am nächsten Morgen ins Krankenhaus, um die beiden abzuholen. Das Zimmer war leer, da die Kleine gerade bei der sogenannten U1, der ersten Untersuchung durch eine Kinderärztin, war. Da lag dieser kleine Wurm, und Antje und ich bekamen letzte Instruktionen und Tipps. Wir beide hatten das Gefühl, gerne noch 14 Tage im Krankenhaus zu bleiben, um für alle Eventualitäten gewappnet zu werden, denn das Minimalwissen aus den letzten Tagen erschien uns bei Weitem nicht genug. Aber es half nichts, wir wurden in die freie Wildbahn entlassen, um uns selbst zu versorgen.

Antje nahm die Kleine und gab ihr noch mal ein Abschlussfläschchen, während ich die Sachen in Antjes Zimmer zusammenpackte. Das sollte mich schon mal auf die zukünftige Schlepperei vorbereiten. Windeltasche, Kinderwagen, Antjes Tasche, circa hundert Zeitschriften von »InStyle« bis »Gala«, von denen sie zu Hause und natürlich auch im Krankenhaus nicht eine gelesen hatte, und noch zig andere Dinge waren eine einzige Tortur. Als wir dann endlich in unserem Dachgeschoss angekommen waren, war ich schließlich auch komplett nass geschwitzt.

Fabienne kam in ihr neues kleines Reich, ohne es so richtig zu wissen, denn ihre Augen waren ja leider noch geschlossen. Am ersten Tag und eigentlich auch in den Tagen danach bewegten wir uns bildlich gesprochen wie auf Glatteis. Wie viele Löffel Milchpulver müssen noch mal in die Flasche? Wie halte ich sie richtig? Warum weint sie? Und überhaupt … Eigentlich hat man rund um die Uhr das Gefühl, man könnte etwas falsch machen. Vielleicht haben Frauen hier genetisch einen gewissen Vorteil und tun viele Dinge wie selbstverständlich, aber ich musste da wirklich Schritt für Schritt erst mal reinwachsen.

Am Abend waren wir beide doch sehr erschöpft und gingen früh ins Bett. Unsere Tochter schlief in ihrem kleinen Kinderbett direkt neben uns. Doch anstelle der ersehnten Nachtruhe begann jetzt der eigentliche Nervenkrieg des Tages. Natürlich ist es das Beste, wenn das frisch geborene Kind am Anfang im selben Zimmer schläft, aber man vergisst dabei: Es macht Geräusche, ganz leise Geräusche. Ein leichtes Wimmern, ein Hauchen, ein Schmatzen – und die Natur sieht vor, dass die Eltern, um schnellstens reagieren zu können, jedes dieser Geräusche wahrnehmen. Man schreckt hoch, man schaut nach, bloß kein Licht anmachen, damit sie und man selbst nicht wach wird. Das Licht des Handys muss reichen … Okay, es geht ihr gut. Dasselbe Spiel alle paar Minuten. Noch schlimmer war es jedoch, wenn wir sie nicht hörten. Es war einfach nicht zum Aushalten. Dann schauten wir nämlich nach, ob sie auch wirklich noch atmete. Im Grunde hieß das, so richtig an Schlaf war eigentlich nicht zu denken, zumal Fabienne alle zwei Stunden Hunger hatte und das auch lautstark zum Ausdruck brachte.

Fast schon in Trance gaben wir uns Handzeichen, wer die

nächste Flasche gibt. Total zerstört saßen wir dann morgens vor unseren Tassen mit dreifachem Espresso und fragten uns, wie wir das bloß hinbekommen sollten.

Nach zwei weiteren schlaflosen Nächten, in denen ich schon ins Gästezimmer flüchtete und mir Antje dann morgens gegen sechs weinend die Kleine übergab mit dem Argument, sie sei so fertig, dass sie nicht mal mehr die Milliliter auf dem Fläschchen erkenne, war uns klar, unsere Tochter musste im Kinderzimmer schlafen. Wir hatten ja ein Babyfon, und so versuchten wir dann wenigstens die zwei Stunden, die Fabienne schlief, auch zur Ruhe zu kommen.

Auch hier gab es ein spannendes Phänomen für mich zu beobachten. Um schneller schlafen zu können, steckten wir uns Stöpsel in die Ohren. Natürlich hatten wir am Anfang Angst, dass wir dadurch die Kleine nicht hören könnten. Aber wir mussten lernen, dass die Natur unser Gehör so eingerichtet hat, dass neben uns ein Düsenjäger starten, eine Schrankwand umfallen oder eine Blaskapelle vorbeimarschieren könnte und wir selig weiterschlummern würden, aber wenn ein Zimmer weiter dein eigenes Kind kurz tief einatmet, dann stehst du trotz Ohrenstöpseln senkrecht im Bett! Und so schwanden unsere Sorgen mehr und mehr und wir wechselten uns ab, damit jeder wenigstens eine kleine Mütze Schlaf abbekam.

Die Hebamme, Teil 2

Auch wenn wir in dieser Zeit scheinbar vor allem damit beschäftigt waren, dem Wort »müde« irgendwelche Steigerungsformen zu geben wie »total müde«, »saumüde«, »hundemüde«, »mehr geht nicht müde«, war jeder Tag nach der

Geburt gefüllt von neuen Erkenntnissen und Erlebnissen, die wir förmlich in uns aufsogen. Vieles klappte nach und nach wie von alleine, wie zum Beispiel das richtige Halten des Köpfchens, einiges war nicht so vertraut wie das Windeln, aber für alle Dinge, bei denen wir uns noch zu unsicher waren, hatten wir ja Gott sei Dank noch unsere Hebamme. Nach der Geburt kam sie einmal in der Woche zu uns nach Hause, um uns zu unterstützen und um zu sehen, ob wir alles hinbekamen. So schafften wir durch ihre Hilfe einen geschmeidigen Übergang zu Selbstversorgern.

Bei jedem ihrer Besuche gab es eine gewisse Reihenfolge. Erst kontrollierte sie Fabienne allgemein, tastete ihren Körper ab und schaute nach der Klammer am Nabel, den die Kleine nach dem Durchtrennen der Nabelschnur dort trug. Danach wog sie die Kleine mit einer Art Tuch, in das sie unsere Tochter legte. Am oberen Ende befand sich eine Waage, mit der sie das Tuch dann anhob. Fabienne hatte in den ersten zwei Wochen fast 600 Gramm abgenommen, und das machte uns schon ein wenig Angst. Die Hebamme erklärte uns jedoch, dass das ganz normal sei und es jetzt gewichtsmäßig wieder bergauf gehe. Im Grunde war ihre Arbeit bei uns nach circa zwei Wochen getan, und daher sagte sie dann: »Ihr bekommt das ja alles schon klasse hin, ich glaube nicht, dass ich noch mal kommen muss, und wenn etwas ist, ihr habt ja meine Nummer!« – »Wann kann ich denn mit der Kleinen mal baden?«, fragte ich sie beim Verabschieden. »Bald«, antwortete sie, »aber nicht, bevor der Nabel abgefallen ist.«

»Bis was?«, fragte ich verwundert nach.

»Na, bis der Nabel abfällt!«, erwiderte sie. Der Nabel fällt ab, ich glaub ich werde ohnmächtig. Ich war gewillt zu schreien. »Nein, du darfst nicht gehen, bleib hier, wir haben genügend Platz, das passt schon. Aber nicht gehen, bitte, auf jeden Fall nicht, BIS DER NABEL ABFÄLLT!« Ich war doch etwas überfordert, aber die Hebamme beruhigte mich damit, dass das ganz normal sei.

Und wem passierte das Ganze dann so beiläufig? Natürlich mir. Der Nabel war von Anfang an mit einer Art Klammer befestigt. Bei einem ihrer Besuche löste die Hebamme dann die Klammer und sagte uns, dass es jetzt nicht mehr lange dauern würde mit dem Abfallen. Irgendwann lag das kleine Teil dann einfach, wie ein Stück Wurstpelle, auf dem Badezimmerboden. Alles also nur halb so wild, aber eklig klang es irgendwie vorher schon. Aber ich denke, das war nur das Vorspiel für zahlreiche Anekdoten, die uns im Laufe der nächsten Wochen noch ereilen würden.

Einschlafen auf Papas Brust

Besonders in den ersten Wochen war Fabienne unglaublich verkuschelt, und ich genoss das in vollen Zügen. Sie wog bei der Geburt 3100 Gramm und nahm in den kommenden zwei Wochen 600 Gramm ab. Laut der Ärztin war das vollkommen normal, aber ich machte mir automatisch Sorgen, weil die Kleine praktisch in eine meiner Hände passte. Sie trank immer nur kleine Portionen und war davon trotzdem so erschöpft, dass sie meist direkt nach dem Trinken wieder einschlief, vorzugsweise auf meiner Brust, und das war toll. Ganz nah beruhigte sie mein Herzschlag, und ihr so schnelles Atmen wurde ruhiger und ruhiger.

Hätte ich damals gewusst, wie schnell Fabienne keine Lust mehr hatte, auf meinem Bauch zu liegen und zu kuscheln, ich hätte wahrscheinlich vier Wochen Urlaub genommen, um einfach regungslos dazuliegen und diesen Zustand so lange wie möglich festzuhalten. Im Grunde genommen bestimmte die Kleine auch einen Teil meiner Termine, denn ich verlegte, so viel ich konnte, in mein Home Office, um möglichst viel Zeit bei meiner Tochter zu verbringen.

In dieser ersten Zeit entwickelte sich auch mein Gefühl zu ihr mehr und mehr. Es wäre gelogen, wenn ich behaupten würde, von Anfang an war das bei hundert Prozent. Als Fabienne auf die Welt kam, war das natürlich aufregend und ich war froh, dass alles so glatt gelaufen war, dass sie gesund und munter war, und die Angst, die ich die ganze Zeit mit mir rumgetragen hatte, fiel wie ein Zentner Steine von mir ab. Das war das alles überschattende Gefühl, »Mensch, du bist meine Tochter, ich bin dein Daddy«. Man sagte es, aber das Feeling war für mich am Anfang so ungewohnt und fremd, dass ich mich erst daran gewöhnen musste. Als sie dann mit uns nach Hause kam, überwog die Sorge, ob man auch alles richtig macht, der Kleinen nicht wehtut und ob man dieser großen Aufgabe auch wirklich gewachsen ist.

Und dann gab es halt diese Momente, in denen sie auf meiner Brust schlief und sich an mich schmiegte. Auf einmal kroch es mehr und mehr in mein Bewusstsein. Wir gehören zusammen, ich werde dich für immer lieben und immer auf dich aufpassen. Dazu kam das Wissen, dass die Kleine auf Schritt und Tritt auf unsere Hilfe angewiesen war, und das verstärkte unsere Bindung noch mehr.

Heute vermisse ich diese Momente oft, denn nach vier bis sechs Wochen hatte Fabienne keine Lust mehr, auf meinem Bauch zu liegen. Die Welt um sie herum war so viel spannender, als dass sie einfach nur schlafend auf Daddys Brust rumgammeln wollte.

Es gibt auch heute zahlreiche schöne und innige Momente, aber diese vier Wochen waren für mich der Grundstein für unsere Vater-Tochter-Beziehung, die ich ein Leben lang pflegen werde.

PS: An alle »Neuväter«: Nehmt dieses Kapitel ernst, ihr werdet es nicht bereuen, rennt nach der Arbeit nach Hause, schmeißt eure Aktentasche zur Seite, gebt eurer Frau einen Kuss und schnappt euch euer Kind und genießt jede Sekunde!

Schlafen, schlafen, schlafen

Es gibt ja Dinge, die man erst so richtig vermisst, wenn man sie nicht mehr hat. Mit einem Neugeborenen im Haus ist das zum Beispiel mit Schlaf der Fall. Im normalen Leben eine Selbstverständlichkeit und auf einmal ein kostbares Gut. Ich war durch den Dauerstress eigentlich am ersten Tag, an dem Fabienne zu Hause war, schon angeschlagen, da hatte Antje bereits fünf Tage auf dem Buckel. Antje übernahm die zwei Nachtunterbrechungen um zwei und um fünf Uhr. Um 6.45 Uhr sagte ich ihr dann: »Bleib liegen, ich mach das schon.« Ich musste sie ganze zwei Sekunden überreden, dann schlief sie auch schon.

Ich wickel die Kleine und danach gibt es noch schnell das Fläschchen, das ist doch ein Kinderspiel!, dachte ich. Ich stellte jedoch fest, dass man entweder als Krake oder als Mitglied des Zirkus Roncalli geboren sein muss, um das alles alleine und mit Kind auf dem Arm zu regeln. Wenn die Kleine wach wurde, dann meist mit demselben Ritual: Erst bewegte sie den Kopf von links nach rechts, dann fing sie an zu schmatzen und nahm ihre Hand in den Mund, um daran zu nuckeln. Jetzt wusste man: Der Countdown läuft, gleich wird sie anfangen zu schreien, jetzt haste Stress!

Also die Kleine schnappen, rauf auf die Schulter und ins Bad rennen, die Flasche aufdrehen mit der dritten Hand, da die erste das Baby und die zweite den Kopf hält! Also irgendwie die Flasche in die Aufwärmvorrichtung stellen. Langsam hat man Schweiß auf der Stirn. Das Thermometer in die Milch und beobachten, wie die Temperatur auf exakte 36 Grad steigt. Sekunden werden zu Stunden, die Kleine lutscht an meiner Männerbrust und verpasst mir fast einen Knutschfleck. Man beginnt Müll zu erzählen, um die Wartezeit für die tickende Zeitbombe zu verkürzen, denn man will sie ja unbedingt vom Schreien abhalten, die Angetraute schläft ja nun mal selig. 33,1 ... 33,2 ... Komm schon, bitte! 35,8 ... 35,9 ... 36! Perfekt, doch was ist das? 36,1 ... 36,2 ... Es steigt und steigt, weil das blöde Thermometer zeitversetzt misst. Ich reiße die Flasche aus der Vorrichtung, doch die Milch ist bereits jenseits der 40 Grad. Ich drehe den Wasserhahn kalt auf, um die Kehrtwende zu schaffen, parallel die ersten Schreie. 39,9 ... 39,8. Ich werde wahnsinnig. Schlussendlich weiche ich von meiner perfekten 36-Grad-Vorstellung ab und denke, irgendetwas zwischen 30 und 40 wird schon passen, Hauptsache, sie bleibt ruhig! Flasche zu, Spucktuch auf die Schulter und los geht's. Sie trinkt, als ob sie die Wüste Gobi durchschritten hätte und gerade noch dem Hungertod von der Schippe gesprungen wäre. Dann Pause, auf die Schulter legen, Rücken streicheln in der Hoffnung auf ein kräftiges »Schulz« und wieder auf den Rücken, weitertrinken.

Irgendwann trinkt sie dann so hektisch, dass sie einen Schluckauf bekommt, aber nicht so ein kleines Hicksen, sondern im Sekundentakt – man denkt, man hat einen kleinen Hund im Arm. Ich lasse mich zurückfallen auf die Aufblascouch, meine geheime Zuflucht, falls ich doch mal nachts flüchte, und lege die Kleine auf meine Brust und streichle sie. Nach einer Weile stelle ich fest, dass meine Füße, die sich noch auf dem Boden und im Freien befinden, doch recht kalt werden. Aber wie soll ich mich jetzt möglichst bewegungslos ins Bett hieven, auf einem Aufblasbett, ohne dass die Kleine aufwacht?! Auf der anderen Seite, denke ich, als Zirkusartist mit der Flasche finde ich auch jetzt eine Lösung.

Zuerst probiere ich den linken Fuß in die rechte Kniekehle zu stecken und dann umgekehrt, um sie aufzuwärmen. Das geht so lala. Also versuche ich auf dem Rücken liegend eine Art Breakdance-Raupe, bloß umgekehrt, um auf dem extrem schwankenden Aufblasbett nach und nach weiter auf das Bett zu kommen, immer in der Hoffnung, dass Fabienne nicht aufwacht. Irgendwann liege ich dann schweißgebadet komplett im Bett, und natürlich ist mir jetzt zu heiß, um mich zuzudecken.

Nach gefühlten Stunden ist Fabienne dann endlich eingeschlafen … denke ich … Also ganz vorsichtig zum Kinderbett, das frisch Geschlüpfte artgerecht auf den Rücken gelegt, die bekannte Spuckwindel in die Nähe der Nase, damit sie sich heimisch fühlt, und dann wie im Film »Die Pinguine aus Madagaskar« den Rückzug antreten. Licht aus und endlich im Bett mache ich die Augen zu und höre schon ein leichtes Wimmern und weiß: In zwei Minuten geht der Spaß von vorne los.

Die Angst schläft mit

Der Ausdruck »plötzlicher Kindstod« schwebte die gesamte Schwangerschaft und auch nach der Geburt immer in unseren Köpfen herum. In meinem vielleicht sogar noch öfter als in dem meiner Frau, aber ich versuchte, mir das nicht anmerken zu lassen. Wir waren keine ausgesprochene Risikogruppe. Keine Drogen, kein Alkohol, Antje hatte vor der Schwangerschaft ab und an mal eine Zigarette geraucht, wenn sie wegging, was total selten der Fall war, und wir hielten uns an alle Empfehlungen, die wir zu dem Thema ergattern konnten.

Einerseits versuchten wir uns immer wieder damit zu beruhigen, dass es nur 280 Kindstode im Jahr auf 250 000 Neugeborene gibt, andererseits sagt das wahrscheinlich jeder. Hinzu kamen einige Berichte über Prominente wie Hardy Krüger jr. und Luca Toni, die auch nicht gerade zur Risikogruppe Nummer eins gehörten.

Besonders gefährdet sind Kinder zwischen dem zweiten und vierten Monat, deshalb sollen sie möglichst immer auf dem Rücken schlafen. Unsere Tochter wollte aber in den ersten Wochen nur auf dem Bauch einschlafen. Das machte uns schon sehr unruhig, und wir gingen lieber einmal mehr nach ihr sehen als zu wenig. Nach circa sechs Wochen schafften wir es, sie auf die Seite zu legen, sodass sie so einschlief, aber auf dem Rücken, das ging immer noch nicht.

Ein weiteres Risiko schlief direkt neben mir. Antje war immer eher zu kalt als zu warm, mit Ausnahme der Schwangerschaft, in der das genau umgekehrt war. Ihr Frieren projizierte sie auch auf unser Kind, und so versuchten wir zwar das Kinderzimmer immer auf die empfohlenen 18 Grad herunterzukühlen, aber Antje zog der

Kleinen oft zu dicke Sachen an, sodass ich sie teilweise nachts umziehen musste, weil sie zu sehr geschwitzt hatte. Auch das führte zu zahlreichen angstvollen Diskussionen.

Einen Schlafsack lehnte die Kleine komplett ab, sie zappelte und schrie wie am Spieß, wenn sie ihre Füße nicht frei bewegen konnte. Das hat sie, glaube ich, von mir geerbt und mit diesem Verständnis legten wir sie unter eine normale Decke, die wir zwar, so gut es ging, zu befestigen versuchten, aber der kleine Zappelphilipp schaffte es häufig, die Decke in alle Richtungen zu werfen, genau wie die Kuschelwindel, die häufig über dem Gesicht lag. Daraufhin befestigten wir zwei Haargummis um die Windel, und mit dieser Rolle war es dann okay.

Der richtige Schocker jedoch kam Ende des vierten Monats. Fabienne hatte sich im Bett von alleine auf den Bauch gedreht und kam so nicht mehr hoch und weinte. Als ich ins Zimmer kam, hatte sie ein Hohlkreuz, als ob sie rückwärts ihre Füße packen wollte, lag aber mit ihrem Gesicht nach unten. Ich war von einer Sekunde auf die andere schweißnass, riss die Kleine hoch und drückte sie so fest, dass allein das schon zum Genickbruch hätte führen können. Was sollten wir bloß tun, das machte uns richtig Angst.

Ich stöberte in zahlreichen Foren, doch überall hieß es im Grunde nur: Wenn sich das Kind von alleine dreht, dann ist das okay. Das verstand ich nun überhaupt nicht. Warum ist es dann okay? Sie liegt doch dann auch auf dem Bauch und ist gefährdet!

Die einzige Chance sah ich darin, dass sie lernte, sich selbst auch wieder auf den Rücken zu drehen. Das Problem an der Sache war nur, dass sie zwar Oberschenkel wie Gerd Müller hatte, aber die Oberarme doch noch recht schwach waren. An Liegestütze oder Klimmzüge war also noch lange nicht zu denken. Trotzdem probierten wir immer mal wieder, sie beim Spielen auf den Bauch zu legen und mit ihr gemeinsam die Kehrtwende zu schaffen.

Ich weiß jedoch genau, wie nach den ersten zwölf Wochen der Schwangerschaft (die ja als besonders kritisch gelten, da es in der Zeit oft zu Fehlgeburten kommt) werde ich erst drei Riesenkreuze machen, wenn sie ihren ersten Geburtstag hat und diese Angst endlich begraben werden kann.

Das erste Mal windeln

Bevor ich Vater wurde, war meine Wunschvorstellung, dass mein Kind, wenn ich mal eins bekomme, nicht aufs Klo muss, sondern einfach nur ein kleines rosa Päckchen, mit Schleife drum, geruchsneutral in den Mülleimer schmeißt. Doch bei diesem Thema ist nichts härter als die Realität.

Wenn ich ehrlich bin, habe ich am Anfang jede Gelegenheit genutzt, um mich vor dem Windeln zu drücken. »Schatz, ich mach schon mal die Flasche, du kannst sie ja schon mal windeln« wurde zu einer Art Standardspruch, und meiner Frau machte das auch augenscheinlich nichts aus! Danach übernahm ich dann sehr gerne das frisch gewickelte, gebadete und eingecremte Kind und gab ihm die Flasche mit dem Gefühl: Puh, wieder mal davongekommen.

Ein Freund von mir erklärte mal: »Weißt du, warum Frauen das mit dem Windeln besser hinbekommen? Weil sie durch die Nabelschnur mit dem Kind verbunden waren, deshalb macht ihnen der Geruch nicht so viel aus. Das ist so, als wenn sie selbst aufs Klo müssen, da wird ihnen ja auch nicht schlecht, wenn sie ihre eigene Kacke riechen!«

Mir leuchtete das total ein, ohne dass ich bis heute weiß, ob das wirklich der Wahrheit entspricht. Antje verzog jedenfalls beim Windeln nie die Miene, ganz im Gegenteil! Am Anfang hatte die Kleine ein paar Wochen Schwierigkeiten mit dem Stuhlgang. Antje schnappte sich dann Fabiennes Beine, winkelte sie wie von der Ärztin beschrieben an und schwebte minutenlang mit ihrer Nase über dem ständig wachsenden Haufen, wobei sie Fabienne immer lobend animierte, doch weiterzudrücken.

Natürlich kam der Tag der Tage. Antje war beim Friseur, ich war mit der Kleinen alleine und gab ihr die Flasche. Und da legte die Kleine los ... Man sieht das dann irgendwann schon, wenn das Kind wie ein Ninja Turtle auf einmal den Kopf einzieht, der Hals ist weg und es knattert in der Hose vom Allerfeinsten.

Was machst du jetzt? Du kannst das Kind ja so nicht ins Bett legen und zu deiner Frau nach drei Stunden sagen: »Ach, echt? Die Kleine musste mal? Ist mir gar nicht aufgefallen«, obwohl die ganze Bude stinkt wie eine römische Kloake.

Sei ein Mann, Thomas, und stell dich dieser Situation. Also legte ich die Kleine auf den Wickeltisch und zog sie aus. Noch einmal tief durchatmen, bevor ich die Windel öffnete, und dann Augen zu und durch. Die Windel schmiss ich erst mal neben den Wickeltisch, damit das Gröbste aus meiner Nähe entfernt war, aber auch der Rest reichte aus für Tränen in den Augen und einen leichten Brechreiz.

Alles abwaschen und dich immer wieder leicht zur Seite drehen zum Durchatmen. Alles trocken wischen und eine neue Windel um. Doch von Anfang an war es für unsere Tochter ein Riesenspaß, vorzugsweise in eine frische Windel, wenn nicht ihr großes, wenigstens ihr kleines Geschäft Sekunden nach dem Anziehen zu verrichten. Und das tat sie natürlich auch bei meiner Premiere!

Heute ist das Windeln, egal, wie voll sie ist, wirklich eine lockere Routine geworden, aber die Anfänge waren ein echter Kampf.

Über die Bemerkung meines Vaters: »Warte erst mal ab, wenn sie feste Nahrung oder Brei bekommt, das stinkt erst mal, dagegen ist das noch gar nichts«, denke ich jetzt erst mal nicht nach, weil das für mich ohnehin unvorstellbar ist.

Mutation zum Hausmann

In meinem ganzen Leben war ich eigentlich nie der Ordentlichste. Ich liebe es zwar, wenn alles aufgeräumt ist, aber dass ich selber dafür sorgen muss, war immer eher lästig. Seitdem Fabienne auf der Welt ist und eigentlich auch schon in den Monaten davor entwickelte ich mich aber mehr und mehr zum Hausmann, ohne es so richtig zu bemerken.

Ich half Antje im Haushalt mit der Wäsche oder dem Aufräumen so gut es meine Zeit erlaubte, und unser Morgen war irgendwann ein fest eingespieltes Programm. Wir wachten beide vom ersten Tirallalla unserer Tochter auf. Wir gingen zusammen an ihr Bett, um uns gemeinsam zu freuen, wie sehr sie uns anlachte. Einer von uns nahm sie aus dem Bett, der andere bereitete die Milch vor.

Dann machte ich uns Frühstück, während Antje die Kleine fütterte und wusch und ihr etwas Neues anzog. Danach saßen wir eine Weile zusammen, bis ich dann losmusste, und so ging das eigentlich so gut wie jeden Tag.

Zusätzlich eignete ich mir allgemeines Baby-, Haushalts- und Frauenwissen an, um mir in der Männerwelt einen wichtigen Vorsprung zu erarbeiten. Wussten Sie schon, dass vor der 1er-Nahrung die Pre-Nahrung kommt und dass es neben Hipp auch noch Aptamil, Humana, Milasan und hundert andere Anbieter gibt? Oder dass es spezielle Waschmittel für Kinder gibt und dass man bunte von weißer Wäsche trennen muss? Ich jetzt schon, und ich frage mich manchmal: Habe ich dieses Wissen gegen meine Coolness eingetauscht?

Bin ich jetzt einer dieser Carsharing nutzenden, »Ich weiß genau, an welcher Tankstelle es heute das billigste Benzin gibt«, »Bei Aldi sind heute Socken im Angebot«, streberhaften Snobs? Auf jeden Fall versuche ich mich mit Händen und Füssen dagegen zu wehren und ein cooler Daddy zu sein oder wenigstens ein lustiger.

Andererseits hat es auch etwas für sich, wenn man die wichtigsten Grundregeln, die für ein Baby wichtig sind, aus dem Effeff weiß: eine gut gepackte Wickeltasche, die einem auch bei einer zeitlichen Planänderung alle Optionen offenhält, wenn man mit der Brut mal unterwegs ist; die richtigen Tropfen in die Milch gegen Blähungen, um einer Schreiattacke nach der Fütterung aus dem Weg zu gehen, all das weiß man heute, und das ist gut so.

Die Veränderung im Kopf, dass der Austausch eines Sportwagens gegen einen Kombi richtig ist, fühlt sich nach der Geburt überhaupt nicht mehr so schlimm an wie die Aussicht auf den Tausch.

Wichtig ist, glaube ich, dass man sich selbst nicht zu ernst und das ganze Kinderkriegen mit viel Humor nimmt.

Endscheidend bleibt am Ende doch, dass das das eigene Kind einen cool findet, denn ob das beim besserwissenden Umfeld der Fall ist, ist doch eigentlich vollkommen egal.

Und so fiel mir jeden Tag ein neuer Blödsinn ein, um die Kleine zum Lachen zu bringen, und die Teamarbeit sorgte am Ende dafür, dass wir mehr zu dritt unternehmen konnten, und alleine dafür hat es sich gelohnt.

Kinder sind zerbrechlich

In den ersten Tagen nach der Geburt hatte ich das Gefühl, das kleine Etwas da ist aus Glas oder Porzellan. Man will es möglichst in Zeitlupe und um Himmels willen ganz vorsichtig aus dem Bettchen nehmen und total sanft in den Arm legen und flüstert möglichst noch dabei, damit das Trommelfell nicht verletzt wird. Kriegt es so genügend Luft? Halte ich sie so richtig? Pass bloß auf mit dem Kopf, dass der nicht nach hinten fällt. Man fühlt sich so unbeholfen wie Balu der Bär in der Mitte des Domino-Days oder wie der altbekannte Elefant im Porzellanladen. Und wenn man dann das erste Mal eine der Krankenschwestern sieht, wie sie beherzt das Kind hochreißen und in meinen Augen durch die Gegend schleudern, liegt klar auf der Hand, dass das Kind garantiert ein Schleudertrauma oder andere bleibende Schäden davonträgt!

Frauen haben da anscheinend einen angeborenen Instinkt, wie sie das alles so machen, denn ich hatte keineswegs das Gefühl, dass wir alles zu hundert Prozent und ausreichend erklärt bekommen haben, bevor uns das Krankenhaus in die freie Wildbahn entließ. Ich fand das am Anfang auf der einen Seite alles sehr spannend, hatte aber auf der anderen Seite eine gehörige Portion Respekt vor der Konsequenz, wenn ich etwas falsch machen würde. Der Durchschnittsmann ist doch eher auf Axt, Meißel, Kettensäge und Vorschlaghammer geeicht und nicht auf so ein kleines zerbrechliches Wesen.

Und so musste ich mich an viele Dinge erst mal rantasten. Alleine beim Anziehen hatte ich das Gefühl, alles falsch zu machen. Bei der Körperpflege war auch so viel zu beachten, dass ich mir kurzfristig überlegte, einen Spickzettel hinter den Wickeltisch zu heften. Die Sache mit der Creme war am Anfang auch nicht so mein Ding. Ich liebte es zwar, wie die Kleine danach roch, aber ich erinnerte mich zu sehr an die Zeit, in der mich meine Mutter immer mit einer großen blauen Nivea-Dose tyrannisierte, indem sie mir gefühlte zwei Kilo Creme ins Gesicht klatschte. Ich kann mich an kaum etwas vor meinem fünften Lebensjahr erinnern, aber daran schon.

»Komm, wir gehen noch spazieren, ich zieh mich schon mal an, wickel du doch noch schnell die Kleine und crem sie schön ein«, zwitscherte mir Antje eines schönen Tages zu. Das mit dem Windeln hatte ich ja langsam drauf, also was soll's, auch das Eincremen kriegte ich wohl hin. Unterschätzt habe ich, wie ergiebig so eine Creme sein kann. Also erntete ich einen Riesenlacher meiner Frau und einen Aufschrei: »Lass alles so, ich will ein Foto machen.« Und schon rannte sie ins Wohnzimmer und schoss zurück, immer noch lachend. Als ich mir Fabienne dann wieder ansah, war mir klar, warum Antje sich überhaupt nicht mehr einkriegte. Sie sah aus wie ein Schneemann, besonders im Gesicht war alles weiß. Das Motto »Viel hilft viel« scheint bei Creme nicht aufzugehen.

Und dann hat man natürlich immer diese Horrorstorys

im Ohr von Kindern, die zum Beispiel vom Wickeltisch gefallen sind. Könnte mir doch nicht passieren, dachte ich
immer, wie kann man so blöd sein?! Aber schon bald machte die Kleine so schnell eine ruckartige Bewegung, dass es
mich nicht gewundert hätte, wenn sie kurz mal einen Salto
rückwärts mit eingedrehter Schraube hingelegt hätte und
die Nachbarn Schilder aus dem Fenster gehalten hätten,
auf denen steht: »Zehn Komma null.« Ich selbst war natürlich tierisch erschrocken und wusste, es müssen Maß-
nahmen getroffen werden.

Also legte ich rings um den Wickeltisch dicke Kissen als
Polster, umrandete die harten Kanten mit Gaffa-Tape und
legte eine neue Logistik fest. Der Wickeltisch wurde sozusagen meine Kommandobrücke, von der ich als Wickelka-
pitän natürlich nie wegdurfte. Und so wusste ich ab sofort: Windeln links vom Baby, davor die Schale mit Creme,
Ohrenpads und Watte. Einen Handgriff nach unten liegen
die Spuckwindeln, in der Schublade darunter Ersatzwin-
deln. Links neben dem Wickeltisch die Kurzarmbodys, die
Langarmbodys daneben, noch weiter links die Schlafan-
züge und Strampler. Alles ab sofort in der Reichweite, die
es mir erlaubte, Fabienne mit einer Hand von neuen sportlichen Turnhochleistungen abzuhalten und so dafür zu sorgen, dass sie ihre Einschulung unversehrt erlebt.

Augen auf, ich komme!

In den ersten drei bis vier Wochen haben Kinder die meiste
Zeit die Augen geschlossen. Es sieht sogar sehr anstrengend
aus, wenn sie versuchen, in die große Welt zu blinzeln. Und
ich musste lernen, sehen können sie auch mit geöffneten Au-

gen in den ersten Wochen nicht so richtig gut. Auf kurze Distanz schaffen sie es meist, aber weiter weg ist es schwierig.

Wir erfuhren, dass in dieser Phase der Geruchssinn eine wesentlich wichtigere Rolle spielt. Daher unterließen wir es, uns mit Parfüm oder Aftershave einzudieseln, damit uns unsere Tochter schnell erkannte.

Ich konnte mich sehr gut in das Kind hineinversetzen, denn wenn man als älter werdender Mensch an Sehstärke verliert, fühlt man sich ja auch unsicherer als mit Adleraugen. In den ersten zwei Monaten hatte ich wirklich das Gefühl, Fabienne hat so gut wie rund um die Uhr die Augen geschlossen. Dazu kam, dass unsere Tochter in der ersten Zeit ja auch noch so klein und schwach war, dass sie beim Füttern meist sofort wieder einschlief.

Umso schöner war es aber, wenn sie etwas später die Augen ganz aufbekam und ich merkte, sie erkennt mich. Wenn dann noch ein breites Lächeln dazukam, dann war es um mich geschehen. Das kann ja heiter werden in 16 Jahren: »Papa, ich wollte schon immer gerne ein Mofa haben und alle in meiner Klasse haben ein iPad und ich brauche unbedingt neue Schuhe!« Augen auf, Lächeln ins Gesicht und schon glüht die Kreditkarte.

Ich genieße jetzt einfach die Zeit, in der es reicht, dass man Nahrung dabeihat und mit ein paar Plastikringen spielt, um die Kleine glücklich zu machen. Ich habe ja noch ein wenig Zeit, mir einen gewissen Schutzmechanismus gegen die Macht ihres Lächelns anzutrainieren, wobei ich mir im Moment noch kein Gegenmittel vorstellen kann.

Die Kombination aus Lächeln und den geöffneten Augen ist am Morgen am schönsten. Früher, als die Kleine noch nicht durchschlief, war das morgendliche Aufwachen nach zwei und sechs Uhr das dritte Mal, dass man aus seiner Tiefschlafphase gerissen wurde. Da schenkte man dem Ganzen noch nicht so viel Bedeutung und freute sich, wenn der andere das übernahm und man selber noch ein paar Minuten Schlaf abbekam.

Als unsere Tochter dann jedoch von 21.30 Uhr bis morgens um acht Uhr durchschlief, hatten wir oft ein Kopf-an-Kopf-Rennen, wer von uns als Erster ans Bett durfte, um diesen magischen Moment zu erleben.

Sie schrie gar nicht mehr, sondern es war eher ein gewisses Brabbeln oder Erzählen in der Übergangsphase zwischen Schlafen und Aufwachen, das unser Babyfon alarmierte. Wenn wir am Kinderbett ankamen, hatte sie meist schon die Augen auf und grinste über beide Ohren und begrüßte uns mit einem lauten Jauchzen.

Dann vorsichtig hochgenommen, kuschelte sie sich noch eine Minute an meinen Hals, bevor sie interessiert und noch leicht müde in der Gegend herumsah. Besonders angetan hatten es ihr alle Arten von Lichtern. Sobald Lichterketten oder Lampen in der Nähe waren, waren wir als Vater und Mutter total uninteressant.

Die Wickeltasche

Dieses Accessoire ist das Wichtigste im Leben junger Eltern und wirklich unverzichtbar. Als ich sie gekauft hatte, habe ich mich eigentlich nur über den Preis geärgert, denn ich dachte mir: Wie kann ein Stück Stoff so teuer sein wie ein Abendessen für vier Personen inklusive einer Flasche guten Weins? Wozu braucht man überhaupt eine Tasche zum Wickeln? Kann man nicht einfach zwei Windeln in die Hosentasche stecken und dann ist gut? Aber ich musste feststellen, dass sie jeden Cent wert und gut durchdacht ist und keineswegs nur für die Windeln da.

Wenn man mal erlebt hat, wie es ist, wenn man unterwegs ist und sich der Plan, zur Essenszeit des Kindes wieder zu Hause zu sein, auch nur um eine halbe Stunde verzögert, dann weiß man, was Terror ist. Wir hatten es erlebt und waren von dem Geschrei, bis wir wieder unsere Wohnung erreichten, schweißgebadet und fix und fertig! Die Wickeltasche hatten wir zwar dabei, aber die Milch hatten wir vergessen. Ab da machte ich es mir zur Aufgabe, die Tasche ordentlich zu packen und für jeden denkbaren Fall etwas dabeizuhaben: fünf Windeln, eine Wickelunterlage, einen Ersatzbody, eine Spuckwindel, ein Lätzchen, ein Fläschchen Tee, drei Beutel Babytee, ein Fläschchen Milch mit Milchpulver, Ersatzmilchpulver, falls es länger dauert, Tropfen gegen Blähungen, eine Thermoskanne heißes Wasser, einen Schnuller, Creme, Feuchttücher, Taschentücher, einen Nasenball, Pflaster, ein Kuscheltier. Wenn die Tasche so gepackt ist, kann einem eigentlich kaum etwas passieren und jeder Ausflug ist so meist sehr entspannt.

Das Problem an einer Wickeltasche ist leider, dass sie funktioniert wie eine Waschmaschine. Jeder hat doch schon mal kopfschüttelnd vor der Waschmaschine gestanden und sich gefragt: Wo zum Henker sind ständig die zweiten Socken? Kein Mensch weiß es, sie sind einfach weg.

Genauso ist es bei der Wickeltasche! Irgendwas fehlt immer, und man ist sich ganz sicher, dass man das vorher garantiert mit eingepackt hat. Besonders klasse ist es doch zum Beispiel, wenn man zwar ausreichend frische Windeln dabeihat, aber keine Feuchttücher oder Taschentücher und Madame einen Haufen legt, der sich aber mal so was von gewaschen hat. Oder noch besser, man hat die Windeln gleich ganz vergessen. Mann, war das ein Spaß, der Kurz-armbody, mit dem ich die Sauerei entfernt hatte, wurde auch gleich im nächsten Mülleimer entsorgt.

Ganz pragmatisch schrieb ich die wichtigsten Utensilien auf, druckte mir diese Liste aus und steckte sie in die Tasche. So konnte ich ab und zu den Inhalt der Tasche noch einmal durchgehen.

Und ich habe gelernt: Wenn ich weiß, ich will mit der Kleinen raus, dann prüfe ich die Tasche nicht erst, wenn es losgehen soll, sondern einen Tag früher oder mindestens in der letzten Schlafpause. Wartet man nämlich bis es losgeht, dann kann es passieren, dass das Kind beim Anziehen einen Teufelstanz aufführt, sodass man gewillt ist, einen Exorzisten zu buchen. In dieser lauten Hektik ist es vorprogrammiert, dass man einfach wahllos die Sachen zusammenschmeißt und mit dem schreienden Kind auf dem Arm das Weite sucht. Und dann kann man auch gleich auf die nächste blöde Situation warten, die sich ergeben wird, sobald man merkt, was man diesmal wieder vergessen hat.

Die erste Impfung

Nach circa drei Monaten standen die erste Impfung sowie die sogenannte U3 auf dem Programm. Mit den ganzen U kannte ich mich eh nicht aus und dachte nur, irgendeinen Sinn wird das schon haben, macht ja schließlich jeder. Bei der U1 und U2, die beide noch im Krankenhaus am fünften Tag auf einmal stattfanden, hatte ich das Gefühl die Kinderärztin wollte nur zählen, ob alle Finger und Zehen dran sind. Das dauerte so etwa drei Minuten und danach stritt sie sich mit meiner Frau eine Viertelstunde darüber, ob man der Milch Fluor beimischen soll oder nicht.

Die U3 konnte daher in meinen Augen auch nichts Aufregendes sein. Das Besondere war eher, dass es auch um mehrere Impfungen ging. »Da bin ich raus, das kann ich nicht«, winkte meine Frau von vornherein ab. »Das musst du machen, so was kann ich nicht, das bringe ich nicht übers Herz.«

Na klasse, sie wollte aus Superdaddy also in den Augen unserer Tochter den Rabenvater machen, aber auch wenn ich diesen heimtückischen Plan sofort durchschaute, was sollte ich tun? Also schnappte ich mir die Kleine und zischte mit ihr zur Kinderärztin.

Im Wartezimmer erwarteten uns schon zahlreiche Eltern mit ihren Bazillen schleudernden Hustkindern. Man müsste sich bereits impfen lassen, bevor man diese Keimhölle betritt, dachte ich, während ich der Sprechstundenhilfe meinen, äh, ich meine unseren, Mutterpass über den Tresen reichte. Ich setzte mich etwas separat, um wenigstens ein wenig Abstand zur überall lauernden Ansteckungsgefahr zu halten, und fühlte mich ein wenig wie Monk.

Als wir ins Behandlungszimmer gerufen wurden, sollte ich Fabienne schon mal ausziehen und unter eine warme Lampe legen. Die Ärztin war eine Bekannte von uns und daher hoffte ich, dass sie besonders sanft mit unserem Sonnenschein umgehen würde. Das tat sie auch, wobei sie neben dem Abhorchen der Lunge und des Herzens, den Ohren- und Mundchecks auch zahlreiche Übungen, Verrenkungen und Falltechniken ausprobierte, um zu sehen, ob die Kleine im richtigen Entwicklungsstadium war. Ich war des Öfteren dazu geneigt einzuschreiten, da ich fast mehr erschrak als unser Kind.

Und dann kam der Moment, vor dem ich mich die ganze Zeit gefürchtet hatte: Die Ärztin kam mit einer Nierenschale, in der sich die Schluckimpfung und zwei Spritzen befanden, die für mich so groß aussahen wie der Fernsehturm.

Die Schluckimpfung war nicht so schlimm, die schien ihr sogar recht gut zu schmecken. Doch dann zog die Schwester die Spritzen auf, und ich sollte den nichtsahnenden Säugling ablenken. Ich kam mir dabei wie ein Verräter vor. All die Faxen, die ich mit ihr machte, um sie zum Lachen zu bringen, waren in diesem Moment nur der heimtückische Plan, sie von den zwei Pieksern abzulenken und dem Schmerz, den sie noch nie erlebt hatte.

Bei der ersten Spritze traf mich ihr verwunderter Blick wie ein Stich ins Herz, bevor sie unglaublich tief Luft holte, wobei ihr schon die erste Kullerträne über die Wange lief. »Am besten, ich piekse die zweite direkt in den Einatmer, dann hat sie es schnell hinter sich«, sagte die Ärztin und hatte auch schon den zweiten Oberschenkel mit ihrem Folterinstrument drangsaliert.

Fabienne ließ einen ohrenbetäubenden Schrei los und ich schnappte sie mir Sekunden später auf die Schulter, um sie zu beruhigen. Ich bin Manns genug, um zuzugeben, dass auch ich mir ein paar Tränen wegwischen musste.

Liebe Tochter, ich verspreche dir, diese Situation beim Arzt wird die einzige im Leben sein, in der ich dich auf die falsche Fährte gelockt habe, und glaube mir, mir tat es mehr weh als dir.

Den Schreicode knacken

Schon immer hatte ich Schwierigkeiten damit, ein Mädchen oder eine Frau weinen zu sehen. Genauso ging es mir mit meiner Tochter, es war bloß ungefähr eine Million Mal schlimmer. In den ersten Wochen war es ja ohnehin schwierig, genau zu wissen, warum die Kleine nun weinte, aber das Schlimmste ist ein Weinen, das man selbst verursacht hat. Ich glaube, meiner Frau geht es genauso.

Einmal ging ich mit Fabienne auf dem Arm vom Kinderzimmer ins Bad und streifte dabei mit ihrem Arm den Türrahmen. Ich hatte es kaum gemerkt, aber so ein kleiner Babyarm ist eben sehr empfindlich. Meine Tochter weinte bitterlich und ich konnte sie kaum beruhigen und mir ging es hundeelend dabei. Ich entschuldigte mich Dutzende Male, pustete auf ihren Ellbogen, sang »Heile, heile, Gänschen«. Irgendwann beruhigte sie sich und es war wieder gut. Jedenfalls für sie, für mich keineswegs, denn ich fühlte mich noch tagelang schuldig.

Genau wie meine Frau, die im Spieleifer im parkenden Auto unsere Tochter mit dem Kopf gegen die Decke stieß. Da waren meine zwei Frauen eine halbe Stunde am Weinen und ich konnte so gut wie nichts dagegen tun. Solche Dinge passieren, das mussten wir schmerzhaft lernen, aber wenn man sein Kind liebt, dann tut es jedes Mal verdammt weh!

Dass das Kind in so einer Situation weinte, lag auf der Hand, aber auf der anderen Seite war das Weinen oder Schreien ja generell die einzige Kommunikationsmöglichkeit für Fabienne.

Es dauerte eine ganze Zeit, aber es gelang mir, den Schreicode unseres Babys zu knacken. Nicht immer, muss ich zugeben, aber immer öfter. Ich hatte mir ja vorgenommen, hier keinen Ratgeber zu schreiben, sondern ich hoffe, durch meine selbst erlebten Anekdoten und umkurvten Katastrophen kann sich jeder nach Lust und Laune das rauspicken, was für ihn passt, und über den Rest einfach nur schmunzeln. In diesem Fall will ich eine Ausnahme machen, da ich von so vielen Freunden angesprochen worden bin, die den Code eben nicht geknackt hatten und kurz davor waren, ihr Kind zur Adoption freizugeben.

Hunger: Für mich war das die häufigste Schreiart überhaupt. Besonders am Anfang, als sich unsere Tochter noch nicht zu hundert Prozent sicher war, dass gleich die Flasche kommt, verlieh sie dem Wunsch nach selbiger oft von einer Sekunde auf die andere Nachdruck.

Lösung: Füttern! Am besten stellt man schon 30 Minuten vor der nächsten Fütterung das vorbereitete Fläschchen warm. Mit der Zeit weiß man ja ungefähr, wann der kleine Bandit Hunger bekommt, daher ist es gut, gleich von Anfang an feste Zeiten einzuführen und das Kind teilweise zu »ziehen«, also nicht gleich beim ersten Mucks die Flasche geben. Das klappt prima, wenn man zum Beispiel nach dem Wickeln noch einen Moment mit dem Kind auf dem Wickeltisch spielt. Diese häufige Schreiart lässt sich also leicht beheben.

Müdigkeit: Beim Thema Schlafen hatte ich den Eindruck, dass das Kind am Anfang gar nicht begriffen hat, dass es müde war, und einfach geschrien hat, weil es davon genervt war, noch wach zu sein. Das wurde von mir oft verwechselt mit der Idee, das Kind wolle einfach meine Zuneigung, dabei dachte es wahrscheinlich bereits: Alter, kapierst du es jetzt mal langsam? Ich will schlafen, aber dalli! Je mehr ich also durch Kuscheln das Kind versuchte zu beruhigen, desto lauter schrie es. Als ich es dann hinlegte, schlief es teilweise von einer Sekunde auf die andere.

Lösung: Hinlegen. Am Anfang hatte unsere Tochter einen Rhythmus von circa eineinhalb Stunden. Danach mussten wir sie hinlegen, weil sie eine Mütze Schlaf brauchte. Auch hier sind feste Schlafzeiten eine Riesenhilfe. Wir haben am Anfang auch den Fehler gemacht, das Kind in den Schlaf zu wiegen oder umherzufahren. Ganz falsch! Es muss lernen, alleine einzuschlafen, daher wach hinlegen, kurz streicheln und weg vom Bett.

Volle Windeln: Mit voller Windel schläft es sich schlecht, und daher wird das Baby irgendwann unruhig. Ich bin zwar der Meinung, man (oder meine Frau) kann es auch übertreiben, indem man bei jedem noch so kleinen Tropfen das Kind wieder auszieht und erneut wickelt, wobei es dann schreit, weil es das Anziehen hasst, aber generell sollte man eine volle Windel halt wechseln.

Lösung: Windel wechseln. Bei leichten Rötungen haben wir eine Zinksalbe verwendet, die dagegen half, dass sich das Kind durch die permanente Feuchtigkeit wund liegt. Laut meinem Freund, dem Apotheker, ist übrigens die Penaten-Creme unserer Jugend buchstäblich von gestern. Da gibt es heute bessere Cremes und Salben.

»Ich bin allein, allein, allein, allein, allein«: Besonders als ganz kleines Küken brauchte unsere Tochter viel Zuneigung. Sie verstand wahrscheinlich nie so richtig den Grund, warum man sie aus dieser kuschligen kleinen Einzimmerwohnung mit Vollpension und Zentralheizung, mietfrei, so einfach in die kalte Welt geschmissen hatte, und brauchte daher oft den vertrauten Herzschlag der Mutter oder von mir.

Lösung: Einfach auf den Arm nehmen, eine Decke drumwickeln und kuscheln.

Pupsalarm: Für mich lieferte sich das Schreien wegen Blähungen in puncto Häufigkeit ein Kopf-an-Kopf-Rennen mit dem Hunger. Zu jeder Tages- und Nachtzeit wurde gepupst bis zum Gehtnichtmehr. Aber das war gut so, denn noch schlimmer war es, wenn die Pupse nicht herauswollten. Aber irgendwie lag es ja auf der Hand, wenn man sich nur von Milch ernährt. Stellen Sie sich mal vor, wir würden jeden Tag ein Kilo Raclette essen, sicher sehr lecker, aber hallo!

Lösung: Sab-Simplex-Tropfen zum Beispiel in die Milch rühren. Bei Beschwerden mit dem großen Geschäft die Beine anwinkeln und vielleicht ein wenig mit einem Wattestäbchen nachhelfen.

Too much, too many people: Ein weiterer vermeidbarer Fehler war es, die Kleine zu schnell in Situationen zu bringen, in denen viele Menschen oder Eindrücke auf sie niederprasselten. Das konnte sie noch überhaupt nicht verarbeiten. Oft war sie in der jeweiligen Situation noch ganz brav und hat gelacht, aber dann zu Hause, wenn sie anscheinend über die ganzen Hackfressen nachgedacht hat, die sie im Laufe des Tages hatte sehen müssen und die ihr mit ihrem »Ach, ist die Kleine süß« auf die Pelle gerückt waren, da fing sie manchmal an wie wild zu schreien und es dauerte auch eine Weile, bis wir diesen Zusammenhang begriffen hatten und von solchen Ausflügen lieber die Finger ließen.

Lösung: In den ersten vier Monaten lieber nur kurze Ausflüge mit wenigen anderen Menschen, zum Beispiel den Eltern oder Großeltern, unternehmen. Ab dem fünften Monat stecken die Kinder das dann besser weg.

Zahnen: Es begann mit Sabbern und roten Wangen und dann schien es sehr wehzutun, denn das Geschrei war ohrenbetäubend. Seit Langem schlief sie auch nicht mehr durch und wollte nachts gerne Tee haben, wahrscheinlich weil sie durch die Sabberei sehr viel Flüssigkeit verloren hatte. Das kann immer mal wieder vorkommen, da die Zähne nicht auf einmal kommen, sondern step by step.

Lösung: Beißringe kaufen, vorzugsweise mit Kühlkissen, und wenn es gar nicht anders geht, ein schmerzlinderndes Zäpfchen vor dem Schlafen geben. Tee tut auch gut, muss in der Zahnzeit auch nicht zwingend warm sein.

Kita des Grauens

Zu den vielen Dingen, die wir recht früh während der Schwangerschaft erledigen und keineswegs bis zur Geburt aufschieben wollten, gehörte, eine ordentliche Kita zu finden. Immer wieder vor uns hergeschoben, fiel uns dann aber erst ein paar Wochen nach der Geburt ein, dass wir so langsam mal auf die Suche gehen sollten.

Wir druckten uns eine Liste der Kitas unseres Bezirks aus dem Internet aus und fuhren in Kreisen um unsere Wohnung. Wir suchten nach einer Tagesstätte, die möglichst fußläufig zu erreichen war, damit Antje die Kleine jeden Morgen mit dem Kinderwagen hinbringen könnte.

Wir vereinbarten mit der ersten Leiterin einen Termin, ich zog mir einen Anzug an, Antje strapste sich auch ordentlich auf, schließlich wollten wir einen guten ersten Eindruck hinterlassen. Als wir im Eingangsbereich auf die Dame warteten, fiel uns auf, dass es doch recht unordentlich war. Überall rannten und schrien Kinder wie wild herum.

Die Kita-Leiterin begrüßte uns lässig mit einem niedlichen kleinen Knast-Tattoo auf der Hand, ach, wie süß, ein Delfin. Zwei weitere Erzieherinnen – oder sollte ich sagen Aufseherinnen – sahen aus, als ob sie gleich einige der Kinder mit ein paar Brotkrumen in ein Pfefferkuchenhaus locken wollten. Ein Erzieher klang, als ob er offene TBC hätte, und streichelte, nachdem er in seine Hand gehustet hatte, den Kindern zärtlich über den Kopf.

Antje schaute mich hilfesuchend an, als wir durch die Kita geführt wurden. In fast allen Räumen roch es, als ob zahlreiche Kinder das Versteckspielen variierten und einfach ihre vollgekackten Windeln versteckt hätten. Die wirklich süßen Waschräume konnten den Rest leider auch nicht mehr aufwiegen. Nachdem ein circa Sechsjähriger einer Dreijährigen seine Bauklötze auf den Kopf geschlagen hatte und diese dann heulend von der Kita-Leiterin getröstet wurde, erfuhren wir, dass es keine getrennten Altersgruppen gab. Von zwei bis sechs Jahren tobten hier alle gemeinsam über Tisch und Stühle.

Danach folgte noch eine oberpeinliche Fragerunde mit drei weiteren Müttern, die ähnlich paralysiert waren wie wir. Ich kam mir vor, als ob ich mich gerade mit aussagekräftigen Bewerbungsunterlagen vorstellen würde. »Bitte tragen Sie sich ein, wenn Sie Interesse an unserer Einrichtung haben, wir können Ihnen aber verbindlich erst im Ja-

nuar Bescheid sagen, ob Sie einen Platz erhalten werden.«
So langsam wurde mir die Sache echt zu bunt.

Lieber zahle ich den dreifachen Preis für ein Kinder-
mädchen, als mich hier weiter zum Horst zu machen. Wir
täuschten einen Termin vor, den wir leider noch wahrnehmen müssten, und verließen im Sauseschritt diesen Ort des
Schreckens und kriegten uns im Auto nicht mehr ein. Was
war das denn bitte? Da geben wir doch unser Kind nicht
hin! Wir waren wirklich total geschockt.

In den nächsten Wochen mussten wir jedoch schmerzhaft
feststellen, dass diese Kita kein Einzelfall war.

Zusätzlich erlebten wir unfassbare Szenen verzweifelter
Eltern, die wirklich händeringend einen Kitaplatz suchten
und bereit waren, dafür die bizarrsten Dinge anzubieten.
»Ich bin Ballettlehrerin und könnte bei Bedarf die Kinder unterrichten, wenn meine Kleine hier einen Platz bekommt.« – »Ich besitze eine Baufirma und habe gesehen,
die Sanitäranlagen müssten dringend mal renoviert werden, das könnte ich gerne übernehmen, wenn wir uns einigen.« – »Waren Sie eigentlich schon mal bei einem Konzert
in der O_2 World? Zufällig kenn ich den Geschäftsführer und
kann da sicher was machen.«

Unabhängig davon, wie schlecht wir dieses ganze Gefeil-
sche fanden, war es unfassbar, dass diese Bestechungsan-
gebote teilweise Früchte trugen. Auf der anderen Seite half
uns schlussendlich ein guter Freund mit einer Empfehlung
weiter, und so fanden wir die für uns optimale Kita irgendwie auch durch Vitamin B.

Anziehen ist Schrott

Das An- und Ausziehen von Kleidung ist für mich und jeden anderen Erwachsenen so ziemlich das Normalste von der Welt. Ich stehe auf, gehe duschen und ziehe mir etwas an. Ich komme nach Hause, ziehe mich aus, gehe duschen und dann ins Bett. Tausendmal geschehen und daher nichts Besonderes.

Anders sehen das Babys. Die finden Anziehen Schrott, und da ist unsere Tochter auch keine Ausnahme. Wenn es nach den lieben Kleinen geht, dann würden sie am liebsten den ganzen Tag nackt durch die Gegend rennen, im Höchstfall mit einer Windel bekleidet. In der kalten Jahreszeit ist das natürlich undenkbar, Kleidung muss sein.

Ich musste also lernen, dass, auch wenn ich es eigentlich nur gut meinte, meine Tochter das anders sah. Wenn sie auch bei fast allen Dingen unfassbar schnell lernte, beim Anziehen schien sie einfach nicht zu kapieren, dass es nur immer länger dauert, wenn sie sich mit Händen und Füßen dagegen wehrt. Und dann geht er los, der Kampf der Gladiatoren. Die Kleine schutzlos auf dem Rücken liegend auf dem Wickeltisch. Ich über ihr mit dem Kurzarmbody. Doch so schutzlos, wie ich denke, ist sie nicht, sie hat ihr Organ, und das setzt sie auch ein ab dem Moment, in dem ich versuche, ihr den Body über den Kopf zu ziehen. Dann den einen Arm in den engen Ärmel, das Schreien wird lauter. Beim Versuch, den zweiten Arm in den anderen Ärmel zu kriegen, habe ich das Gefühl, sie legt eine komplette Oktave drauf.

Ich denke, die Nachbarn haben längst bei Amnesty International angerufen, weil sie zahlreiche Menschenrechtsverletzungen vermuten. Dann unten diese blöden drei Knöpfe zusammenbekommen bei all dem Gestrampel. (Warum benutzen die eigentlich keine Magneten?)

Danach ist man zwar nervlich fast am Ende, aber dann folgt ja erst der Strampler mit genau demselben Prozedere und Getöse. Dann noch zwei Söckchen, und wenn man wirklich mit ihr rauswill, dann kommt jetzt das große Finale: als Erstes die Jacke und dann: DIE MÜTZE DES GRAUENS!

Wenn sie das generelle Anziehen schlimm fand, dann fand sie die Mütze mal so richtig beschissen. Ganz wichtig war es für mich in diesen Momenten, dass ich das alleine über die Bühne brachte. Wenn meine Frau mir beim Anziehen helfen wollte, dann wurde ich fast wahnsinnig, da mir dann alles doppelt so lange vorkam. Das waren die einzigen kurzen Momente, in denen es auch zu einem handfesten Streit hätte kommen können. Wenn ich der Meinung war, Jacke sitzt, Mütze auch, also sofort los, damit das Gebrüll möglichst schnell aufhört, wurde hier noch mal gerichtet und da noch mal zurechtgerückt, sodass ich hinter ihr fast die Wände hochging.

Die einzige Chance, die man jetzt noch hat, ist, schweißgebadet – so schnell es geht – die Kleine in die Babyschale zu kriegen, mit ihr runterzurennen und ab mit dem Kinderwagen auf das nächste Holpersteinpflaster. Auf diesem Untergrund hat man die beste Chance, dass sie wieder einschläft und die Foltereinlage mit dem Anziehen, so schnell es geht, vergisst.

Die Laute der Wale

Haben Sie auch schon von den Storys gehört, bei denen Eltern mit ihren Neugeborenen kreuz und quer durch die Stadt fuhren, weil es nur im fahrenden Auto endlich zur Ruhe kam?! Ich sage nur: Glauben Sie es!

Das erste Mal erwischte es uns so in der achten Woche. Wir waren für zwei Tage zu meinen Schwiegereltern gefahren. Ich war erkältet und dachte, dort kann ich mich ein wenig ausruhen und zurückziehen, denn auch die Kleine war ein wenig verrotzt und uns beiden tat die Pflege dort bestimmt gut. Doch am Abend klappten die sonst so langsam eingespielten Dinge leider nicht mehr so ganz. Fabienne weinte und weinte, aber wir wussten einfach nicht, warum. Das Ganze glich ein wenig dem Spiel »Tabu«, und wir versuchten irgendwie zu erraten, was uns unsere Tochter sagen will. Kinder haben in solchen Situationen eine Art Volume-Knopf in der Kehle. Wenn man ihrer Meinung nach nicht schnell genug die Lösung parat hat, dann wird der Lautstärkepegel alle paar Minuten lauter gedreht, bis man kurz vor dem Wahnsinn ist.

Die Windel war leer, der Bauch war voll, Bäuerchen wurde mehr als genug gemacht, also was war nur los? Fabienne schrie wie am Spieß, wollte keine Flasche, wollte nicht auf den Arm, nach zehn Minuten waren Antje und ich nur noch fix und fertig.

Ich sagte mir irgendwann: »Egal, dann folgen wir halt auch diesem Klischee. Wo sind die Autoschlüssel? Wir fahren jetzt ein bisschen durch die Gegend.« Antje kam mit, und nach sage und schreibe zwei Minuten war Fabienne eingeschlafen. Aber wie lange sollte man fahren? Reicht es, ein-, zweimal um den Block zu kurven, oder muss man von Berlin nach Hamburg und zurück fahren, damit man sicher sein kann, dass sie fest schläft? Wir entschieden uns für eine halbe Stunde, und das war okay. Als wir wieder am Grundstück von Antjes Eltern ankamen, versuchten wir uns nur mit Zeichensprache zu verständigen, um bloß nichts zu riskieren. Bevor ich die Autotür öffnete, hatte ich gerade noch daran gedacht, den Knopf des Innenlichts zu drücken, damit es beim Öffnen nicht anging. Vorsichtig hob ich die Babyschale aus dem Auto und balancierte wie beim Eierlauf das Kind in die Wohnstube. Ganz behutsam nahm ich sie aus dem Sitz heraus und legte sie in ihr Bett. Dort gab sie dann auch für circa zwei Stunden Ruhe, aber dann ging der Spaß wieder von vorne los.

Antje versuchte ihr Bestes, alle Tricks, alle Kniffe, doch es half nichts. Ich eilte ihr zu Hilfe, schnappte mir die Kleine und tänzelte umher. Immer noch keine Ruhe! Mit der Zeit waren unsere Nerven wirklich bis aufs Äußerste gespannt und jeder dachte, glaube ich: Das hat sie definitiv von dir. Ich sagte mir, wir können doch nicht mitten in der Nacht wieder mit der Karre losfahren!

Mein letzter Versuch, bevor ich die Autoschlüssel suchen wollte, war eine Art Walgesang, ein hoher und ein tiefer Ton. Ich weiß auch nicht, wie man in Situationen elterlicher Verzweiflung auf so einen Kram kommt, aber es half. Ich wiegte sie von links nach rechts und dann immer wieder dieser tiefe und dann der etwas höhere Ton. Ich war Free Willy, der mit dem Wolf tanzt, und Antje versuchte mir Kommandos zu geben wie: »Sie hat die Augen halb offen … Nein, jetzt sind sie geschlossen. Ich glaube, jetzt schläft sie, nein, sie ist wach.«

Es dauerte zwar noch gut eine Viertelstunde, aber dann tat sie uns den Gefallen und schlief ein. Ich legte sie ins

Bett, deckte sie zu und fiel mit Antje vollkommen kaputt auf die Couch. Und ich überlegte mir, ob ich diesen Hit nicht auf CD brennen und 250 000 Neuväter pro Jahr damit glücklich machen sollte, und den Gewinn würde ich der Babyschlafforschung spenden. Ein schöner Gedanke, mit dem ich innerhalb von Sekunden auch ohne Walgesang einschlief.

Alles anders, aber schön

Die erste Nacht alleine

Vor Fabiennes Geburt hatten Antje und ich uns fest vorgenommen, unsere Zweisamkeit nicht vollkommen aufzugeben. Wir waren abgeschreckt von Vollzeit-Müttern und -Vätern, die nur noch über die süßen, putzigen Kleinen redeten, sich austauschten über Kitaplätze und Folgenahrung und sich gegenseitig Papa und Mama nannten. Für uns der Tod der Erotik und der Anfang vom Altsein. Das wollten wir unbedingt verhindern, aber oft scheiterten wir bei dem Versuch. Natürlich gab es auch bei uns und unseren Freunden Gespräche, die sich nur um die Kleine drehten, und oft war die erste Frage meiner Großeltern am Telefon: »Und was macht die Kleine?« Und schon warst du komplett drin in dem Thema: »Schläft sie denn schon durch? Kriegt sie denn schon die ersten Zähnchen? Was braucht sie denn zu Weihnachten?«

Durch die Hilfe unserer Eltern schafften wir es jedoch, uns unsere kleinen Zeitinseln zu bewahren. Es ist ein absoluter Traum, Großeltern zu haben, die einen unterstützen können, wenn man selbst doch mal am Limit ist oder einfach Zeit für sich haben will.

Also fuhren wir zu Antjes Eltern, vollgepackt wie eine

türkische Familie, die mit dem Auto für sechs Wochen in die alte Heimat fährt, um für alle Eventualitäten gewappnet zu sein. Dort angekommen, erklärten wir meiner Schwiegermutter alles haarklein, wie wann was zu tun sei, und vergaßen dabei komplett, dass sie als Mutter von Zwillingen uns wohl dreimal vormachen könnte, wie das alles so funktioniert mit dem Großziehen der Kinder. Aber auch in der eigenen Familie fällt es einem doch sehr schwer, sich von der neugeborenen Prinzessin zu trennen. Antje heulte schon, als wir das Grundstück verließen. »Sollen wir lieber umdrehen und sie mitnehmen?«, bot ich als Frauenversteher an. »Nein, ist doch Quatsch, was soll schon sein, ich vermisse sie halt nur sehr.« Das kann ja heiter werden, wenn ihr Aggregatszustand schon nach nur drei Minuten so ist, dachte ich. Dennoch waren wir fest entschlossen, unseren ersten gemeinsamen Abend seit Fabiennes Geburt zu genießen.

Wir hatten uns alles haargenau ausgemalt. Keine Schlafunterbrechung, kein gehetztes Gespräch zwischen zwei Windeln. Nein, heute würde alles anders sein: romantische Stimmung bei Kerzenschein, die neuste Kuschelrockmusik runterladen und anhören, ein Dinner for two mit einer guten Flasche Wein und danach leicht angetütert ab in die Kiste und wilder, hemmungsloser Sex bis zum Morgengrauen.

Zu Hause angekommen, ließen wir uns erst mal auf die Couch fallen und kuschelten ein wenig und genossen ein bis zwei Folgen unserer Lieblingsserie. »Mensch, jetzt noch Essen machen, dann sieht die Küche wieder aus?! Wollen wir nicht lieber was bestellen?«, schlug Antje vor. »Ja, können wir gerne machen«, antwortete ich ihr schon leicht gähnend. Nach einer weiteren Folge, bei der wir beide zu faul waren, den Hörer in die Hand zu nehmen und beim Thai-Lieferservice anzurufen, schnappten wir uns auf dem Weg ins Schlafzimmer zwei Schalen Cornflakes, ein paar Kekse und zwei Gläser Milch. Im Nachhinein ist es für uns unerklärlich, wie wir es noch geschafft haben, die Schalen auf den Nachttisch zu stellen, und nicht am nächsten Morgen in einem See von Milch und Kekskrümeln aufzuwachen, denn statt des geplanten wilden Sex war das einzig Hemmungslose unsere Schnarcherei. Auch daran, wer von uns nach einer und wer nach zwei Minuten eingeschlafen ist, können wir uns nicht mehr erinnern.

So weit war es also gekommen, wir waren es zwar nicht, aber wir fühlten uns alt. Und trotzdem wachten wir am nächsten Morgen mit einem total glücklichen Gefühl auf. Wir lachten uns kaputt und verarschten uns den ganzen Tag gegenseitig. »Wow, du Sexgott! Mann, bist du gestern steil gegangen, hui, ich habe mich wieder wie ein Teenager gefühlt«, schmetterte mir meine Angetraute bei einem kräftigen Schluck Kaffee entgegen. »Du warst aber auch nicht schlecht, schade, dass ich die ganzen tantrischen Stellungen nicht mehr mitbekommen habe, die du so draufhattest.« Diese Zweisamkeit tat gut, auch wenn wir unsere Tochter schon wieder unheimlich vermissten.

Das erste Mal nach der Geburt

Es gab ja die miesesten Storys, die mir während Antjes Schwangerschaft so erzählt wurden, was den Sex nach der Geburt angeht.

Hier die schönsten:

»Wenn deine Frau das Kind auf natürlichem Weg auf die Welt bringt, dann zieh dich schon mal warm an. Selbst wenn sie keinen Dammschnitt bekommt, Sex kannst du dir erst mal über Monate abschminken.«

»Wenn das Kind erst mal da ist, dann bist du auf einmal immer nur die Nummer zwei, da dreht sich die ersten Jahre alles nur noch um das Kind, der totale Abtörner. Wenn du zwischen dem ganzen Gegacker dann ankommst und mal eine Andeutung in die Richtung machst, bekommst du noch eins auf den Deckel, von wegen, ob man gar kein Verständnis für ihre Situation habe, du Grobian.«

»Bei einem Kaiserschnitt musst du bedenken, da werden ja nicht nur der Bauch, sondern auch die Gebärmutter und alle Muskeln durchtrennt. Bis das mal wieder zusammengewachsen ist, vergehen Wochen und Monate.«

»Sex nach einer Geburt, das ist, als ob du eine Salami in den Hausflur wirfst.«

All diese Horrorstorys konnten mich nicht abschrecken, und bei dem Sexleben, das wir vor unserer Tochter hatten, konnte ich mir kaum vorstellen, dass meine Liebste ihre Lust auf Sex komplett gegen die Lust auf Windelwechseln und Kuscheln eintauscht.

Trotzdem hatte ich mir fest vorgenommen, sie nicht unter Druck zu setzen. Zum einen hatte ich nach all den Aufregungen selbst oft nur noch das Bedürfnis, einfach nur eine Mütze Schlaf zu bekommen, und es gab ja zur Not noch die Möglichkeit, die man schon in der Pubertät mit einem Quelle-Katalog in der Hand gelernt hatte, oder wie meine Frau sagen würde: fünf gegen Willi.

Tatsächlich wurde mein Verständnis in den ersten Wochen auf eine harte Probe gestellt. Bei Katzen hätte man spätestens jetzt einen Kratzbaum besorgt.

Doch eines Tages standen alle Signale auf Sturm. Mutti wollte es heute endlich mal probieren. Doch unser Vorsatz war es ja, nie nur Mutti und Vati zu werden, sondern immer noch Mann und Frau zu sein! Ich hatte mal in einem Motivationslehrgang gehört, dass die Erotik in einer Beziehung flöten geht mit Kosenamen. Da hieß es, mit der Zeit wird aus Mausi Maus und aus Bärchen Bär, und wenn man sich irgendwann gegenseitig Mutti oder Vati nennt, dann sind Oma und Opa auch nicht mehr weit entfernt!

Also, sagte ich mir, so will ich das auf keinen Fall haben, und unser erstes Mal Sex nach der Geburt sollte möglichst perfekt werden. Antje hatte sich schon fertig gemacht und war nur mit ihrem Bademantel bekleidet ins Schlafzimmer vorgegangen. »Ich geh auch noch kurz«, zwitscherte ich ihr hinterher. Ich riss mir förmlich die Klamotten vom Leib und hüpfte auch noch schnell unter die Dusche. Beim Abtrocknen bemerkte ich, dass ich mich auch ruhig noch schnell von meinem Fünf-Tage-Bart trennen könnte, bei einem ersten Date würde ich ja auch nicht so verstoppelt auftauchen. Ich huschte am Schlafzimmer vorbei, da der Rasierer im anderen Bad war. Kleopatra gleich lag sie da und schmiss die Decke zur Seite und splitterte mich nackt an. »Bin sofort da«, hechelte ich und sah noch aus dem Augenwinkel, wie Antje sich wieder zudeckte. Dann rannte ich ins zweite Bad, um mich dort schön beim Rasieren zu schneiden, und blutete vor mich hin. Auch der alte Trick mit ein paar Stückchen Toilettenpapier half leider nicht.

Ich glaube, wir haben noch Jod im anderen Bad, dachte ich und war auch schon unterwegs. Als ich die Schlafzimmertür streifte, erwartete mich dasselbe Bild. »Engel, ich find's auch langsam peinlich, aber ich komme gleich, versprochen.« Ich fand die Jodflasche, die mir bei der Hektik, die ich langsam an den Tag legte, da ich davon ausging, gleich nur noch eine schlafende Sexbombe vorzufinden, aus der Hand flog und in tausend Stücke zersprang – und was noch besser war: Jetzt waren meine Füße total rot! Ich konnte jetzt einfach nicht wieder in das andere Bad rennen, um noch mal zu duschen, sonst hätte Antje gedacht, ich bin der totale Nerd, was ich ja zweifelsohne im Moment auch war. Ich wusch meine Füße also in einem Anflug von artistischem Können im Waschbecken, bis der gröbste Schaden nicht mehr sichtbar war, und schaffte es allen Ernstes, meine Frau noch vor dem Einschlafen zu erreichen.

Da die geplante James-Bond-Vorstellung auch in meinen Augen eher einer Woody-Allen-Karikatur gewichen war, entschloss ich mich, die Story als Vorspiel mit einzubauen, und – was soll ich sagen – meine Frau hat herzlich gelacht, immer wieder. Davor, ja auch währenddessen und lange danach, aber es war trotzdem toll und Gott sei Dank echt einmalig.

Der Kommunikationsdrang der Frau

Mein berufliches Leben hat viel mit reden zu tun. Reden mit Kunden, reden mit Mitarbeitern oder reden mit Geschäftsfreunden. Nach einem anstrengenden Arbeitstag ist mein Redebedürfnis (bekanntermaßen circa 4000 Wörter bei Männern) also bereits befriedigt. Was ich dann eigentlich am liebsten machte, vor der Dreierbeziehung, war, zum Sport zu gehen und danach in der Sauna zur Ruhe zu kommen. Das entspannte mich am meisten inklusive des Umstands, dass man in der Sauna nicht reden sollte. Wenn ich jetzt also ohne Sport nach Hause kam, freute ich mich eigentlich oft nur auf Ruhe.

Anders bei meiner Frau, ihre 8000 Wörter konnte sie am Tage mit dem Kind kaum verbrauchen, also hatte sie, wenn ich von der Arbeit kam, noch circa 7500 Wörter übrig, und die wollte sie gerne noch schnell loswerden. In einem Film sah ich eine Szene, die mich an unsere Abende erinnerte, in der der Mann seine Frau nach den ersten Sätzen unterbricht und zum Kühlschrank geht mit den Worten: »Moment, für den Rest brauche ich erst einmal etwas Hörzu-Wasser«, und sich eine Büchse Bier nimmt.

Nun trinke ich kein Bier, also blieb mir nichts anderes übrig, als mich meinem Schicksal zu ergeben. Antje plapperte wie ein Wasserfall, und ich versuchte bei der Geschwindigkeit ihres Sprachflusses einzelne Satzfetzen zu erhaschen und nickte die gesamte Zeit wie ein Wackeldackel auf der Ablage eines 1973er Ford Taunus zustimmend im Takt.

Im Grunde war es ja vollkommen klar, ich verließ morgens die Höhle, erlebte zahlreiche Dinge und traf viele verschiedene Menschen und redete mit ihnen über noch mehr verschiedene Themen. Antje hatte in derselben Zeit einen Gesprächspartner, der außer Gagga Guggu nicht viel zu sagen hatte. Das Problem war nun: Wie konnten wir meinen Wunsch nach Ruhe und ihren Wunsch nach Kommunikation miteinander verbinden?

Manchmal bin ich unbewusst bestimmt gerade noch von der Klinge gesprungen, denn wenn ich abends beim Fernsehen oder Lesen meiner letzten E-Mails auf die Gespräche meiner Frau mit einem Ja oder einem Hmmm antwortete, dann konnte ich oft überhaupt nicht sagen, was sie mir gerade erzählt hatte. Was dann nicht passieren durfte, war, dass sie nachfragte: »Oder wie findest du das?« Dann war Stress angesagt! Was hatte sie als Letztes gesagt? Ich suchte nach Satzfetzen, die mich wenigstens einigermaßen auf die richtige Fährte bringen würden. »Ähm, tja, also ich weiß nicht so recht«, stammelte ich dann.

Leider fiel meine geistige Abwesenheit nicht nur einmal auf und endete mit einer genervten Ehefrau, die mich einfach nur doof fand, denn ich sei ja ihr einziger Kontakt zur Außenwelt und würde keinerlei Interesse zeigen für ihre Belange. Harter Tobak, das konnte ich natürlich nicht auf mir sitzen lassen. Daher schlug ich ihr vor, dass wir uns am Abend immer eine Viertelstunde Zeit nehmen, um uns gegenseitig auf den neusten Stand zu bringen. Das war eine gute Entscheidung, denn so kehrte die gewohnte Harmonie in unser Leben zurück.

Das erste Mal durchschlafen

Nach circa dreieinhalb Monaten hatten wir uns einigermaßen mit dem Schlafverhalten unserer Tochter arrangiert. Es war klar, wenn einer von uns einen harten Tag gehabt hatte oder krank war, dann übernahm der andere die Nachtschicht. Wenn alles normal war, wechselten wir uns ab, der eine übernahm die Schicht um zwei und der andere die gegen sieben.

Die zweite war für mich immer besonders blöd, denn das Prozedere, das Fläschchen zu geben, die Windeln zu wechseln und Fabienne danach wieder zum Einschlafen zu bringen, war ja keine Sache von zehn Minuten. Manchmal zog sich das bis zu einer Stunde und 15 Minuten hin. Tja, und um 8.15 Uhr, wenn es taghell ist, brauchst du dich natürlich nicht noch einmal hinzulegen, da bist du wach.

Irgendwann schafften wir dann einen längeren Zyklus. Jetzt wurde sie noch einmal um vier wach und dann wieder um acht. Alleine das empfanden wir schon als herrlich, denn einer konnte so komplett durchschlafen und für den anderen lohnte sich der Weg zurück ins kuschlige Bett für eine weitere Mütze Schlaf bis um acht.

Komischerweise gab es irgendwann eine unglaublich lange Schlafphase von 17 Uhr teilweise bis um Mitternacht. Oh mein Gott, wie schön wäre es, wenn sie diesen langen Zeitraum auf nachts verschieben könnte, dachte ich. Klar, so wie es jetzt war, hatten wir am Abend mal Zeit für uns, schafften noch etwas im Büro, das war auch okay, aber der Gedanke daran, mal wieder sieben bis acht Stunden am Stück komplette Nachtruhe zu genießen, war mehr als verlockend. Aber wie sollten wir ihr das beibringen? Wir versuchten sie an feste Zeiten zu gewöhnen, aber wenn sie schlief, trauten wir uns nicht, sie einfach zu einer bestimmten Zeit aus dem Bett zu reißen, nur weil dann halt Zeit war.

Wir kauften uns ein Buch mit dem Titel »Jedes Kind kann schlafen lernen«. Ein paar Tage später, ohne Vorwarnung, war es dann so weit. Wir hatten uns für die Nacht wie immer gut vorbereitet: Die Milchflasche war angerichtet, der Babyfencheltee auch, das Babyfon stand auf meiner Seite des Bettes, da ich an dem Tag an der Reihe war, und wir legten die Kleine um 21.30 Uhr ins Bett, nachdem sie noch mal wach geworden war und etwas zu trinken bekommen hatte. Danach gingen auch wir ins Bett und schliefen recht schnell, denn ich wusste ja, um circa vier Uhr wird das kleine Fressmonster kommen. Meine innere Uhr weckte mich um 4.15 Uhr. Mensch, da schläft sie ja heute recht lange, dachte ich und schloss noch mal kurz die Augen. Das nächste Mal öffnete ich sie um 4.45 Uhr. Sag mal, hat die denn heute gar keinen Hunger? Um fünf Uhr war mir das Ganze nicht mehr geheuer. Mensch, hoffentlich ist auch alles in Ordnung, dachte ich immer besorgter. Ich tippelte auf Zehenspitzen in ihr Zimmer und verharrte elfenhaft in der Tür, ohne mich zu regen. Verdammt, ich höre sie gar nicht atmen. Oh mein Gott, hoffentlich ist sie okay. Doch dann hörte ich ein langes, tiefes Einatmen und mir fiel ein Stein vom Herzen.

Ich ging zurück ins Bett. Antje wurde kurz wach, schaute auf die Uhr und sagte, mich bemitleidend: »Komm her, Schatz, war wieder über eine Stunde?« – »Nein«, antwortete ich euphorisch, »die war noch gar nicht wach!« – »Nee«, sagte die jetzt aufgerichtete Frau, »echt jetzt?« – »Ja, die schläft wie ein Stein!«, schmunzelte ich und freute mich über die Aussicht auf ruhigere Nächte.

So, dann war also auch meine Frau wach und wir konnten beide einfach nicht mehr einschlafen. Um sechs ging meine Frau in Fabiennes Zimmer, um sieben wieder ich, immer mit demselben mulmigen Gefühl im Bauch und jedes Mal erleichtert, dass alles in Ordnung war. An Schlaf war weiterhin nicht zu denken, da wir viel zu aufgekratzt waren. Als unsere Tochter dann um acht Uhr die Augen aufschlug, standen wir beide bereits in ihrem Zimmer. Wir freuten uns wie die Kinder, und ich glaube fest daran, dass Fabienne das bemerkte, denn sie tat uns den Gefallen und schlief ab dieser Nacht kontinuierlich durch!

Das Lustige an der Geschichte ist, dass wir original an diesem Tag anfangen wollten, das Buch vom Schlafenlernen zu lesen.

Mütter und ihr eigenes Universum

Für mich ist ganz klar, dass es wie in »Matrix« mehrere Parallelwelten gibt. Die Pärchenwelt, in der man sich oft verstellt oder aufeinander einstellt, die Männerwelt mit Business, Höhlenmenschengehabe, Männerabenden, bei denen es gut ist, dass es einen Männerkodex gibt und keine Frauen anwesend sind, da sie uns sonst von einer ganz anderen Seite kennenlernen würden, und mir ist klar geworden: Es gibt die Mütterwelt.

Wenn man sich in dieser Welt bewegen will, muss man höllisch aufpassen und versuchen, sie zu verstehen. In der Mutterwelt ist das Kind der Mittelpunkt des Universums. Da kann es schon mal sein, dass du als Mann bei all dem Tutzitutzi mal vergessen wirst.

»Schatz, haben wir uns heute eigentlich schon begrüßt oder verabschiedet?« sind dann Äußerungen, die man sich mit der Zeit verkneift, weil man versteht, das ist gar nicht böse gemeint, das ist die Mütterwelt, in der so ein kleiner Mann auch mal übersehen werden kann. Der sonst so verspielte 360-Grad-Sammlerblick meiner Frau, der in einem Kaufhaus zeitgleich das schönste Paar Schuhe, die tollste Jeans und die teuerste Uhr erblicken konnte, wurde durch das Kind zu einem manngleichen Jägerfokus auf das Kind. Alles andere konnte bei Bedarf ausgeschaltet werden.

In diesem Zustand sollte man Fragen stellen wie: »Schatz, ist es okay, wenn ich mit den Jungs zwei Wochen nach Bangkok fliege und von unserem letzten Ersparten ein Motorrad kaufe?« Wahrscheinlich würde sie das Kind anlächeln und antworten: »Ja, mach doch.« Aber als Gentleman nutze ich diesen Zustand der völligen geistigen Abwesenheit natürlich nicht aus.

Dazu passend gibt es dann auch verschiedene Ansichten über Prioritäten, und so rief sie mich teilweise an: »Hallo, Schatz!« »Hallo, Engel, sag mal, ist es wichtig? Ich sitze gerade in einem wichtigen Meeting.«

Natürlich ist es ihr wichtig. »Schatz, stell dir nur vor, sie wollte heute gar keinen Mittagsschlaf machen, da habe ich sie wieder hochgenommen und in die Wippe gelegt und den ganzen Nachmittag mit ihr gespielt.«

Wenn man jetzt antwortet: »Sag mal, ich bin hier am Arbeiten, können wir das nicht später besprechen? Ist ja auch nicht ganz so wichtig«, könnte es sein, dass bereits der rote Punkt eines weiblichen Zielfernrohrs direkt zwischen die Augen zielt, und es ist im Bereich des Möglichen, dass am Abend zu Hause der Schlüssel nicht mehr passt.

Also sagt man Dinge wie: »Wow, echt? Das ist ja irre, schön, dass ihr da so spielt und so«, und versucht sich dann wieder auf sein Business zu konzentrieren.

Ein anderes Mal rief sie an und meinte: »Heute hat sie total brav das ganze Glas aufgegessen, ohne zu murren, und ich glaube, Gartengemüse schmeckt ihr besser als nur Karotten.«

Ich flipp aus, ich weiß gar nicht, wie ich ohne diese Information weitergelebt hätte! Aber nein, nie vergessen, es ist die Mütterwelt, und genau diese Information könnte denselben Stellenwert für sie haben wie für mich gerade der unterschriftsreife Vertrag und die zwei wartenden Geschäftsleute vor meiner Nase.

Co-Schwangerschaft und die Folgen

Je länger die Schwangerschaft gedauert hatte, desto gemütlicher war ich geworden. Das änderte sich auch nicht, als die Kleine auf der Welt war. Da gab es dann neben den berechtigten Ausreden, das mich das schlafende, weinende oder hungrige Kind von sportlichen Aktivitäten abhielt, auch zig ganz wichtige Dinge, die unbedingt noch erledigt werden mussten und die alle wichtiger waren als Sport.

Das muss anders werden, dachte ich mir, besonders da meine Frau nach nur wenigen Monaten bereits wieder fast ihre alte Figur erlangt hatte. Bei ihr lag es neben der Rückbildungsgymnastik auch an der eisernen Disziplin, was das Essen anging.

Generell bin ich mein Leben lang ein sportlicher Typ gewesen und habe festgestellt, es gibt eine Zwei- bis Drei-Wochen-Regel. Wenn man ein bis zwei Wochen mit dem Training ausgesetzt hat, zum Beispiel wegen einer Grippe, dann muss man aufpassen, denn das ist die Schwelle zum Couch-Potato. Ab diesem Zeitpunkt ist aus dem niedlichen kleinen Yorkshire- ein Deutsche-Dogge-Schweinehund geworden. Das Bett ist morgens gemütlicher und am Abend ist direkt der Couchmagnet an, der dich magisch anzieht. Also heißt es: Wenn man jetzt nicht sofort wieder anfängt, wird es immer schwerer.

Ich legte los, zog die Joggingschuhe an und rannte meine erste Runde. Am Anfang fühlte es sich zwar nicht nach Joggen an, sondern mehr nach Walken oder schnellem Gehen mit zahlreichen Päuschen. Manchmal dachte ich: Ich bin so außer Atem, wo ist eigentlich das nächste Krankenhaus, also nur so für den Fall der Fälle?

Aber auch jetzt gilt wiederum dieselbe Zwei- bis Drei-

Wochen-Regel: Wenn man durchhält, dann stellt sich der Körper um und der Schweinehund ist im Zwinger. Jetzt hat man wieder Lust auf Sport und geht von alleine los. Regen, Matsch und Schnee sind egal, man lechzt nach Endorphinen.

So hatte ich das Ganze auch in der Vergangenheit ganz gut im Griff. Man wusste ja, wie schwer es wird, wenn man aussetzt, bis man wieder drin ist, also versuchte man, Sportunterbrechungen zu vermeiden.

Das hatte sich jedoch durch die Schwangerschaft schlagartig geändert. Immer öfter hatte die Gemütlichkeit gesiegt. Statt Hanteltraining wurden Füße massiert, statt zu laufen wurde beim Italiener Essen bestellt und so hatte der Schweinehund besonders im letzten Drittel endgültig gewonnen.

Beim Blick in den Spiegel musste ich feststellen, dass etwas dran war an der Co-Schwangerschaft. Mein ohnehin seit 40 nicht mehr vorhandener Waschbrettbauch mutierte mehr und mehr zu einem Waschbärbauch.

Wer jetzt glaubt, die eigene Frau würde einen motivieren, der liegt falsch. Selbst wenn man mit dem festen Vorsatz nach Hause kommt, auf jeden Fall noch Sport zu machen, kommt durch das Weibchen garantiert etwas dazwischen. Wenn es ihr nicht so gut geht, dann bleibt man natürlich bei ihr. Wenn sie sagt: »Ach Mensch, ich würde auch so gerne Sport machen, kann aber leider nicht mehr«, dann bringt man es natürlich nicht übers Herz, die Herzallerliebste alleine deprimiert zurückzulassen.

Dazu kamen natürlich die zahlreichen Zusatzaufgaben vom Einrichten der Wohnung bis zum Shoppingmarathon bei IKEA und Bauhaus. Und so hatte ich den ohnehin bereits verlorenen Kampf gegen die Pfunde irgendwann aufgegeben. Das machte sich nicht nur optisch bemerkbar oder durch die kneifende Hose, sondern ich schnaufte nach den vier Treppen rauf zur Wohnung wie eine Dampflok mit meiner Frau um die Wette. Mir war klar, nach der Geburt musste das anders werden.

Mit einer leichten Zeitverzögerung von vier Monaten ließ ich dieser Aussage Taten folgen und ging in mein Fitnessstudio.

Da ich in der ganzen Zeit den Dauerauftrag für mein Studio und meinen Personal Trainer nicht storniert hatte, schaute mich die Empfangsdame schon ein wenig fragend an, denn von meinem Studiokonto hätten wir gut und gerne ein paar Wochen auf die Malediven fliegen können. »Ach, lassen Sie das einfach da drauf, das bummel ich bis zum Sommer ab, ich greif jetzt richtig an«, sagte ich bis in die Haarspitzen motiviert. Das Lächeln der Empfangsdame deutete ich als gewisse Skepsis, nach dem Motto »So sind sie alle am Anfang, und nach ein bis zwei Wochen liegen ihre Kadaver nur noch in der Wellness-Oase rum«.

Na dann, ab nach oben, passend zu den letzten Monaten mit dem Fahrstuhl statt der Treppe und meinen Personal Trainer Frank begrüßen. Die erste Hürde war genommen, er erkannte mich trotz der langen Zeit wieder.

Wir gingen in einen Raum, den ich noch nie gesehen hatte. »Der ist neu, den gibt es erst seit einem Jahr«, schmunzelte mein Trainer. Ja, ich habe schon verstanden, wer so lange ausgesetzt hat, der wird wohl eine Weile die eine oder andere Spitze ertragen müssen.

In dem Raum absolvierten wir dann in der folgenden Stunde ein Programm, das ich in meiner aktiveren Zeit im Höchstfall als Reha-Maßnahme hätte gelten lassen. Einen Medizinball an die Wand werfen, wie ein nasser Sack an ein paar Ringen hängen oder Liegestütz auf den Knien – oh mein Gott, was ist aus mir geworden! Das wurde noch unterstrichen, als ich am nächsten Morgen vor Muskelkater kaum aus dem Bett kam.

Mir passten nur noch wenige Hosen und ich überlegte ganz kurz, ob es auffallen würde, wenn ich bei Sexy Mamas auch eine Hose für mich holen würde, ich denke mal, dass solche Läden eine Schweigepflicht haben oder so. Ich verwarf diesen Gedanken jedoch wieder, weil ich es für Blödsinn hielt, meinen kompletten Kleiderschrank zu erneuern und nicht einfach meine Figur zu verändern, sodass mir meine einst teuer gekauften Sachen wieder passten.

Das Problem war bloß, wir befanden uns kurz vor der Weihnachtszeit, und da würde mein innerer Schweinehund ohnehin haushoch gewinnen. Daher vertagte ich das Ganze auf das neue Jahr und machte einen Vorsatz daraus. Ab 1. Januar greife ich voll an …, hoffte ich.

Ich will meine Figur zurück

Den Vorsatz zu verwirklichen, endlich wieder mehr Sport zu machen, entpuppte sich als schwerer als gedacht. Ich hatte es gerade mal so geschafft, meine beruflichen Aktivitäten mit der neuen Situation mit Kind unter einen Hut zu kriegen, aber an einen geregelten Mix aus Arbeit, Sport und Freizeit war noch nicht zu denken.

Als die ersten zwei Monate vorbei waren, kehrte eine gewisse Routine in unsere Dreisamkeit ein. Ich möchte damit nicht sagen, dass wir uns an den Schlafentzug gewöhnt hätten, davon waren wir nämlich noch weit entfernt und gähnten eigentlich ungeniert den ganzen Tag. Ich meine

vielmehr das tägliche Windeln, Füttern und all die Kleinigkeiten, die für unser Kind wichtig waren.

Nach vier Monaten kehrte ein wenig mehr Schlaf zurück, aber es kam mir so vor, als ob mein Körper durch
ständige Trägheit versuchte die verlorenen Schlafstunden
aufzuholen. Die gesunde Nahrung wich viel zu oft einem
Zack-Zack-Nudelgericht, und auch meine Frau zog da voll
mit, anstatt mich davon abzuhalten.

Mir fiel auf, dass genau die paar Stunden Zeit am Tag,
die durch die neuen Aufgaben in unserem Leben dazuge-
kommen waren, uns am Ende des Tages als Sportzeit fehl-
ten, denn als wir noch zu zweit waren, ging alles sport-
technisch sehr spontan. Wollen wir noch laufen gehen oder
lieber eine Radtour machen oder doch lieber ins Fitnessstudio? Was war dann noch zu tun? Sporttasche packen,
Turnschuhe an und los. Mit Kind war das nicht mehr so
einfach, und vor allem hätte ja einer von uns immer zu
Hause bleiben müssen und der andere dann alleine zum
Sport gehen.

Das Komische war, dass meine Frau gar nicht so richtig
oft über Sport redete und trotzdem mit ihrer Figur nicht
zufrieden war. Nun ist es aber etwas vollkommen anderes,
wenn ich dieser Meinung gewesen wäre oder – noch besser – diese auch noch geäußert hätte. Oh nein, so ein hoch-
explosives Minenfeld würde ich ganz bestimmt nicht betreten. Aber dann war ich doch wieder in einer riesigen
Zwickmühle gefangen, denn alleine zum Sport zu gehen
würde auch garantiert Ärger bedeuten, wenn sie nicht mit-
kommen könnte.

Also startete ich einen vorsichtigen Versuch mit fatalen
Folgen. »Schatz, ich glaube, es ist an der Zeit, mal wieder
zum Sport zu gehen.« – »Ich wusste es doch, du findest

mich fett«, knallte sie mir entgegen. »Nein, totaler Quatsch, es sind gerade mal vier Monate vergangen und du siehst schon fast so aus wie vorher«, versuchte ich zu beschwichtigen. »Fast! Siehst du: fast. Ich habe also doch recht«, erwiderte sie schmollend.

Jetzt standen zwei Antworten zur Auswahl und ich wusste, egal welche ich nehme, eine richtige ist nicht dabei. Natürlich war mir und auch ihr komplett klar: Wenn man mehrere Monate hintereinander keinen Sport mehr treibt, obwohl man vorher drei- bis viermal pro Woche unterwegs war, und wenn es in nur einer Woche einmal Lasagne, einmal Spaghetti bolognese, einen Besuch bei McDonald's und zahlreiche Tafeln Schokolade zum Runterspülen gibt, dann liegt das Ergebnis auf der Hand. So konnte sie nicht bei ihrer XS-Größe bleiben, von mir ganz zu schweigen. Aber das wollte sie nicht hören! Ich saß das Thema daher einfach aus bis zu dem Tag, an dem sich Antje von alleine die Joggingschuhe anzog und ich ihr, nachdem sie wieder zurück war, sagte: »Schatz, toll, dass du joggen warst, nötig hättest du das aber nicht!«

Einkaufen mit Kind

Für das Shoppen, alleine oder auch mit meiner Frau, muss ich in der richtigen Stimmung sein. Ein relaxter Start in den Tag und dann ganz easy durch eine Mall schlendern oder in einem schönen Shoppingbezirk in einer fremden Stadt wie Barcelona, Mailand oder Rom. Aber auch in Berlin kann man entspannt einkaufen … alleine … oder zu zweit … Aber mit Baby? Ganz getreu unserem Vorsatz, dass wir uns dem Kind nicht komplett unterordnen, dachten wir wirklich ganz naiv, das muss doch auch irgendwie gehen. »Irgendwie« schon, aber verabschieden kann man sich von den Wörtern »entspannt«, »easy« und »relaxt«. Das Ganze bedarf einer minuziösen Planung bereits am Vortag. Also, Fabienne wird so gegen acht Uhr wach, um circa 8.30 Uhr gibt ihr einer die Flasche, schnell wickeln und waschen, der andere macht einen Coffee to go. Ich hatte noch vergessen, »schnell« kann man auch streichen!

Jetzt zur Realität: Pünktlich um acht Uhr gab es die ersten Bekundungen unserer Tochter, dass jetzt auch mal gut ist mit dem Rumliegen. Ich ging noch etwas verschlafen zu ihr, um sie auf meiner Schulter so langsam richtig wach werden zu lassen und danach zu wickeln. Auf dem Wickeltisch war nun ganz klar, sie war quietschfidel und ausgeschlafen, was sie durch lautstarkes Erzählen in einer Art außerirdischen Sprache unterstrich. Antje hatte inzwischen die Flasche vorbereitet und brachte sie mir. Fabienne legte ganz gut los, aber bei der Hälfte der Flasche trank die Kleine auf einmal nicht mehr weiter, wahrscheinlich drückte es irgendwo und ein mörderisches Bäuerchen musste raus. Also tänzelte ich durch die Wohnung und klopfte ihr rhythmisch auf den Rücken. Siehst du, da ist es ja, das Bäuerchen, ach ja, mit einem Teil der Milch auf meinem Rücken. Wundervoll, kurz das Kind ablegen und das T-Shirt wechseln.

Jetzt schrie die Kleine, weil sie Hunger hatte und ihr das alles nicht schnell genug ging. Also Mund wieder auf, Rest der Flasche rein und weiter ging's. Antje hatte es in der Zwischenzeit wenigstens kurz in die Dusche geschafft. Wie bei einem Staffellauf kam sie zu mir, übernahm die Flasche und ich rannte ins Bad, um auch zu duschen. Inzwischen war es kurz vor neun. Die Flasche war so gut wie leer und ich schaffte es gerade so, mich anzuziehen, bis dann zum Abschluss noch ein Schuss Tee zum Nachspülen gereicht wurde. Der Staffelstab wurde also wieder an mich übergeben, sodass sich Antje auch anziehen konnte.

Wie süß die Kleine dann, kein Wässerchen trübend, nach oben schaute, so nach dem Motto: »Komm schon, Papa, es ist alles okay, ich bin auch ganz lieb, versprochen.« Nun gut, also den Tee zur Seite und die Kleine wieder hochnehmen. Nach nicht mal fünf Sekunden spuckte sie dann noch einmal, und zwar auf meinen frisch angezogenen Pullover. Das sind gleich zwei Phänomene. Erstens scheinen Babys so eine Art Reviermarkierung vorzunehmen wie ein Hunderüde. Irgendwann müssen sie wohl in jeder Ecke der Wohnung mindestens ein Mal ihr Geschäft verrichtet oder gekotzt haben, damit auch alle Bescheid wissen: Hey, das ist meine Wohnung. Das zweite Phänomen ist, dass sie es schaffen, trotz Latz und Spuckwindel immer die Lücken zu treffen, damit auch deine frischen Kleidungsstücke eingesaut sind.

Es war noch nicht die Zeit für die Übergabe, da Antje noch oben ohne durch das Ankleidezimmer schwebte, um das Richtige zum Anziehen zu finden. Also lief ich mit dem Kind und dem vollgekotzten Pullover umher und sammelte die Utensilien für die Wickeltasche zusammen, es war 9.15 Uhr. Die ersten Schweißtropfen liefen mir über die Stirn, meine Tochter versuchte derweil ihre komplette Hand in den Mund zu stopfen und sang dabei. Endlich: Antje war zurück und konnte übernehmen.

Ich suchte mir schnell einen neuen Pullover und stellte schon mal die Wickeltasche an die Tür. Antje versuchte solange der Kleinen eine Strumpfhose und eine Jacke anzuziehen. Wie klasse sie das fand, wusste nach zwei Minuten das ganze Haus. Parallel zu diesem ohrenbetäubenden Lärm packte ich sie in die Babyschale und Antje setzte dem Kind die Mütze und somit dem Fass die Krone auf. Jetzt hatten wir nur noch die Chance, sie, so schnell es ging, in Bewegung zu bringen. Wir stürzten also die Treppe runter und knallten die Babyschale auf das Kinderwagengestell. Als wir die Tür öffneten, fragte Antje mich: »Hast du an den Tee gedacht?!« Ohne Tee das Haus verlassen, so nach dem Motto »No risk no fun«, nein, solche Extremsportler-Eltern waren wir noch nicht, wohl wissend, dass ein Schluck Tee unterwegs die letzte und einzige Rettung sein konnte, bevor Passanten das Jugendamt alarmieren, weil sie denken: Was für Rabeneltern! Lassen ihr Kind wie am Spieß schreien.

Also rannte ich die vier Treppen noch mal hoch, holte den Tee, suchte noch wie blöd die Thermohülle, damit der Tee warm blieb, und sauste wieder runter bis zum Auto. 9.55 Uhr.

Jetzt aber los, nur noch schnell den Sitz festschnallen, das Gestell verstauen und ab zum Supermarkt und in die Mall. Dort angekommen, wussten wir, wir haben nur knapp eine Stunde, dann will die Kleine wieder gefüttert werden. Fast schon im Dauerlauf trabten wir durch die Gänge. Unser Einkaufszettel war nur noch ein gewisser Richtwert. Wir packten nach Gefühl den Wagen voll und bemühten uns, eine möglichst leere Kasse zu finden. Einer packte aufs Band, der andere flößte der Kleinen unseren Rettungsanker, den Tee, in den langsam lauter werdenden Mund.

Zurück am Auto stellten wir fest, dass jetzt wegen des Kinderwagengestells nicht alle Sachen in den Kofferraum passten, also musste ein Teil der Tüten auf Antjes Schoß und auf den Beifahrersitz. Nein, liebe Nachbarn, wir sind nicht vom Sperrmüll, wir waren einkaufen.

Wieder bei der Wohnung angekommen, trug Antje Fabienne nach oben und sorgte für Nahrung fürs Kind, während ich die nächste Viertelstunde damit verbrachte, Tüten in den vierten Stock zu tragen. Eins war mir nach solchen Tagen immer klar: Entweder ich baue hier einen Fahrstuhl ans Haus oder die Kleine lernt mit sechs Monaten laufen.

Ein Kind ist kein Cocktailshaker

Sobald unser Kind die Augen aufmachte und so langsam anfing, auf uns zu reagieren und wir das Gefühl bekamen, sie erkennt uns, war das natürlich eine Riesenfreude. Und so, wie wir es nie machen wollten, benahmen wir uns dann auch.

»Sprechen Sie nie mit dem Kind in Babysprache, sondern ganz normal, sonst erschreckt es sich eher und denkt: Was ist denn auf einmal mit den Erwachsenen los?«, hatte ich in einem meiner zahlreichen Bücher zum Thema Kinderkriegen mal gelesen. Und auch mir waren vorzugsweise ältere Damen, die sich mit einer kolibrigleichen, hohen Stimme und einem »Gutchi, gutchi, gutchi« an das frisch geschlüpfte Glück heranpirschten, immer eher lästig.

So werden wir nie, hatten wir uns gegenseitig immer wieder gepredigt. Und dann schlug unsere Tochter die Augen auf und lächelte uns an, und schon schien sich da ein Schalter im sonst so erwachsenen Gehirn umzulegen. Alle guten Vorsätze waren für die Katz, und das zentrale Sprachzentrum schaltete komplett auf Fatal Error.

Jetzt stand ich mit einem »Wadde hadde du de da«-Gesicht vor dem Bettchen und knallte immer wieder Sachen raus wie: »Na, wo ist denn unsere kleine Grinsekatze? Na fein, da ist sie ja, jaaa, das ist der Papa, heititei und hoppsasa.«

Das Kind freute sich und reagierte bald auf den Namen Grinsekatze mehr als auf Fabienne. Ich kann es mir bis heute nicht erklären, wie es zu so einer Veränderung unseres Benehmens kommen konnte, aber es ist eine Macht, der man sich anscheinend nicht entziehen kann.

Wir merkten aber, dass wir uns am Riemen reißen mussten, da das Kind ja noch in der Entwicklung steckte und so nicht jeden Schabernack der Eltern problemlos mitmachen konnte.

Eines Tages lernten wir das auf die harte Weise. Antje hatte Fabienne gerade ein Fläschchen gegeben, das sie auch ganz brav komplett ausgetrunken hatte. Mutti konnte es danach kaum abwarten, sie mit ins Bett zu nehmen, mit ihr zu kuscheln und sie hochzunehmen und zu knuddeln. Sie sprach mit ihr wie eine dreijährige Freundin aus der späteren Kita und freute sich, wie die Kleine lächelte.

Und dann passierte es. Fabienne spuckte, immer noch lächelnd, die komplette Flasche Milch auf Antje. Ich spreche hier nicht über zwei, drei Tropfen. Ich spreche vom Komplettprogramm: Haare, das ganze Gesicht, ihr Oberteil, das Kopfkissen und die Decke, alles war voll.

Nach dem ersten Schock lachten wir uns erst mal kaputt, bevor wir das Malheur beseitigten und eine neue Flasche aufsetzten.

Was wollte unsere Tochter damit zum Ausdruck bringen? »Hey, Leute, eure Geschichten und dann auch noch in so einer unverständlichen Babysprache sind nicht nur langweilig, sondern buchstäblich zum Kotzen.« Oder einfach nur: Babys sind kein Cocktailshaker.

Der Kampf mit dem Nuckel

Der Nuckel wurde ab der dritten oder vierten Woche ein nicht mehr wegzudenkendes Utensil! Ganz am Anfang, als Fabienne noch so circa 3000 Gramm wog, konnte sie den Nuckel kaum im Mund halten. Es war eher so, dass wir sie sanft an dieses ungewohnte Gefühl, dass da gar nichts rauskommt, gewöhnen mussten.

Mit der Zeit wurde der Saugreflex stärker, und ihr schmatzendes Lutschen erinnerte mich irgendwann stark an Linus aus den »Peanuts« mit seiner Stinkedecke.

In den ersten Wochen reichte es aus, dass die Kleine ihre Flasche trank. Davon war sie meist so erschöpft, dass sie gar keinen Nuckel mehr brauchte. Ich legte sie in ihr Bett und im Grunde war sie schon auf meinem Arm eingeschlafen.

Zu Beginn des dritten Monats lasen wir dann in einer Zeitschrift: »Wiegen Sie Ihr Kind nicht in den Schlaf« (haben wir gemacht), »fahren Sie nicht mit ihm mit dem Auto durch die Gegend, bis es eingeschlafen ist« (haben wir gemacht), »legen Sie Ihr Kind am besten noch wach ins Bett« (haben wir nie gemacht). Zusammengefasst stand da: Alles, was wir bis jetzt getan hatten, um unser Kind zum Schlafen zu bringen, führt dazu, dass es nicht mehr allein einschlafen kann und uns somit ständig in Atem halten wird.

Na klasse, versagt auf ganzer Linie, aber wir nahmen den Kampf auf, um das Ruder noch einmal rumzureißen. Wir legten Fabienne also wach ins Bett, ordnungsgemäß, wie immer gepredigt, auf den Rücken. Das fand sie total doof und den Nuckel auch, ständig schmiss sie den Kopf von links nach rechts und schleuderte den Nuckel aus dem Mund.

Eins ist mir bei diesen Versuchen sofort klar geworden:

Alles, was in Ratgebern und Büchern steht, sind nur Richtwerte. Jedes Kind ist anders, und jede Regel gilt bestimmt nicht für alle, und für unseres galt: Auf dem Rücken schlafen, darauf hatte sie einfach keine Lust.

Wir fanden nach und nach die richtige Stellung, die dann aufs Exakteste auszuführen war, damit unsere Tochter und danach auch wir eine Mütze Schlaf abbekamen: Eine Rolle nach hinten für den relaxten Rücken, das eine Bein über das andere legen und eine leicht seitliche Position einnehmen. Dann den Nuckel in den Mund und direkt vor den Nuckel die Spuckwindel, mit zwei Haargummis zusammengebunden, damit sie sich das Tuch nachts nicht über den Kopf zieht. Vor die Spuckwindel eine Bärchenklapper, damit die Spuckwindel nicht wegrollt.

Das war die Position, die Eltern und Baby glücklich machte. Jedenfalls für eine Weile, denn jetzt begann der eigentliche Kampf. Man lag im Bett und begann gerade ein paar Schafe zu zählen, da krähte es aus dem Kinderzimmer. Was war passiert? Die perfekte Haltung war doch eingenommen worden, und sie schlief doch gerade noch wie ein Murmeltier?!

Ich ging ins Kinderzimmer und funzelte mir meinen Weg mit einer kleinen Taschenlampe, die ich immer so hielt, dass ich im äußersten Lichtkegel das Bett erkennen konnte, ohne sie zu blenden und dadurch aufzuwecken. Fabienne drehte den Kopf von links nach rechts, doch was war das, wo war der Nuckel? Auf jeden Fall nicht in ihrem Mund! Ich begann vorsichtig die Decke abzusuchen, dann das obere Bett und alle äußeren Spalten. Alles fand ich, die Spuckwindel, den Rasselbären und mein Kind, aber vom Nuckel keine Spur!

Als ich sie wegen des lauter werdenden Schreiens auf

den Arm nehmen wollte, erfühlte ich unter ihrem Kopf den Nuckel. Der störte sie beim Schlafen! Aber wie war der bitte schön dahin gekommen? Ich steckte ihr den Nuckel wieder in den Mund, brachte sie in ihre optimale Schlafposition und sie schlief wieder ein. Leicht schmunzelnd ging ich zurück ins Bett und dachte: Kann ja mal passieren. Ich schloss die Augen und versuchte wieder einzuschlafen, wobei ich bemerkte, dass meine Position doch sehr stark der meiner Tochter glich. Seitlich mit einem Kissen im Arm und einem Seitenschläferkissen zwischen den Beinen, auf jeden Fall wusste ich jetzt, woher sie das hatte.

Eine Viertelstunde später schrie es wieder aus der Kinderwelt. Am Kinderbett angekommen, suchte ich diesmal gleich unter ihrem Kopf und siehe da, der Nuckel war wieder dort. Also dasselbe Spiel von vorne. Aber das ließ mir keine Ruhe.

Also setzte ich mich auf einen Stuhl neben das Kinderbett, sah der Kleinen einen Moment beim Schlafen zu, löschte das Taschenlampenlicht und lauschte dem Schmatzen und wusste: Nuckel noch drin! Manchmal hörte sie kurz auf und ich pirschte mich vorsichtig heran, doch dann schmatzte es auch schon weiter und der Nuckel war immer noch im Mund.

Langsam drohte ich im Stuhl einzuschlafen, doch dann kam der Moment, auf den ich gewartet hatte. Sie ließ den Nuckel ganz langsam auf die Spuckwindel und damit aus ihrem Mund gleiten, dann drehte sie den Kopf nach rechts und der Nuckel rutschte neben ihren Kopf. Ein paar Sekunden später den Kopf wieder nach links, und nun lag der Nuckel wieder da, wo er nicht sein sollte, direkt unter ihr, und sie wurde unruhig. Ich schnappte mir den Nuckel, wieder rein in die Futterluke und Ruhe.

Irgendwann schmiss sie dann den Kopf so schnell von einer Seite zur anderen, dass der Nuckel über die Spuckwindel irgendwo im Bett landete, und, ich glaubte es kaum, sie schlief weiter. So wie unsere Tochter jeden Tag dazulernte, so ging es mir auch und so schlief ich mit der Erkenntnis ein, dass der Nuckel irgendwann rausmuss, dann klappt das mit dem Schlafen.

Der Kampf mit dem Nuckel, Teil 2

Ich wusste nun, der Plan war: mit Nuckel einschlafen, aber über kurz oder lang ohne ihn weiter- und durchschlafen. So gab es Abende, an denen ich zigmal in Fabiennes Zimmer ging, immer auf dieselbe Art und Weise mit meiner kleinen Taschenlampe bewaffnet, habe herumgeleuchtet und bemerkt, er ist noch drin!

Na, dann kann ich ja auch gleich noch aufs Klo gehen. Nach einer Weile wieder im Zimmer, rumgeleuchtet, noch drin, verdammt. Dann noch was trinken, zurück ins Bett und noch irgendwas im Fernsehen schauen. Langsam war ich echt müde und torkelte zurück ins Kinderzimmer. Als ich bemerkte, dass sie den Nuckel immer noch im Mund hatte, dachte ich: Na, dann nehm ich ihn halt raus.

Doch im Gegensatz zu sonst hatte Fabienne den Nuckel förmlich festgeklebt. Als ob sie mit Saugkraft ein Vakuum geschaffen hätte, kriegte ich den Nuckel kaum aus ihrem Mund und, was noch schlimmer war, sie drohte aufzuwachen. Also lieber Hände weg und nichts riskieren, dachte ich mir und zog von dannen. Irgendwann in der Nacht lag der Nuckel dann wieder irgendwo im Bett und sie schlief selig.

Das bestärkte mich noch mehr in meiner Meinung, dass sie unbedingt ohne Nuckel schlafen musste, um durchzuschlafen, besonders weil es wirklich oft vorkam, dass sie nicht mehr wegen Hunger, sondern nur wegen dem Nuckel unter ihrem Kopf überhaupt nachts wach wurde. Daher wurde auch dieser Kampf zu einer gewissen Routine, die für mich eine Art Sport war. An einem Tag gewann ich mit dem Nuckel in der Hand, an einem anderen sie, weil sie so lange den Nuckel festhielt, bis ich einschlief und sie mich dann eine Stunde später lauthals weckte.

Ich hatte das Gefühl, so langsam kriegt sie Spaß an diesem Duell, denn sie wurde variantenreicher. In einer Nacht zeigte sie mir stolz, dass sie gelernt hatte, wo sich der Nuckel befand, nämlich im Mund, und dass sie diesen selbstständig aus selbigem im hohen Bogen entfernen konnte. So konnte sie dann natürlich nicht einschlafen, also steckte ich ihn wieder hinein. Sie schmiss ihn Sekunden später raus und das wiederholte sich zahlreiche Male. Ich bildete mir ein, dass sie ein gewisses Lächeln kaum verbergen konnte, weil sie merkte, wie sie mich damit zur Weißglut brachte.

Irgendwann ergab sie sich dann ihrem Schicksal, während ich den Nuckel im Mund fixierte und ihr einen Finger meiner anderen Hand gab, den sie krampfhaft festhielt. Jetzt war nicht mehr der Nuckel das Problem, sondern die Frage, wie ich meinen Finger unbemerkt wiederkriegte, sobald ich den Rückzug in Richtung meines Kuschelbetts antreten wollte.

Ebenfalls krisenträchtig war die Situation, wenn Fabienne im fahlen Licht meiner Lampe bemerkte, dass ich an ihrem Bett stand. Dann war es aus mit Schlafen, vorbei, game over, »jetzt will ich beschäftigt werden«. Dann lachte sie sofort los und dachte wohl: »Cool, Papa ist da, dann ist bestimmt schon morgens und, juppheidi, dann spielt er bestimmt gleich mit mir. Macht er nicht? Na gut, dann schreie ich halt eine Runde, bis er aufgibt, weil auf Schlafen habe ich jetzt keine Lust mehr!«

Das dachte ich, während ich Fabienne auf dem Wickeltisch um zwei Uhr nachts entertainte. Wieder was dazugelernt. Sie darf dich nicht bemerken. Das machte das Duell ungleich schwerer, aber ich nahm die Herausforderung an. Am nächsten Abend pirschte ich mich daher indianermäßig an ihr Bett. Als ich mir meinen Zeh an dem Stuhl vor ihrem Bett stieß, den anscheinend meine Frau zur Vermeidung von Rückenschmerzen neben das Bett gestellt hatte, während sie der Kleinen den Nuckel zum Einschlafen hielt, duckte ich mich schnell und atmete den Schmerz weg, da Indianer ja bekanntlich keinen Schmerz kennen.

Die Kleine hatte sich kurz erschreckt, entdeckte mich aber aufgrund meiner Tarnfähigkeit nicht und schlief weiter. Nach ein paar ruhigen Atemzügen lugte ich, wie in der Prärie über die Grasnarbe, vorsichtig über den Rand ihres Bettes. Ich konnte den Nuckel nirgends erkennen, aber ich wusste ja, wo er war. Vorsichtig griff ich neben ihren Kopf. Da steckte er auch, jedoch bereits ziemlich fest unter ihrem Kopf und unter der Spuckwindel. Verdammt! Sie ist wirklich eine würdige Gegnerin.

Meine Hand glitt unter der Spuckwindel hindurch und ich ertastete das Corpus Delicti und zog es vorsichtig wie beim Mikado heraus. Trotzdem schlug Fabienne auf einmal die Augen auf. Unsere Blicke trafen sich für eine Sekunde, bevor ich mich samt Nuckel neben das Bett warf. Etwas außer Atem und meinen eigenen Herzschlag hörend, verharrte ich dort unten und wartete ab. Sie schlief weiter, hielt mich wahrscheinlich für einen Traum und schmatzte ruhig vor sich hin. Ich hatte gewonnen, verharrte noch einen Moment regungslos und krabbelte dann aus dem Kinderzimmer.

Sabbern wie ein Bernhardiner

Ab dem vierten Monat begann Fabienne zu sabbern. Man konnte die Lätzchen kaum so schnell wechseln, geschweige denn waschen, wie sie dann auch schon wieder nass waren. Bekam sie jetzt schon Zähne? Das wäre doch schon ein wenig früh. Nachdem ich im Mund nach irgendwelchen Beißerchen gestöbert hatte, klärte mich meine Frau, gelernte Zahnarzthelferin, auf: »Die Kinder sabbern und haben Probleme, wenn die Zähne durch den Knochen ins Zahnfleisch dringen, und nicht, wenn sie aus dem Zahnfleisch herauskommen. Du wirst also noch eine ganze Weile nichts sehen außer Spucke!«

Super, hatte ich wieder was gelernt und konnte meine Suche aufgeben. Aber für diese neue Situation mussten härtere Geschütze aufgefahren werden. Wir besorgten spezielle Zahnlätzchen, die besonders schnell ausgewechselt werden können, ohne das Kind ständig komplett umzuziehen.

Aber manchmal war selbst das nicht genug, es lief und lief und wurde zu einem ewigen Kreislauf. Durch den ständigen Flüssigkeitsverlust trank Fabienne überdurchschnittlich viel Tee zwischen den Mahlzeiten. Dadurch hatte sie zum einen neuen Spuckenachschub und zum anderen pullerte sie dadurch alle naselang die Windeln voll.

Ich als Mann hätte dann vielleicht gesagt: »Hey, wir können die Kleine doch nicht ständig umziehen; wenn es noch nicht rechts und links aus der Windel tropft, passt das schon. Außerdem haben die modernen Windeln so ein Reservoir, da sammelt sich die Flüssigkeit und macht dem Kind gar nichts.« Aber das hätte meine Frau nicht zugelassen. Die besorgte Glucke wechselte zigmal am Tag nach einem beherzten Griff in die Windel selbige und sorgte dafür, dass ich fast täglich auf dem Weg zur Arbeit einen Sack Windeln mit zum Müll nehmen musste.

Aber wie schon erwähnt, das, was da unten rauskam, hatten wir ja durch die modernen Windeln von heute alles so ziemlich im Griff, abgesehen von ein paar Kollateralschäden. Aber was sollten wir nur mit dem Mund machen?

Egal wie wir es anstellten, es lief und lief und, na klar, irgendwann fanden wir uns damit ab. Was nicht ging, das lief halt auf Spuckwindel, Hemd oder Kurzarmbody, die dann eben gewechselt werden mussten.

Das führte auch dazu, dass neben der aufgehängten Wäsche aus gefühlten drei Waschmaschinen am Tag auch noch sämtliche Heizkörper mit Bodys voll waren, um sie kurz zu trocknen. Unsere ganze Wohnung glich mehr und mehr einer Wäscherei, und die Babyklamotten verdrängten unsere oft komplett.

Wachsen im Eiltempo

Früher dachte ich immer, so richtig schnell wächst Bambus. Innerhalb von Tagen wird da aus einem Samen ein ganzer Baum. Heute weiß ich, der Bambus wäre neidisch auf Menschenbabys. Bei der Geburt wog Fabienne wie schon erwähnt 3100 Gramm, 14 Tage später nur noch 2600 Gramm, aber ab da wurde der Turbo eingeschaltet.

Wenn ich daran denke, dass sie in den ersten Tagen teilweise noch 300 bis 400 Milliliter am Tag getrunken hat, und heute sind es oft 230 Milliliter pro Mahlzeit. Was für ein Unterschied! Wenn ich sie heute nach fünf Monaten neben dasselbe Kind legen würde, das 14 Tage alt war, ich glaube, das würde aussehen wie ein Airbus A380 neben einem Segelflugzeug.

Am meisten merkt man das beim Treppensteigen mit dem Kind auf dem Arm und bei den Klamotten. Wie viele unzählige Kleidungsstücke wir nicht ein einziges Mal anziehen konnten, weil sie schon nicht mehr passten, als wir es das erste Mal versucht haben, unglaublich. Wir sind sehr froh, dass wir besonders am Anfang auf unsere Freunde zählen konnten, die uns vorschlugen: »Hey, ich hab noch so viele Sachen, nimm doch die erst mal und kauf neue, wenn das Kind überhaupt etwas davon mitbekommt, ist doch auch alles sauteuer!«

Man muss sogar aufpassen, wenn man von seinen Verwandten im Oktober gefragt wird, was man der Kleinen zu Weihnachten schenken kann. Da heißt es gut kalkulieren, was die kleine Fressraupe bis dahin wiegt und welche Kleidergrößen sie bis dahin schon übersprungen hat.

Die meisten Sachen bekamen wir von Anke, Antjes Zwillingsschwester. Fein säuberlich hatte sie alles von Antjes Neffen nach Größen sortiert und in Kartons auf dem Dachboden gelagert für den Fall der Fälle, der ja jetzt eingetreten war. Und ja, sie waren von einem Jungen! Das heißt, viele Klamotten waren typisch blau, was ja nach Aussage des Arztes in den ersten fünf Monaten: »Es wird ein Junge«, auch super gepasst hätte!

Jetzt hieß es oft auf der Straße, wenn jemand in den Kinderwagen schaute: »Ach, wie niedlich, wie heißt denn der Kleine?« Nach anfänglichen Versuchen zu erklären, warum unsere Tochter Jungenkleidung anhatte, antworteten wir irgendwann nur noch: »Der Kleine ist so und so alt«, und gingen unserer Wege.

Aber natürlich konnten wir es teilweise nicht lassen, etwas Schönes für Fabienne zu kaufen. Vor der Geburt war für mich klar: Ich will nichts in Rosa oder Pink. Diese Farbe kommt mir nicht ins Haus! Und was trug unsere Tochter dann, von Papa gekauft? Richtig, Pink! Man kann, glaube ich, auch gar nichts dagegen tun. Ich habe vielmehr das Gefühl, die Designer von Babykleidung haben sich da irgendwie abgesprochen. Alle anderen Farben werden extra so hässlich designt, dass man am Ende beim niedlichen Rosa hängen bleibt.

Heute sage ich: Es kommt am Ende darauf an, wer es trägt, und unser Supermodel kann alles tragen!

Alle Mann in Deckung, heute gibt es Brei!

Nach dem vierten Monat wollten wir anfangen, der Kleinen mittags auch mal ein Gläschen Babybrei zu geben. Wir lasen von einem sanften Übergang von der reinen Milch zu Brei, den man einmal am Tag beimischen sollte.

Wir gingen in unseren Supermarkt und fühlten uns ein wenig erschlagen vom Überangebot an gequirltem Essen in Gläsern. Huhn mit Gemüse und Kartoffeln sah da aus wie Rind mit Karotten. Das Einzige, was sich minimal unterschied, war die Farbe. Dann erkannten wir eine kleine Zahl an der Seite. Karotten und Gartengemüse wurden nach dem vierten Monat und Rind zum Beispiel ab dem sechsten Monat empfohlen.

Nun begann eine endlose Diskussion darüber, ob »nach

dem vierten Monat« heißt, sie ist doch jetzt im vierten Monat, also kaufen und rein damit, oder ob es heißt, wir müssen warten, bis der vierte Monat abgeschlossen ist.

Dann entdeckten wir Gläser, auf denen stand: »Ab dem sechsten Monat«. Nach oder ab? Können die sich mal entscheiden? Die Gruppe der Leute, die um uns herumstanden und sich in diese Diskussion einklinkten, wurde größer und größer, sodass wir uns entschlossen, die Flucht zu ergreifen, mit zwei Gläsern im Gepäck, und einfach Fabienne entscheiden zu lassen, ob sie schon so weit war.

Ich ging ins Badezimmer und stellte die Wippe auf. Ich dachte mir, diesen Raum brauchst du wenigstens nicht zu renovieren, sondern nur zu wischen, wenn sich Fabienne dazu entscheidet, beim Essen zahlreiche Wörter mit P rauszuschmettern, wie zum Beispiel pppppppppppppp!

Ich nahm mir zwei dunkle Handtücher und polsterte die Wippe an beiden Seiten aus. Schwupp, Fabienne in die Wippe, und nun versuchte ich parallel eine kurze Checkliste im Kopf zusammenzustellen. Was brauche ich noch für alle Fälle? Feuchttücher, Lätzchen, eine Spuckwindel, ein Fläschchen Tee zum Nachspülen und natürlich das Glas, das ich in der Aufwärmvorrichtung auf Verzehrtemperatur hochfahre. Fabienne erzählte schon mal vor sich hin, faltete ihre Hände vor dem Körper und wollte mir damit anscheinend signalisieren: Fang lieber schon mal an zu beten.

Dieses Zeichen ernst nehmend, zog ich mir erst mal mein Hemd und meine Hose aus und setzte mich in Unterhose und schwarzem T-Shirt vor die kleine Fressmaschine, deren Geschichten so langsam einen gewissen Unterton bekamen, da ihr meine Vorbereitungen augenscheinlich zu lange dauerten.

Sie fixierte meinen weißen Eierlöffel und schaute mich

fragend an: Wo ist meine verdammte Milchflasche, du Depp? Und vor allem leg endlich los, ich hab Kohldampf.

Ich rührte die orange gequirlte Masse noch mal um, atmete tief durch und dann gab es kein Zurück mehr. Beim ersten Löffel ließ sie schon mal nichts in den Mund. Beim zweiten Versuch öffnete sie ihn wenigstens ein wenig, schob aber dann alles mit der Zunge wieder raus.

Rechts und links mit dem Löffel den Mund abwischen und einen neuen Versuch starten. Beim dritten Anlauf ließ sie den Löffel gewähren und schluckte das erste Mal etwas anderes als Milch. Ihr Gesichtsausdruck signalisierte mir totale Verwunderung, wenn nicht sogar Ablehnung, aber sie aß weiter. Bald war dann trotz aller Bemühungen meinerseits das halbe Gesicht voll und komplett orange.

Ich glaube, sie bemerkte, dass ich das doch sehr lustig fand, und entschied, was du kannst, kann ich auch, und knallte ohne Vorwarnung die ersten Wörter mit ganz vielen P raus. Möhren in meinem Gesicht, auf meiner Brille, auf dem Shirt und in den Haaren und eine Tochter, die herzhaft jauchzte und lachte, und zwar über mich.

Das Badezimmer sah aus wie ein Schlachtfeld, die Kleine und ich auch, aber ich fühlte mich trotzdem wie der Gewinner, denn das Glas war fast leer.

Der Joggingkinderwagen

Nach unseren zahlreichen verunglückten Versuchen, jeder einzeln zum Sport zu gehen, um endlich wieder fit zu werden, war uns klar: Wir müssen uns einfach wieder gegenseitig motivieren, am Ball zu bleiben und gemeinsam trainieren. Aber wie?

Die Lösung war für uns ein Joggingkinderwagen. An einem Samstag fuhren wir mit der Kleinen zu einem riesigen Fahrradladen. Ich suchte mir eine Fachverkäuferin, die den Eindruck vermittelte, dass sie sich in der Kinderwagenabteilung gut auskennt. »Wie kann ich Ihnen helfen?«, fragte sie freundlich. »Ich suche einen Joggingkinderwagen.« Sie zeigte mir einen Kinderwagen, der in meinen Augen vollkommen okay war. Stolze 500 Euro, aber das würde sich schon rechnen, wenn man oft genug damit unterwegs war.

»Nutzen Sie den Wagen zum Walken oder eher zum Joggen?« Was meint sie denn jetzt damit? Sehe ich mit meiner Co-Schwangerschaftsfigur jetzt wirklich schon nach Walken aus? »Eher zum Joggen und zum Radfahren!«, schmetterte ich sportlich mit jetzt eingezogenem Bauch heraus. »Das hatte ich mir schon gedacht«, entgegnete die spontan in meiner Gunst gestiegene Verkäuferin.

»Aha, auch zum Radfahren, dann kann ich Ihnen mit gutem Gewissen eigentlich nur den R2D2 der Joggingkinderwagen empfehlen.« Sie zeigte auf einen schnittigen, sportwagengleichen Schlitten. »Der passt auch viel besser zu Ihnen.« Jetzt hatte sie mich endgültig. »Ja, Sie haben recht, der ist klasse, den nehm ich«, antwortete ich, den Preis von knapp tausend Euro komplett ignorierend.

»Dazu brauchen Sie noch das große Frontrad, die Babyschale und natürlich die viel bessere Gabel fürs Rad mit eingebauter Kupplung.« Nach meinen Sprüchen mit »sportlich« und so weiter war ich jetzt natürlich den ganzen Sonderausstattungen schutzlos ausgeliefert, da die laut der Verkaufsdealerin ein absolutes Muss waren.

Antje war Gott sei Dank mit der Kleinen in der Abteilung für Joggingklamotten und so konnte ich unbemerkt die 1400 Euro Gesamtrechnung schnell an der Kasse zahlen und den Wagen zum Zusammenbasteln noch im Laden lassen. So ging ich einer Diskussion aus dem Weg, ob ich von allen guten Geistern verlassen sei, bei dem Preis.

Der Joggingkinderwagen, Teil 2

Einige Tage später fand meine Frau den Abholschein des Joggingkinderwagens, auf dem natürlich auch der Preis stand. »Bist du von allen guten Geistern verlassen? Bei dem Preis können wir für uns und die Kleine auch bis zur Einschulung einen Personal Trainer buchen.«

Ganz unrecht hatte sie natürlich nicht, aber ich konnte sie davon überzeugen, dass diese Investition eine recht krisensichere war, da man mit dem Wagen das Kind würde mitnehmen können, bis es über 34 Kilo wog, mehr als fünfmal so viel wie im Moment des Kaufs. Also fast unvorstellbar.

Nachdem ich Antjes Gemüt einigermaßen besänftigt hatte, holte ich einige Tage später den Wagen ab und war doch etwas verwundert, dass er zwar sehr schick aussah, jedoch kaum in meinen Kofferraum passte. Rückbank umklappen, das sperrige Riesending rein und nach Hause. Dort angekommen, hievte ich das Teil dann samt den ganzen Sonderausstattungen nach oben und fluchte in jedem Stockwerk. Die Babyschale war schon schwer, samt Kind gewichtsmäßig der Horror, aber dieses Gefährt war echt die Krönung.

Ich nahm Kontakt auf zu einem Nachbarn, der einen kleinen Abstellraum im Erdgeschoss gemietet hatte. Ich einigte mich mit ihm, dass ich den Kinderwagen bei ihm unterstellen konnte.

Die Lagerung war also geregelt, aber es fehlte noch der

Praxistest. Ich entschied mich dafür, die erste Joggingrunde ohne Kind zu unternehmen, um mich an die Eigenschaften dieses Hightech-Gerätes zu gewöhnen. Es klappte hervorragend. Der Wagen ließ sich buchstäblich mit einer Hand bewegen und Bürgersteige, Wurzeln oder andere Hindernisse waren ein Klacks.

Nach einer Weile bemerkte ich, dass zahlreiche Passanten, die mir entgegenkamen, den Wagen anscheinend echt spannend fanden, denn sie schauten sehr interessiert. Noch interessierter sahen sie mich an, nachdem sie festgestellt hatten, dass gar kein Kind im Wagen saß. Vor meinem geistigen Auge stellte ich mir vor, dass sie wahrscheinlich dachten: Was ist mit dem Perversen los? Sucht der noch ein Kind in der Gegend, das er in seinen Kinderwagen zerren kann? Wahrscheinlich hatten sie schon die Polizei informiert. Mir wurde immer unbehaglicher und ich kehrte um. Der Wagen hatte ja meinen persönlichen Elchtest schon bestanden.

Am nächsten Tag schnappte ich mir meine Tochter, trug sie nach dem üblichen Gezeter beim Anziehen nach unten und setzte sie in ihren neuen Kinderporsche. Auch den Wagen fand sie in den ersten Minuten nicht gerade toll, zumal ich sie ja auch anschnallen musste, aber sobald wir in Bewegung waren, war ihre Welt wieder in Ordnung. Sie schaute in der Weltgeschichte umher, und bei all dem Geschaukel dauerte es genau fünf Minuten und sie schlief wie ein Stein.

Seitdem ist es eine tolle Kombination, die Kleine an die frische Luft zu kriegen und selbst ein wenig Bewegung zu bekommen.

Das Babyfon

Das Babyfon wurde unser ständiger Begleiter. Egal ob nachts im Schlafzimmer oder auch nur beim Zusammenräumen einiger Sachen in der Küche, mit dem Babyfon am Gürtel oder in der Nähe hatte man einfach ein besseres Gefühl, die Kleine immer sofort zu hören, wenn etwas war.

Aber das Babyfon konnte noch mehr. Auf der Anzeige war auch die Raumtemperatur vermerkt. So wie wir gelernt hatten, sollten im Kinderzimmer möglichst immer um die 18 Grad sein für einen optimalen Schlaf. Das ist in einem Dachgeschoss mit schrägen Fenstern nicht immer so einfach. Im Sommer kann es da schon recht heiß werden, daher hatten wir beim Umbau auch eine Klimaanlage installiert. Wenn wir nicht wollten, dass Fabienne unter einer Schneedecke schläft, mussten wir den Raum ein paar Stunden bevor sie ins Zimmer kam runterkühlen und die Anlage dann wieder ausschalten, wenn sie mit im Raum war.

Das klappte meist recht gut, doch manchmal vergaß ich, auf das Babyfon zu schauen. So passierte es mir im Sommer, dass Fabienne bei circa 25 Grad im Zimmer wie nach einem Pinienaufguss schrie und im Winter bei geöffnetem Fenster und 14 Grad förmlich ein paar Pinguine an mir vorbei aus der Wohnung rannten, weil ihnen einfach zu kalt war.

Ich war jedes Mal ins Zimmer gesprintet und vermutete meine Tochter bereits in einem Eisblock oder zumindest mit einer Rudolf-Rentier-Nase, aber weit gefehlt: Wenn es kälter war, schlief sie anscheinend wie in einer Art Winterschlaf tief und fest.

Das Babyfon konnte aber auch telepathische Nachrichten senden. Wenn es zum Beispiel unverhofft auf meiner

Seite des Bettes stand, dann war für mich sofort die Nachricht meiner Frau eingetroffen: Alter, also heute Nacht bist du mal dran, ich will heute durchschlafen und darüber auch nicht groß diskutieren.

Oder wenn sie mal etwas früher rausmusste, weil die Kleine schon am Plärren war, und sie das Babyfon einfach im Schlafzimmer stehen ließ, dann war das das eindeutige Zeichen für mich: Steh gefälligst mit auf und mach schon mal die Flasche, während ich sie wickle, mitgefangen, mitgehangen.

Und wenn sie das Phone mit rausnahm und ich so noch eine Mütze Schlaf bekam, dann war die Welt in Ordnung und sie gut drauf.

So war das Babyfon also nicht nur für den eigentlichen Überwachungszweck gut geeignet, es entwickelte sich so zu einer Art Kommunikator.

Das Einzige, was anstrengend war: Es gab Tage, da wurde der Kanal gestört und man hörte auf einmal laute Musik oder Stimmen von verschiedenen Erwachsenen. Besonders toll war es natürlich, wenn das nachts passierte. Es kam nicht nur einmal vor, dass wir aus dem Schlaf hochschreckten und dachten, es wären Einbrecher im Haus. Irgendwann stellten wir durch einen Tipp eines Handwerkers fest, dass unsere Fußbodenheizung das Signal störte, und so war es oft ein Puzzlespiel, auf welche Stelle wir das Gerät stellen mussten, um in aller Ruhe die Nacht genießen zu können.

Kleine Kinder, kleine Sorgen?

Zeitkiller Kind

Wenn man ein Kind hat, sollte man es von morgens bis abends genießen, so gut es geht. Wenn es mal nicht wie am Spieß schreit, sondern ganz in sich versunken mit den Stofftierchen spielt, die über der Wippe montiert sind, und vergnügt gackert, dann sollte einem das einfach nur gefallen. Warum sage ich das jetzt so? Weil es mir passiert ist, dass ich trotz meiner unfassbaren Liebe zu meinem Kind den Fokus verloren und über etwas anderes nachgedacht habe: Zeit!

Zeit ist etwas unschätzbar Wertvolles, und mit einem Kind beginnt die Sanduhr des Lebens auf einmal doppelt so schnell zu laufen. Früher waren Sommerferien endlos lang, man hatte das Gefühl, nie wieder in die Schule zu müssen. Heute steht man am Flughafen und wartet nach einem dreiwöchigen Urlaub auf sein Gepäck und hat das Gefühl: Sag mal, bin ich nicht gerade erst losgeflogen und jetzt ist der Urlaub schon wieder vorbei?

Ich habe mir mal ein Hörbuch gekauft, das mit dem Satz begann: »Kommt Ihnen das Leben nicht vor wie ein immer schneller werdender D-Zug?« Ich habe es direkt nach diesem Satz in den Müll geschmissen! Aber es stimmt leider, und ein Kind trägt noch mehr dazu bei.

Wenn man sich vor Augen führt, dass ein Tag nur 24 Stunden hat, dann braucht man ja nur nachzurechnen. Früher schlief man acht Stunden, arbeitete acht Stunden und dann waren noch acht Stunden Zeit. Jetzt mit Kind wird an diesen acht Stunden geknabbert. Da gibt man circa vier Stunden die Flasche, wickelt eine Stunde, versucht das kleine Ungeheuer zwei Stunden in den Schlaf zu wiegen und behält, wenn man viel Glück hat, diese letzte Stunde des Tages für sich selbst. Und ich habe festgestellt, das ist bei Weitem nicht genug! Wie soll ich in dieser Stunde Sex mit meiner Frau haben, ein Buch lesen, einen Film schauen und ganz entspannt ein nettes Dinner einnehmen? Vollkommen ausgeschlossen!

Es gab Situationen, die waren schon fast bizarr. In den ersten Wochen zum Beispiel, als ich noch nicht so routiniert war, bedeutete das morgendliche Füttern für mich den totalen Stress. Anders als früher, als ich nach dem Aufstehen eine kleine Joggingrunde drehte, nach Hause kam, in Ruhe geduscht und gefrühstückt habe und dann ganz entspannt zur Arbeit ging, wurde ich jetzt von einem kräftigen Schrei aus dem Babyfon geweckt. Man ist sofort hellwach und rennt ins Kinderzimmer, als ob es brennt. Das Wichtigste ist, dass die Kleine schnell ihre Flasche kriegt und das bedeutet zeitlichen Stress.

Eines Tages fing die Kleine genau dann an zu schreien, wenn ich dringend auf die Toilette musste. Was tun? Ich trug schließlich keine Windeln, aber die Kleine einfach schreiend liegen lassen? Also entschied ich mich kurzerhand, mit der Kleinen auf dem Arm auf dem Klo zu sitzen. Ich konnte mir ein Lachen nicht verkneifen, weil ich mir vorkam wie Mr. Bean. Wenn mich so jemand gesehen hätte ... Aber lassen wir das, denn es ist nur ein bezeichnendes Beispiel dafür, wie sehr sich alles veränderte und wie oft man nicht nur bildlich gesprochen mehrere Dinge gleichzeitig machen musste, um überhaupt alles unter einen Hut zu bekommen.

An anderen Tagen hatten wir uns fest vorgenommen, es uns am Abend, wenn die Kleine schläft, gemütlich zu machen mit einem schönen Film und einer guten Flasche Wein. Genau an einem dieser Abende entschied sich Fabienne dazu, ihr neues Können, den Nuckel selber in alle Richtungen zu schmeißen, so oft zu wiederholen, dass ich mir kurzfristig überlegte, ihn festzutackern. Das Tolle daran war nämlich, dass sie dann ohne Nuckel nicht mehr einschlafen konnte oder wollte. Also Nuckel rein, sie schmiss ihn raus, Nuckel rein, sie schmiss ihn raus. So ging das fast eine Stunde. Antje hatte die halbe Flasche Wein schon getrunken, war duschen und sagte, sie warte schon mal im Schlafzimmer. (Übersetzung: »Hallo, Schatz, komm nach, wenn du fertig bist, und finde mich garantiert schlafend vor.«) Ich kann nicht von mir weisen, dass ich echt genervt war an diesem Tag, aber solche Tage gibt es halt auch.

Und in diesen Momenten wusste ich, jetzt müssen wir aufpassen, damit wir nicht so genervt sind, dass wir das Kind mit sechs Monaten ins Internat schicken. Schließlich hat uns ja keiner eine Pistole an den Kopf gehalten und gedroht: »So, meine Lieben, dann mal husch, husch ins Körbchen und schön Babys machen.« Wir wollten es ja mit Haut und Haaren, aber ich gebe zu, man konnte sich nur ein ganz schemenhaftes Bild davon machen, wie es sein würde, 23 Stunden pro Tag fremdbestimmt zu werden von einer nicht mal 65 Zentimeter großen Person.

Da wir jedoch den Wunsch hatten, nicht irgendwann einen mittelschweren Nervenzusammenbruch zu erleiden, stellten wir ein paar Regeln auf, die unsere wenn auch noch so kleinen Zeitinseln ein wenig schützten. Wir dachten am Anfang zum Beispiel, wenn wir die Zeit hinauszögern, bis Fabienne schlafen geht, dann können wir morgens schön ausschlafen. Es war doch eine ganz einfache Rechnung. Legen wir sie um 21 Uhr hin, ist sie um sieben wach. Nachdem wir das Durchschlafen so gut hinbekommen hatten, hieß das doch einfach: Legen wir sie um 23 Uhr hin, dann können wir bis neun schlafen. Fabienne belehrte uns jedoch eines Besseren! Es war vollkommen egal, wann wir sie hinlegten, sie wurde immer um sieben Uhr wach (plus/minus 20 Minuten). Als wir das kapiert hatten, war es trotzdem toll, denn wir legten sie dann natürlich früher hin und hatten am Abend zwei Stunden für uns.

Und bei diesen kostbaren Stunden stellten wir fest, dass wirklich vieles zu kurz kam. Für Antje hieß es oft: Wasch ich mir noch schnell die Haare, oder sauge ich die Wohnung? Mach ich ein paar Überweisungen, während die Kleine einen Mittagsschlaf macht, oder schmeiße ich schnell die täglichen zwei Waschmaschinen an? Dieses tägliche Knobeln nervte natürlich, weil man immer das Gefühl hatte, dass irgendwas liegen blieb.

Aber mal ehrlich: Was ist schlimm daran? Wenn das Kind schläft, einfach mal den Abwasch bis morgens stehen lassen oder die Wäsche einen Tag später waschen und einfach mal die kurzen Momente der Zweisamkeit genießen. Kommt dann die Mäusepolizei und sagt: »Meine Herrschaften, Sie wissen doch: Ausruhen verboten«? Wichtig ist nur, dass die Bude blitzblank ist, falls mal Besuch kommt?!

So ein Blödsinn. Mir war es vollkommen egal, wenn mal was rumlag, aber Antje musste sich echt überwinden. Doch ich konnte sie des Öfteren überreden, und so kamen wir am Ende doch auf unsere gemeinsamen Stunden ohne Stress und merkten, wie sehr wir diese vermisst hatten.

Verlust der Zweisamkeit

Was hatten wir uns nicht alles selbst gepredigt vor der Geburt! Wir müssen uns unsere Zweisamkeit ein wenig bewahren, es kann nicht nur 24 Stunden um das Kind gehen, deshalb gehen zahlreiche Beziehungen in die Binsen, die höchste Scheidungsrate gibt es in Deutschland, wenn das Kind zwei Jahre alt ist, und, und, und!

Und was war von diesen Vorsätzen übrig geblieben nach nunmehr fünf Monaten? Nichts! Das kleine Monster hatte sich Stück für Stück unsere Zeit einverleibt und machte keinerlei Anstalten, das in naher Zukunft zu ändern. Wir merkten, dass es langsam nicht nur schwierig wurde, die Nerven zu behalten, wenn die Kleine schrie oder unsere Nachtruhe störte, manchmal wurde unser Ton rauer, wenn wir das Gefühl hatten, in einem Hamsterrad zu leben.

Der Tag bestand für Antje darin, die Kleine morgens um acht zu waschen, ihr die Flasche zu geben, eine Stunde mit ihr zu spielen, sie noch mal zu windeln und ins Bett zu legen. Dann schnell die Bude putzen, bis sie wieder wach wurde. Dann folgte der Kampf mit dem Gläschen Gartengemüse, windeln, spielen und am Nachmittag noch mal ein kurzes Schläfchen. Ein letztes Mal meldete sich der Schreihals, und dann ging es zu einem kleinen Spaziergang an der frischen Luft, dann windeln, baden, füttern, spielen, umziehen und ins Bett legen und hoffen, dass sie bis zum nächsten Morgen durchschläft.

Dann war es circa 21.30 Uhr. Zeit für die eigene Dusche, etwas essen und hundemüde ins Bett krauchen, damit man einigermaßen fit das Ganze am nächsten Tag wiederholen konnte. Viel Zeit für uns blieb da nicht, denn am Morgen und wenn ich abends von der Arbeit nach Hause kam, war meine Sehnsucht nach meiner Tochter riesengroß und ich versuchte dann natürlich die Zeit, bis sie schlafen ging, auch mit ihr zu verbringen. In dieser Zeit flitzte Antje ins Büro, um wenigstens die wichtigste Post zu bearbeiten oder ein paar Überweisungen zu tätigen.

Dass dringend etwas passieren musste, zeigten uns zwei Situationen. An einem Tag brachte Antje Fabienne zu ihrer Mutter, kam zurück und erledigte zahlreiche lange liegen gebliebene Bürosachen und unsere Steuererklärung. Am nächsten Tag holte sie die Kleine wieder ab und alles ging von vorne los. An einem anderen Tag nahm ich die Kleine mit und verbrachte mit ihr den ganzen Tag draußen, besuchte meine Großeltern und kam erst am Abend zurück. Antje war total glücklich und begrüßte mich mit dem Satz: »Wow, das war klasse, endlich konnte ich mal die ganze Wohnung sauber machen.«

So weit war es also gekommen. An seinem kinderfreien Tag freut man sich, dass man Zeit hat zu putzen. Vor meinen Augen blitzte ein riesiges Stoppschild. Das war eine Einbahnstraße ohne Wiederkehr, wir machten dieselben Fehler, die wir zigmal bei anderen gescheiterten Paaren beobachtet hatten und selbst nie machen wollten. Aber wir erkannten die Gefahr und waren entschlossen, etwas dagegen zu unternehmen.

Wir beschlossen, dass es alle 14 Tage einen kinderfreien

Tag geben musste, nur für uns und ohne Putzen. Wir waren monatelang nicht im Kino gewesen, was wir eigentlich total liebten. Wir baten unsere Eltern um Hilfe und vereinbarten, dass die Kleine an deren freiem Tag zu ihren Großeltern kommt, und es war herrlich. Antje brachte es zwar jedes Mal kaum über das Herz, unsere Tochter dorthin zu fahren, und kämpfte regelmäßig gegen den Impuls, wieder umzukehren, aber am Ende spürte sie auch, dass wir das brauchten und so zwei Fliegen mit einer Klappe schlugen. Wir hatten endlich mal wieder Zeit zu zweit und was Fabienne anging, konnten wir so auch in stressreichen Situationen viel relaxter reagieren.

Die Großeltern

Meine Großeltern hatten das Thema Schwangerschaft am Anfang noch recht auf die leichte Schulter genommen mit dem üblichen Spruch: »Ach, wer weiß, ob wir das alles noch miterleben.« Ich war solche Anspielungen ja gewohnt, besonders meine Oma starb eigentlich ihrer Meinung nach jedes Jahr aufs Neue, solange ich denken kann. Also hieß es zu Weihnachten bei der Frage nach Geschenken: »Ach, du weißt doch, wir brauchen nichts und wozu jetzt auch noch?« Jedes Jahr wurde die Wohnung ausgemistet, damit die Hinterbliebenen nicht so viel Plunder herausschleppen müssten. Das sagte sie schon mit Mitte 70, und daher war auch jetzt der typische Spruch: »Ach, wer weiß, ob wir das mit der Geburt überhaupt noch miterleben werden.«

Ich freute mich jedoch sehr darüber, dass ich sie jetzt mit stolzen 90 Jahren doch noch zu Uroma und Uropa machen konnte. Und ich bemerkte, dass es stimmt, was immer gesagt wird: Kinder halten jung! Der Weg ins Krankenhaus war für meine Großeltern zu beschwerlich, also schnappte ich mir die Kleine nach ungefähr drei Wochen und fuhr mit ihr zu ihnen in dieselbe Wohnung, in der auch ich mich schon als Kind so wohlgefühlt hatte.

Für mich als Gewohnheitsmensch ist es auf der einen Seite toll, dass sie hier seit über 60 Jahren in derselben Wohnung wohnten mit dem sogenannten halben Zimmer, in dem für mich die Welt als Kind noch so einfach und in Ordnung gewesen war. Zum anderen finde ich es unfassbar, denn ich bin in meinem Leben bestimmt schon 15 Mal umgezogen.

Ich ging die eine Treppe hoch, stellte den Kinderwagen im Flur ab, nahm Fabienne auf den Arm und übergab sie meiner Großmutter und ab da war der Damm gebrochen. Alte Muttergefühle wurden neu geweckt, Vergleiche wurden gezogen mit der Geburt meines Vaters, Tipps ausgetauscht nach dem Motto: »Mach mit, mach's nach, mach's besser.«

Auf jeden Fall schlossen Oma und Opa die Kleine sofort in ihr Herz. Mein Großvater scherzte mit ihr herum, setzte ihre Mütze auf und Fabienne lachte sich scheckig. Und dann wurde ich auf Herz und Nieren überprüft und begutachtet. Nachdem ich die Kleine gefüttert, gewindelt und umgezogen hatte, sagte mir meine Großmutter: »Ich hätte ja nie gedacht, dass du mal so ein guter Vater sein könntest.«

Klar war das auf der einen Seite ein schönes Kompliment, aber was heißt das auf der anderen Seite? Sie dachte, ich werde ein schlechter Vater? Ich hakte nach: »Wie meinst du das denn?« – »Na ja, wie du mit der Kleinen umgehst und wie routiniert da jeder Handgriff ist und so«, antwortete meine Großmutter.

Sie dachte also anscheinend, ich komme mit dem Kind auf dem Motorrad, schneide zum Essen ein Schnitzel klein, entferne die Unschönheiten aus der Windel mit einem Dampfstrahler von Fabiennes Hintern und stecke sie danach in den Trockner?! Aber nun gut. Ich liebe meine Großeltern und nehme an, dass diese Verwunderung wirklich ein Kompliment sein sollte, also freute ich mich, dass sie es bemerkt hatten.

Meinungsverschiedenheiten ergaben sich dann etwas später. Ich hatte die Kleine hingelegt, aber sie hatte irgendwie nicht so die rechte Lust zu schlafen, also ging ich ins Schlafzimmer, um sie zu beruhigen. Das passierte danach noch ein paarmal. »Du musst sie einfach schreien lassen, dann hört sie irgendwann von alleine auf, so haben wir das früher immer gemacht und das hat auch nicht geschadet, aber heute ist ja alles anders«, empörte sich meine Oma, leicht genervt von der Lautstärke und der Unruhe, die Fabienne und natürlich ich verursachte, indem ich nicht seelenruhig am Kaffeetisch sitzen blieb.

Auch wenn ich Gefahr lief, meinen frisch erworbenen Ruf als Superdaddy gleich wieder zu verlieren und als Weichei zu gelten, ich konnte meine Tochter nicht schreien lassen. Das konnte ich von Anfang an nicht und das werde ich wohl auch in Zukunft nicht können. Als sie dann irgendwann endlich schlief, dachte ich darüber nach: Hatten meine Großeltern doch recht? Wickelte die Kleine mich gerade um den Finger und lernte dabei, wie sie mich jederzeit zu sich zitieren könnte?

Aber die Zukunft hat mir bewiesen: Wir haben ein im Verhältnis sehr pflegeleichtes Kind, das nur schreit, wenn es Hunger hat, schlafen will oder wirklich ein Problem hat. Das war okay und störte mich nicht, und das versuchte ich auch meiner Großmutter zu vermitteln, wobei ich vermute, dass sie mir beim Gehen und Winken vom Balkonfenster freundlich lächelnd und für mich nicht verständlich zurief: »Und ich habe doch recht.«

Besserwisser-Einmisch-Mütter

Wenn man so von einem Tag auf den anderen aus einer Pärchenwohnung eine Dreier-WG gemacht hat, dann gibt es Tausende von Dingen, die sich erst nach und nach einspielen. Vieles dauert am Anfang sehr lange, weil man sich fürchtet, etwas falsch zu machen, aber mit der Zeit folgt eine gewisse Routine.

Ich persönlich hatte immer die Einstellung, jeder wird seinen Weg machen und den für sich eigenen finden, den man für das Kind am richtigsten hält. Aber das entscheidet man nicht allein. Es gibt immer ein Riesenumfeld an Bekannten, Verwandten und Freunden und jeder möchte einem einen Rat mit auf den Weg geben. Manches ist überholt, manches nimmt man gerne an und manches wird einfach ignoriert.

Einer dieser Tipps war zum Beispiel, dass wir ganz umweltbewusst so wie früher Windeln benutzen könnten, die man auswäscht und wiederverwendet. Nee, ist klar, auf keinen Fall! Selbst der kurze Moment, die normalen Windeln zu öffnen, das angerichtete Stinkbomben-Malheur in den Windeleimer zu werfen und es einigermaßen zu schaffen, in der Zeit die Luft anzuhalten, ist schon schlimm genug.

Ein anderer Tipp war zum Beispiel, dass uns vor der

Geburt abgeraten wurde, das Kind per Kaiserschnitt zu holen, obwohl es uns von anderer Seite absolut empfohlen wurde. »Wenn du das Kind nicht auf dem normalen Wege bekommst, dann hast du keine Bindung zum Kind.« Selbstverständlich! Deshalb brauche ich heute auch einen Schweißbrenner, um unsere Tochter mal von meiner Frau zu trennen.

Ganz was Feines war auch: »Du musst unbedingt das Kind stillen, sonst kriegt es Neurodermitis und zahlreiche andere Allergien. Am besten, ihr kocht die gesamte Nahrung für euer Kind selbst, das ist das Beste und nicht diese Fertiggläser.« Na sicherlich, wir werden jeden Apfel und jede Banane, die in die von uns selbst pürierte Nahrung kommen, vorher nach ihrer Herkunft checken und danach jede Nacht, da ja am Tage durch das Kind ohnehin keine Zeit mehr übrig bleibt, in der Küche stehen und Nahrung vorbereiten.

Es würde ein weiteres Buch füllen, um all die bestimmt gut gemeinten Tipps aufzuschreiben, die wir im Laufe der Schwangerschaft und danach erhalten haben. Wir haben auch gelernt, dass man sehr vorsichtig darauf antworten muss, denn die Vorsprungmütter sehen es als Majestätsbeleidigung an, wenn man ihrem Rat nicht folgt, schließlich haben sie ja ein bis zwei Jahre Vorsprung und daher mehrere staatliche Diplomprüfungen erhalten als perfekte Mütter. Also nickten wir lieber brav, fuhren nach Hause und pickten uns die Tipps heraus, die in unseren Augen wirklich Sinn machten. Alles andere zogen wir so durch, wie es aus unserer Sicht am besten für unser Kind war.

Schlimm wurde es bloß, wenn die Tipps von Frauen kamen, die gar nichts mit uns zu tun hatten, denn die Besserwisser-Einmisch-Mütter lauern überall. Kaum war man mal mit dem Kinderwagen unterwegs, hieß es: »Das ist aber ein süßes Kind. Aber sind Sie nicht der Meinung, sie ist zu warm angezogen?« Wenn man mal mit der Kleinen auf dem Arm durch das Treppenhaus ging, hieß es von irgendeiner Nachbarin: »Mensch, mit der Kleinen rausgehen ohne eine Mütze auf dem Kopf, es könnte doch windig werden.« Bei 30 Grad im Schatten!

Je länger unsere Tochter in unserem Leben war, desto sicherer waren wir uns, das Richtige zu tun, egal was es war.

Besserwisser-Einmisch-Mutter im eigenen Haus

Eins ist mir in den ersten Monaten unserer Dreisamkeit klar geworden: In den Augen einer Mutter bist du nie Batman, das ist nämlich sie, und du bist Robin. Sie wird immer Derrick bleiben und dir sagen: »Harry, fahr schon mal den Wagen vor.« Du bist Scotty und sie der verdammte Captain Kirk auf dieser Reise, die keiner von euch beiden bis jetzt erlebt hat.

Meine Frau ist in gewissen Dingen ein Kontrollfreak, und das erlebte ich auch in Bezug auf unsere Tochter. Und bei vielen ihrer Kommentare brauchte ich die Gelassenheit eines Löwen, der sich sonnend in der Savanne unter einem Baum liegt, nach ein bis zwei Antilopen zum Mittagessen, um nicht auszuflippen und das ganze Thema »Kinder kriegen und irgendwie großziehen« weiterhin mit Humor zu nehmen. Wenn sie zum Beispiel sagte (und ich spreche hier von so gut wie täglich): »Sag mal, hast du an die Sab Simplex (Anti-Pups-Tropfen) gedacht?«

Antwortvariante A: »Schatz, das ist jetzt, glaube ich,

warte, lass mich kurz nachrechnen, die 872. Flasche, die ich ihr vorbereite, und jedes Mal mische ich diese Kacktropfen mit rein, denkst du, ich bin ein Hornochse?«

Antwortvariante B: »Ja, Schatz, selbstverständlich.«

Oder: »Bevor du mit der Kleinen joggen gehst mit dem Kinderwagen, zieh ihr noch was Warmes an.«

Antwortvariante A: »Nein, Schatz, da ich davon ausgegangen bin, dass wir in Thailand wohnen, wo ja bekanntlich im Dezember so um die 30 Grad sind, wollte ich sie bis auf die Windeln ausziehen und ihr einen Strohhut aufsetzen, und sie lacht immer so schön im Fahrtwind.«

Antwortvariante B: »Ja, Schatz, selbstverständlich.«

Oder: »Wenn du sie ins Bett legst, dann am besten auf die Seite, so kann sie am besten einschlafen.«

Antwortvariante A: »Nein wirklich? Ich bin bisher bei meinen Nachtschichten immer davon ausgegangen, dass unsere Tochter mit dem Kopf nach unten schläft, sich mit ihren Füßen an einem der Dachbalken festkrallt und stundenlang ›Let me entertain you‹ singt.«

Antwortvariante B: »Ja, Schatz, selbstverständlich.«

Oder: »Ich habe die Kleine jetzt hingelegt. Sei bitte leise, damit sie nicht aufwacht.«

Antwortvariante A: »Ach schade, ich hab mir doch gerade neue Steppschuhe gekauft und wollte jetzt für meinen Auftritt mit den Jungs von Riverdance trainieren.«

Antwortvariante B: »Ja, Schatz, selbstverständlich.«

Als erfahrener Ehemann entscheidet man sich natürlich immer für Variante B.

Grundsätzlich musste ich mich auch daran gewöhnen, an eigentlich so gut wie jeder unvorhersehbaren Situation schuld zu sein. Wenn wir zum Beispiel Freunde besuchten und sie hinter mir mit dem Kinderwagen hineingerollt kam, dann keifte sie: »Warum ist denn hier die Musik so laut, verdammt?« Selbstverständlich hätten wir mit getrennten Autos zu unseren Freunden fahren können, damit ich mich schon mal davon überzeugen konnte, dass die Wohnung kindgerecht vorbereitet wurde, wirklich dumm von mir.

Aber ich lernte doch recht schnell, mit diesen ja im Grunde nur gut gemeinten Kommentaren einer übervorsichtigen Mutter umzugehen. Meist lachte auch sie darüber, wenn ich ihr die jeweilige Situation noch mal ohne Kind auf dem Arm wiederholte.

Am schwersten, ruhig zu bleiben, war es jedoch, wenn ich ganz genau wusste, dass ich recht hatte und das von meiner Frau einfach ignoriert wurde. Wenn ich zum Beispiel genau wusste, dass es das Beste war, die Kleine zwar anzuziehen, ihr aber die Mütze erst im allerletzten Moment vor dem Rausgehen aufzusetzen, dann war klar, dass Antje die Mütze bereits in der Wohnung aufzog. Sämtliche Einwürfe meinerseits (»Engel, du weißt doch« und so weiter) wurden klassisch ignoriert. 21, 22, 23 und schon schrie Fabienne wie am Spieß und ich durfte sie dann die vier Treppen runtertragen und uns so in unserer Nachbarschaft wieder äußerst beliebt machen.

Sehr schön war es auch, wenn man der Kleinen ansah, dass sie einfach nichts mehr trinken wollte. Sie drehte sich von links nach rechts, sie wollte die doofe Flasche – egal ob Milch oder Tee – einfach nicht mehr in den Mund nehmen. Mein kläglicher Versuch zu äußern: »Ich glaube, die Süße hat genug«, wurde im Keim erstickt: »Sie muss aber noch trinken, sonst schläft sie wieder nur 30 Minuten.« Wenn sie dann danach auf Muttis Arm, statt ein Bäuerchen zu machen, ihr die ganze Chose auf das Oberteil und in die Haare kotzte und danach lachte wie eine Schneekönigin, dann konnte ich mir ein Lächeln nicht verkneifen und wusste, meine Tochter und ich, wir verstehen uns!

Meine Tochter ignoriert mich

Ich hatte gehofft, dieser Tag würde nie kommen und wenn nicht nie, dann wenigstens so spät wie möglich. Vielleicht so nach den ersten eigenen Kindern oder wenigstens erst in der Pubertät. Aber nein, es passierte so ungefähr nach sechs Monaten und vollkommen unverhofft. Jeden Tag, bevor ich die Wohnung verließ, und auch sofort, wenn ich wieder nach Hause kam, ging ich zu meiner Tochter, küsste sie und freute mich über ihr Lachen und machte Späße mit ihr. Sie fand das toll, bis zu diesem Tag, an dem mich meine Tochter total ignorierte.

Am Morgen hatte ich dem Ganzen noch nicht so viel Aufmerksamkeit geschenkt. Ich dachte, sie ist müde, schaut an die Decke, na klar, weil da auch die lustigen Lichter sind, und vielleicht ist sie heute einfach nicht so quietschfidel wie sonst, das hat man ja selber auch mal. Ich ging zur Arbeit und hatte das bald auch wieder vergessen und freute mich auf die Kleine am Abend. Das Problem war, am Abend gab es dasselbe Spiel. Sie schaute mich nicht direkt an, sondern immer woandershin.

Was hatte ich getan? Hatte sie mir meine Gedanken übel genommen, dass ich sie ins Internat schicken wollte, wenn sie 14 wird, damit die ganzen Jungs ihr nicht an die Wäsche gehen? Hatte sie einfach einen schlechten Tag, oder ging es ihr nicht so gut? Doch dann kam der Höhepunkt. Antje kam zu ihr und sie lachte und gackerte so wie immer, war gut drauf und strampelte – halt nur nicht mit mir, sondern mit meiner Frau.

Am Wickeltisch tänzelte ich hinter meiner Frau hin und her und, ja, für einen kurzen Moment trafen sich unsere Blicke, aber wirklich nur für einen kurzen Moment, und dann sah sie auch schon wieder vollkommen desinteressiert in eine andere Richtung. Sie riss damit alte Wunden auf! Dieser Blick erinnerte mich an eine der miesesten Abfuhren, die ich in meinem Leben erhalten hatte. Ich war schon immer ein guter Tänzer, und so groovte ich mich mit 16 in der angesagten Diskothek »Sugar Shake« an ein Mädchen heran, das ich schon den ganzen Abend im Visier hatte. Meine Freunde animierten mich, zum Angriff überzugehen, also legte ich los. Als ich dann vor ihr angekommen war und wirklich einige meiner heißesten Moves aufs Parkett schmetterte, fragte sie mich allen Ernstes vor ihren beiden Freundinnen: »Wow! Kannst du tanzen?« Ich stotterte: »Ja«, und konnte mein Glück kaum fassen, bevor sie eine Sekunde später antwortete: »Cool, dann tanz ab, aber dalli!«, wobei sie bereits arrogant in eine andere Richtung blickte.

Dasselbe Gefühl hatte ich auch in diesem Moment. Duuu, Fabienne, sei mal nicht so, sonst frag später auch nicht mich nach einem Mofa oder Auto. Nichts half, jeder Versuch, sie auf meine Seite zu ziehen, scheiterte. Ich war absolut deprimiert. Ich setzte mich auf den Balkon und fand es unfassbar, wie so ein kleines Wesen es schaffte, dich glücklich oder auch traurig zu machen, ohne ein Wort zu verlieren.

Antje brachte die Kleine ins Bett, und ich hatte sogar Schwierigkeiten beim Einschlafen, weil mir dieser komische Tag einfach nicht aus dem Kopf wollte. Ich machte mir ein Hörbuch an, um den Gedanken zu entfliehen, aber ich schlief echt unruhig.

Um 7.20 Uhr war dann die Nacht zu Ende und Fabienne gab Laut. Antje pellte sich aus dem Bett, aber ich riss sie zurück. Dirty-Harry-mäßig sagte ich ihr: »Bleib du liegen, das ist eine Sache zwischen mir und Fabienne«, und ging in Richtung Kinderzimmer. Das ist noch nicht vorbei, Baby, das klären wir noch.

Im Kinderzimmer angekommen, erwartete mich meine Tochter mit einem Strahlen und gefalteten Händen und es war um mich geschehen. Ähh, was war, ähm, was wollte ich noch mal …? Eh egal, komm her, mein Engel, komm in Daddys Arme. Sie kuschelte sich noch ein wenig müde an meine Schulter, rieb sich die Augen, gähnte noch ein paarmal und ich war der glücklichste Mensch der Welt. Verdammter Mist, sie hat mich in ihrem Bann und ich kann nichts dagegen tun, sondern finde es einfach nur schön.

Das Baderitual

Ich war mein Leben lang fasziniert von allen Bildern, die Babys unter Wasser zeigten mit groß aufgerissenen Augen. Alle sahen immer so glücklich aus, und mir war klar, ich werde mit meiner Tochter alles veranstalten, was mit diesem Element zu tun hat. Und natürlich freute ich mich auch schon sehr auf das erste Baden zu Hause mit der Kleinen.

Diese Freude wurde von der Hebamme erst mal gebremst, da sie uns erklärte, dass wir sie nicht baden dürften, bis der Nabel abgefallen sei, und das dauere erst mal über eine Woche. Und danach sollte man auch nur ein Mal in der Woche baden, um die Haut zu schonen. Frecherweise bekam ich von meiner Frau, die ihre Eltern besuchte, dann eine MMS, die sie, ihre Mutter und unsere Tochter in der schwiegermütterlichen Wanne zeigte.

Fiese Sache, aber ich würde mir über einen Racheakt meine Gedanken machen. Doch irgendwann war das Warten dann auch für mich vorbei. Ich besorgte beim Dealer meines Vertrauens, bei Baby Walz, einen Einsatz für die kleine Wanne, in der sich die Kleine mit den Armen und Beinen abstützen konnte. Ich brauche nicht zu erwähnen, dass ich den Laden mit dem Willen, diesen Einsatz zu besorgen, betrat und mit zwei riesigen Einkaufstüten wieder verließ.

Ich drehte die Fußbodenheizung auf volle Pulle. Zusätzlich stellte ich den Trockner an, damit es im Badezimmer mollig warm war. Antje füllte die kleine Wanne mit warmem Wasser und ich legte Fabienne auf den Wickeltisch, zog sie aus und dachte dann, als ich sie das erste Mal auf dem Arm hatte, in eine Decke eingehüllt: Ohne Windeln … Was für ein süßer Nackedei!

Dann wollte ich sie vorsichtig erst mal mit den Füßen ins Wasser halten, damit sie sich an das Wasser gewöhnte. Sie fing sofort an zu weinen, und ich nahm sie wieder auf den Arm. Was hatte ich falsch gemacht? Ja, richtig, ich hatte vergessen, wie meine Frau duscht oder badet. Ich glaube, viele Männer wissen, dass ein Mann um einiges kühler duscht als eine Frau. Meine ist dabei die Anführerin. Sie könnte ohne Probleme in einem Kochtopf für das Zubereiten von Hummern sitzen und sich pudelwohl fühlen.

Ich denke mal, sie ging davon aus, dass unsere Tochter dies von ihr geerbt hat, und daher war das Wasser um einiges zu heiß.

Ich füllte kaltes Wasser nach, bis auch das Thermometer, das wir gekauft hatten und das von meiner Frau anscheinend übersehen worden war, überhaupt wieder in dem Bereich war, der die Temperatur anzeigt. Danach setzte ich die Kleine in die Wanne, und nach ein paar tiefen Atmern und großen Augen gewöhnte sie sich sehr schnell an diese Situation. Ich rubbelte sie mit einem kleinen Frottee-Waschlappen ab, und sie genoss das Baden mehr und mehr, was sie durch hektisches Strampeln unterstrich.

Es war herrlich, sie dabei zu beobachten, und für mich war klar, Baden ist in Zukunft Papas Sache!

Was ich jedoch leider vollkommen verpeilt hatte, war die Zeit, in der ich mit ihr in einen großen Pool hätte gehen können. Ich hatte mich ja wie gesagt darauf gefreut, das Baby unter Wasser zu fotografieren und das Foto dann neben das Cover von Nirvana zu hängen.

Den Reflex, unter Wasser nicht zu atmen und so zu tauchen, haben Babys nur in den ersten Wochen nach der Geburt, sie verlernen es mit der Zeit. Das ist wohl der Übergang aus der Fruchtblase nach und nach ins normale Babyleben. Ich hatte es so verstanden, dass ich ein paar Wochen warten musste, und verpasste so den Zeitpunkt, was mich schon ein wenig traurig machte. Aber was soll's, dann eben auf zu neuen Zielen.

Ich erinnerte mich an die Zeit, als mein Vater mit mir zur Freischwimmer-Prüfung ging. Unter anderem musste man nach zahlreichen Ringen tauchen, vom Drei-Meter-Brett springen und dann 15 Minuten schwimmen, ohne den Beckenrand zu berühren. Nachdem ich die 15 Minuten fast geschafft hatte, sagte er zu mir: »Komm schon, jetzt schaffst du gleich auch noch den Fahrtenschwimmer, da musst du nur noch mal 15 Minuten durchhalten.« Ich hatte eigentlich nur noch meine Nase über Wasser und hatte meine Brustschwimmtechnik umgestellt auf eine Art Hundestrampeln, aber ich hielt auch die zweiten 15 Minuten durch.

Ich schlief danach glaube ich 14 Stunden am Stück, war aber am nächsten Morgen überglücklich, dass ich nun diese zwei Abzeichen auf meiner Minibadehose hatte und nicht mehr diese Kinder-Seepferdchen. Das werde ich auch mit meiner Tochter machen, dachte ich mir, und sah sie vor meinem geistigen Auge schon in einem roten Badeanzug in Zeitlupe einen Strand langlaufen als eine der besten Rettungsschwimmerinnen der Welt.

Du hast die Haare schön

Meine Mutter sagte früher immer zu mir, dass ich als Kind zu zwei Dritteln aus Kopf bestanden hätte. Ich antwortete dann meist, das sei so, weil da so viel drin sei. Beim Betrachten meiner Babyfotos fand ich das überhaupt nicht so schlimm. Als ich sie dann mit meiner Frau eines Nachmittags noch mal aus dem Schrank holte, stellte sie zum einen entsetzt fest, dass unsere Tochter mir in dieser Hinsicht unwahrscheinlich ähnlich sah, und zum anderen, dass ich als Baby so gut wie keine Haare hatte.

Das änderte sich aber nach dem ersten Jahr und ich bekam eine Lockenmatte, da wäre selbst Justin Timberlake neidisch gewesen, und sah ungekämmt aus wie ein blondes Mikrofon. Antje hatte als neugeborenes Kind auch keine Haare und nun überlegten wir, wie es wohl bei unserer Tochter sein würde.

Ich dachte mir, natürlich wird sie schöne Haare bekommen. Antje hat tolle lange blonde Haare, und wenn ich nicht alle vier Wochen zum Friseur gehen würde, hielten mich die Leute für einen Rasta aus Jamaika. Trotzdem dachte Antje vor der Geburt oft darüber nach und sagte mir immer wieder, dass sie hoffe, dass das Kind bitte keine Glatze hat.

Und na klar, das hatte sie auch nicht, sondern einen dunklen Flaum auf dem ganzen Kopf. Nach der anfänglichen Freude darüber sagten uns viele in unserem Umfeld, dass die ersten Haare meist ausfallen. Es war also ein Wechselbad der Gefühle: Bleiben sie nun oder eher nicht?

Der dunkle Flaum jedenfalls wurde mit der Zeit immer heller. Zusätzlich bewegte Fabienne sich im Bett so viel hin und her und drehte dabei ihren Kopf von links nach rechts, dass irgendwann eine Stelle am Hinterkopf doch recht kahl wurde. Darunter bildete sich dadurch eine Art Kranz, und nach circa drei Monaten sah sie ein wenig aus wie ein Mönch.

Dazu trug sie eine lockige Strähne direkt auf dem Kopf, die immer wie eine Antenne nach oben stand. Ansonsten tat sich haartechnisch erst einmal gar nichts. Doch dann mit fast fünf Monaten begann das Haar zu wachsen, einzelne Haare waren so lang, dass Antje am Anfang dachte, es wäre ein Haar von ihr, aber nein, unsere Tochter bekam überall kleine Stoppeln und nach und nach Haare.

Und beim Überlegen, wie sie einmal aussehen würde, unterschieden sich unsere Vorstellungen komplett. Antje stellte sich die Kleine vor als süßes Mädchen, vielleicht sogar die Haare geflochten von Mutti mit ein paar niedlichen kleinen Zöpfchen.

Meine Vorstellung war eher ein cooles Kopftuch, aus dem die strähnigen Haare hinten rausschauen, oder ein bisschen wie Captain Sparrow, bloß als Mädchen. Und mit ihren neuen Posen vor der Kamera glaubte ich immer fester, dass meine Vorstellung die richtige war. Mal trug sie ihre Mütze so tief gezogen, dass die Augen rappermäßig nur noch durch einen kleinen Schlitz zu sehen waren, und ein anderes Mal zog sie ihre Spuckwindel hoch, als ob sie eine Bank überfallen wollte.

Mit dem Gangster Style konnte ich mich jedenfalls besser anfreunden als mit dem braven kleinen Strebermädchen mit weißen Ringelsöckchen und schwarzen Lackschuhen. Aber auch hier erwarte ich die Zukunft mit Spannung, ob ich bei dieser Sache genauso scheitere wie bei meinem Wunsch, keine rosa Garderobe anzuschaffen.

Sind Jogginghosen sexy?

Was tut man nicht alles dafür, dem anderen zu gefallen, wenn man frisch zusammengekommen ist! Da wird geputzt, gewienert, poliert und die Bude, die Haare, der Körper und die Klamotten auf Vordermann gebracht. Nichts wird dem Zufall überlassen, und man macht sich wirklich viele Gedanken, um beim Gegenüber zu punkten.

Es war jedoch ein Trugschluss, als wir uns vorgenommen hatten, uns mit Kind nicht gehen zu lassen. Wir dachten, wir würden eines dieser Vorzeige-Bilderbuch-Pärchen werden, die top gestylt durch das Leben laufen, und uns auch füreinander immer wieder aufs Neue etwas einfallen lassen, damit das Kribbeln bleibt. So viel zu unserem Wunsch vor der Geburt. Ohne Kind hatten wir das auch recht gut hinbekommen. Jeder hatte seine Freiräume, ich unternahm was mit den Jungs, fuhr mit dem Rennrad durch die Pyrenäen und die Dolomiten und auch Antje unternahm häufig etwas mit ihren Mädels oder besuchte ihre Familie.

Wir achteten darauf, dass wir immer interessant blieben für den anderen. Wir waren auch keins von den Pärchen, die sich sagten, wir haben keinerlei Geheimnisse voreinander, wir können auch im selben Bad pinkeln, in dem der andere gerade die Zähne putzt, oder das unrasierte Frauenbein vor den Augen des Mannes in die Höhe werfen, um es zu shaven. Wir hinterfragten so etwas immer mit der Überlegung, ob man das auch beim ersten Date gemacht hätte. 99 Prozent aller Menschen würden das mit Nein beantworten.

Für uns hieß das im Umkehrschluss, wenn man sich dann trotzdem so verhält, hat das nichts mit Geheimnis hin oder her zu tun, sondern das ist der Anfang von: »Ist doch nicht so schlimm mit dem Hängebauch, wozu soll ich noch auf mich achten, wir sind doch eh verheiratet und ein sechs Zentimeter rausgewachsener Haaransatz ist doch nur halb so wild wie der abgeplatzte Nagellack auf den halb lackierten Fußnägeln.«

Nein, nein, nein, das wollten wir so auf keinen Fall, und doch schlichen sich einige No-Gos in unsere Zweisamkeit ein, die wir früher so nicht für möglich gehalten hätten, aber wenn einem das Kind zum dritten Mal die Anzughose vollgekotzt hat, dann ist halt eine Jogginghose die beste Alternative! Diese wurde für uns so eine Art Wohnungsuniform, denn etwas anderes trugen wir in den ersten paar Monaten zu Hause kaum. Es wurde vielmehr zur lieb gewordenen Routine, nach Hause zu kommen, zu duschen und sofort in die bequeme Kluft zu steigen.

Auch sämtliche Dessous setzten Staub an, da wir ja ohnehin wussten: Ziehen wir noch die Zeit ab für die Kleiderwahl, das Umziehen und das darauf folgende Ausziehen, wird aus unserem von unserer Tochter geduldeten Quickie nur ein Ickie und der reichte selbst uns ausgehungerten sexlosen Eltern nicht aus.

Sportlich ging es ja, wie schon erwähnt, in den ersten Wochen auch rapide bergab, gefolgt von meiner Figur. Immer häufiger war es in unseren Augen viel zu spät, viel zu kalt, viel zu nass, viel zu müde. Der Schweinehund und der Couchmagnet saßen felsenfest neben uns und unserer Nachtischschokolade. Das wäre früher eine Todsünde für uns gewesen und daher nahmen wir uns fest vor, dies, so schnell es ging, zu ändern. Leider fiel dieser Vorsatz auf einen massiven Kälteeinbruch im Januar, sodass wir gemeinsam auf das nächste Hoch warteten.

Babys und Geräusche

Was ich über Babys lernen musste, ist, dass es oft um das Thema Geräusche geht.

Am Anfang machten wir zum Beispiel den Fehler, uns mucksmäuschenstill zu verhalten, sobald die Kleine schlafen gelegt wurde. Da pirschten wir uns auf Zehenspitzen rückwärts aus dem Kinderzimmer, schlossen die Tür so langsam und vorsichtig, als ob wir einen Tresor knacken wollten, und tippelten dann durch den Flur, um auch diese Tür zum Wohnzimmer zu schließen. Danach ganz leise die Treppe hinunter in die Küche, um uns dort in gedämpfter Lautstärke zu unterhalten. Wie blöd das eigentlich war, stellten wir nach einer Weile selber fest. Obwohl wir so weit weg von ihrem Zimmer saßen, flüsterten wir miteinander, aber unser Kind hätte schon mit einem Stethoskop an der Tür lauschen müssen, um uns zu hören. Zu guter Letzt lasen wir auch noch, dass man sich am besten ganz normal unterhalten sollte und normale Geräusche wie die Waschmaschine, ein Staubsauger oder der Fernseher eher beruhigend auf das Kind wirken. Wenn man nämlich am Anfang zu vorsichtig mit dem Geräuschpegel umgeht, dann fällt es den Kindern später extrem schwer einzuschlafen, wenn sie nicht auf Watte gebettet in einem komplett geräuschlosen Umfeld schlafen.

Den Beweis dafür, dass diese These absolut richtig war, bekamen wir zu Silvester. Ich hatte mir bereits mehrere Wochen darüber Gedanken gemacht, wie wir diesen Tag mit ihr verbringen könnten, ohne dass sie aufwachen oder sich erschrecken würde bei all dem Geknalle. Wir entschieden uns dazu, bei meinen Schwiegereltern zu übernachten. Wir hofften, auf dem Land wäre es doch leiser als in Berlin.

Als es dann losging, wurden wir eines Besseren belehrt. Die Knallerei glich einem Bürgerkrieg im Nahost-Krisengebiet. Unser Babyfon gab den Geist auf und war sozusagen in Dauerbetrieb, daher beschloss ich, lieber reinzugehen und bei der Kleinen zu bleiben. Ich ging zu ihr ins Zimmer, begleitet von ein paar Heulern und Böllereinschlägen bei offener Tür. Und da lag sie nun, Augen geschlossen, absolut ruhig und im Tiefschlaf. Unglaublich, aber es schien ihr komplett am Allerwertesten vorbeizugehen, ob da geknallt wurde oder nicht. Warum verdammt noch mal verlernt man diese Gabe? Ich würde auch gerne bei jeder Gelegenheit und Geräuschkulisse tief und fest schlafen können, wenn ich müde bin.

Aber auch Babys machen Geräusche. Manche erfreuen einen, denn so ein Kinderlachen ist einfach das Schönste auf der Welt. Andere sind eher komisch und manchmal sogar igittigitt. Sie pupsen auch vollkommen ungeniert auf deinem Arm oder rülpsen dich an. Sie reden im Schlaf, schreien manchmal kurz auf, sodass wir beide in Windeseile ins Kinderzimmer rannten und das kleine Monster schlafend vorfanden. Sie hicksen vor sich hin oder reden eine Stunde am Stück ohne Unterbrechung. Sie haben Rotze in der Nase und du hörst genau, wie sie irgendwo im Inneren der Nase ständig hoch- und runterrutscht, aber selbst mit dem ekligen Nasenball kriegst du diese Grippe-Auster einfach nicht.

Im Laufe der Zeit gewöhnten wir uns an all diese Geräusche und wenn die Kleine mal bei ihren Großeltern schlief, dann, so komisch das auch klingen mag, vermissten wir ihre nächtlichen Geräusche.

Totale Kontrolle

Ab dem fünften Monat hatte die Kleine förmlich die Kontrolle übernommen. Wir hatten, so gut es ging, versucht, ihr Leben und dadurch auch unseres in geordnete Bahnen zu lenken. Es gab möglichst feste Essenszeiten, die meist nur um 30 Minuten plus/minus variierten. Auch die Mittagsschlafzeit und die abendliche Schlafzeit wurden so gut wie immer eingehalten.

Es stand überall geschrieben und es leuchtete uns auch ein, dass das Kind so am schnellsten lernt durchzuschlafen und ein Grundvertrauen entwickelt, zum Beispiel dass es wirklich gefüttert wird, wenn es Hunger hat, und morgens aus dem Bett geholt wird, wenn es sich meldet.

Auf der einen Seite war es so für uns um einiges einfacher, denn man konnte so gut zeitlich planen. Ich wusste, um spätestens acht Uhr ist die Nacht vorbei. Mittags gegen 11.30 Uhr war es an der Zeit, Fabienne den durch Möhren versauten Kurzarmbody anzuziehen, denn dann gab es ein Gläschen gequirltes Gemüse samt der Riesensauerei. Joggen konnten wir am besten gegen 18 Uhr, da sie dann wach war und noch keinen Hunger hatte, und der Abend gehörte uns zweien so gegen 21.30 Uhr, wenn unsere kleine Prinzessin selig schlief. Auf der anderen Seite kannte Fabienne diese festen Rituale genau und fing an, über ihre Einhaltung zu wachen.

Am Morgen gab es schon seit einiger Zeit kaum mehr Tränen oder Geschrei. Vielmehr begrüßte sie mich fast jeden Morgen mit gefalteten Händen, einem Riesenlächeln im Gesicht und den erwartungsvollen Augen: Hallo, Papa, schönen guten Morgen, und jetzt würde ich dann gerne mal hochgenommen werden.

Als Variante baute sie mit ein, dass es immer wieder spannend war, ob sie in ihrem Bettchen ungefähr so lag, wie ich sie am Vorabend hingelegt hatte, oder ob sie in der Nacht anscheinend zahlreiche Bocksprünge, Rittberger und doppelte Salti veranstaltet hatte, denn nach ein paar Monaten gab es kaum eine Stellung, in der ich sie nicht vorgefunden habe. Auf der Seite, auf dem Rücken, auf dem Bauch, der ganze Körper 90 Grad quer zum Bett, wie auch immer sie das gemacht hatte.

Dann kuschelte sie sich kurz an meine Schulter, rieb sich die Augen und blickte bereits in Richtung Wickeltisch, denn sie wusste: Da drüben muss ich hin, ich hab doch noch meinen Schlafanzug an, und der muss ausgezogen werden, hopp hopp! Also ab auf den Wickeltisch und los ging es mit dem Umziehen. Madame schaute inzwischen nach oben und danach mich vorwurfsvoll an, denn ich hatte unglaublicherweise vergessen, ihre Wärmelampe, die über dem Wickeltisch hing, anzuschalten. Dieser unerhörte Fehler wurde von mir natürlich sofort behoben, unter lautem Gelaber meiner Tochter, das sich sehr einfordernd anhörte.

Danach ihr Blick zur frischen Windel: Ja, nun setz mich nicht unter Druck, dachte ich, so wie deine Windel stinkt, wäre ich auch selbst darauf gekommen, die zu wechseln. Dann wurde sie von mir von oben bis unten mit einem Frottee-Waschlappen abgeschrubbt, danach schön abgetrocknet und eingecremt. Das alles kannte sie ja, bemerkte, dass ich die richtige Reihenfolge eingehalten hatte, und daher quittierte sie dies mit ein paar gelangweilten Seufzern und tiefen Einatmern.

Wenn es dann ums Anziehen ging, fing natürlich das Geheule wieder an, jetzt aber begleitet nicht von geschlossenen Augen, sondern von einem Blick, der mir sagte: Ich weiß nicht, wie oft ich dir noch sagen soll, dass ich Anziehen total doof finde!

Wenn ich sie zwischendurch in die elektronische Wippe legte, gab ich ihr zu ihrem Mobile noch einen Beißring und ein weiteres Spielzeug. Dann war sie gut drauf und spielte und brabbelte in einer Tour. Man durfte nur nicht die Uhr aus den Augen lassen, denn wenn sie bemerkte, dass es auch nur fünf Minuten später als ihre nächste Fütterungszeit war, dann wurde aus dem Gebrabbel von einer Sekunde auf die andere ein Riesengeschrei. Daher hatten wir zur

Sicherheit die Flasche immer schon 15 Minuten früher in der Aufwärmvorrichtung parat.

Am Abend merkte man ihren eigenen Willen am meisten. Im Grunde wollte sie am liebsten die ganze Zeit in unserer Nähe bleiben. Sie rieb sich die Augen und war eigentlich hundemüde, aber Schlafen bedeutete ja, alleine im Bett zu liegen, und das war blöd. Ich musste also genau den Punkt abpassen, an dem ihr Geschrei sich wandelte von »Verdammt, ich will noch nicht schlafen, sondern lieber bei euch bleiben« in »Verdammt noch mal, merkst du denn nicht, dass ich saumüde bin? Also leg mich endlich hin!« Meist war sie dann auch in ein paar Sekunden eingeschlafen.

Zurückversetzt ins zweite Glied oder: Kein Essen für Papa

Es war ein schleichender Prozess, der mit der Geburt einsetzte und sich mehr und mehr in unser Leben drängte. Die Kleine war für uns von Anfang an der absolute Mittelpunkt, alles wurde für sie oder um sie herum geplant. Wir standen auf, wann sie es wollte, wir schliefen durch, wenn sie es wollte, und wir konnten das Haus verlassen, etwas essen oder fernsehen eben auch nur, wenn sie das wollte beziehungsweise zuließ! Damit hatte ich mich abgefunden, das war jetzt halt so und nicht zu ändern, und irgendwie hatte man sich das ja auch so vorgestellt, dass es nicht nur Sonnenschein mit Sahne obendrauf sein würde, und das war okay. Die vielen Momente, in denen Fabienne dann über beide Ohren lachte oder erzählte, trösteten ohnehin über jede schlaflose Nacht. (Ich habe übrigens gelesen, dass ein frisches Elternpaar im ersten Jahr circa 350 Stunden weniger Schlaf abbekommt als im normalen Leben davor. Hmmmm, das sind 14 Tage oder 43 Nächte, also knapp anderthalb Monate ohne Nachtruhe oder einfach jede Nacht zu wenig!)

Womit ich aber so meine Schwierigkeiten hatte, war die Strafversetzung ins zweite Glied. Ich hatte doch alles richtig gemacht: romantischer Antrag, eine noch romantischere Hochzeit. Das Kind sollte ein Sommerkind werden und ich habe punktgenau abgeliefert und war die gesamte Schwangerschaft lang ein fürsorglicher Vorzeige-Ehemann. Und jetzt konnte ich froh sein, wenn mich meine Frau nicht umrannte, wenn sie nach Hause kam, um an mir vorbeizustürmen, damit sie ihr Kind begrüßen konnte.

Es kam vor, dass sie morgens aufwachte, das Kind versorgte, ich dann irgendwann Frühstück vorbereitete und ihr dann ganz provokant zwischen Frühstücksei und der zweiten Tasse Kaffee sagte: »Guten Morgen, Schatz, ich hoffe, du hast gut geschlafen. Ich bin es übrigens, der Erzeuger deines Glücks, schön, dass ich in dieser WG mitwohnen darf.« Meist kam sie dann gleich zu mir, setzte sich auf meinen Schoß und lachte sich kaputt. »Ach, hab ich dir noch gar nicht Guten Morgen gesagt? Sorry, sorry, sorry«, sagte sie und schlabberte mein gesamtes Gesicht von oben bis unten ab, um die Stimmung aufzuheitern. Es tat ihr leid und ich glaube auch, dass sie das nicht mit Absicht tat, aber das Multitasking-Weibchen mutierte zu einem Jäger, eine Eigenschaft, die eigentlich eher den Männern zugeschrieben wird. Der Fokus waren die Brut und das Jagen nach Nahrung, selbst wenn ich diese bereits in unsere Höhle geschleppt hatte. Alles andere rechts und links davon wurde ausgeblendet.

Das Problem war für mich nicht gleich am Anfang ersichtlich, denn da überwog ja, dass ich so etwas von aufgeregt war und alles als spannend empfand, und da achtete ich nicht so darauf. Aber nach ein paar Monaten wurde mir so langsam bewusst, dass ich elendig verhungerte, wenn ich mich nicht auf meine Frau einstellte. Es wartete nämlich nicht ein halbes Bison mit Bratkartoffeln über dem offenen Feuer gegrillt auf mich, wenn ich nach Hause kam, sondern im Höchstfall eine SMS auf dem Nachhauseweg: »Schatz, denk dran, wir brauchen noch Babywaschpulver und Fencheltee und bring etwas zu essen mit, was du halt so magst, ich hab schon gegessen. Kuss!«

Als sie dann einmal auf der Couch sitzend bei einer der unzähligen niedlichen Posen unserer Tochter klagte: »Wir haben gar kein Bild von uns dreien«, da packte ich die Chance beim Schopfe: »Natürlich haben wir kein Bild von uns dreien, aber es ist ein Anfang, dass du bemerkst, dass wir zu dritt sind.« Ich sprach über mein komisches Gefühl im Magen und wir versprachen uns, dass wir wieder mehr auf uns beide achten würden. Und auch Fabienne schien das verstanden zu haben. In der Zukunft startete sie den Tag nicht mit Geschrei, sondern mit einer Art Märchenstunde und brabbelte vor sich hin. Das reichte zwar, um uns über das Babyfon zu wecken, aber es war sanft genug, dass wir noch zehn Minuten im Bett bleiben konnten, um zu kuscheln. Danach gingen wir gemeinsam an ihr Bett und konnten so diesen ersten magischen Moment des Tages gemeinsam genießen.

Die ersten Zähne

Verwöhnt waren wir schon ein wenig vom Schlafverhalten unserer Tochter. Es war der Himmel auf Erden, endlich wieder durchschlafen zu können, und eine nächtliche Unterbrechung um fünf oder sechs Uhr war jetzt eher die Ausnahme. Im vierten Monat erschreckte uns die Kleine dann eines Nachts mit einem lauten Tarzanschrei. Wir beide standen förmlich im Bett, da wir es nicht mehr gewohnt waren, so rabiat aus unseren Träumen gerissen zu werden, und schon gar nicht so laut. Ich rannte ins Kinderzimmer und nahm die Kleine auf den Arm. Was war nur los? Hatte sie schlecht geträumt oder drückte eine Blähung? Sie war total verheult und stieß mich teilweise sogar weg. Außerdem hatte sie auch im Bett liegend in den letzten Tagen eine neue Angewohnheit: Sie schlug mit dem rechten Arm immer wieder auf die Decke und weinte.

»Vielleicht kriegt sie die ersten Zähne«, vermutete Antje. »Jetzt schon, mit vier Monaten?«, fragte ich verwundert und suchte nach einem meiner zahlreichen schlauen Bücher, um das nachzuschlagen. Ich suchte nach den Anzeichen für die ersten Zähne und nachdem ich die gelesen hatte, war es mir sonnenklar:

»Kinder fangen an zu sabbern.« Fabienne sabberte seit ein paar Tagen wie eine englische Bulldogge.

»Die Wangen können leicht gerötet sein.« – Ihre Wangen sahen aus, als ob sie sich an Antjes Schminksachen vergriffen hätte.

»Die Haut auf den Wangen kann durch den nächtlichen Speichelfluss sehr rau sein.« – »Rau« war gar kein Ausdruck, sie fühlten sich an wie Schleifpapier und wurden mehrmals täglich eingecremt, da wir eher dachten, es sei eine Art Babyakne.

»Unruhe und Weinerlichkeit.« – Im Gegensatz zu sonst fing die Kleine häufig von einer Sekunde auf die andere an zu schreien wie am Spieß. Sie schlug um sich und hatte in unseren Augen so was wie einen verfrühten Anflug von Pubertät, auf jeden Fall einen ausgewachsenen Bock. Wahrscheinlich waren das die Schmerzen, die sie nicht einordnen konnte.

»Das Kind kaut auf Gegenständen herum.« – Sie schnappte sich alles, was nicht niet- und nagelfest war, und schwups, ab in den Mund damit. Alles wurde so vollgesabbert, dass in unserer Wohnung keine Heizung mehr frei war. Überall hingen Spuckwindeln, Bodys und Lätzchen zum Trocknen herum. Wir besorgten für sie einen kühlenden Beißring, den sie offensichtlich gerne annahm.

»Durch den vermehrten Speichelfluss kann das Kind häufiger Durst haben als normal.« – Das war für uns das eindeutigste Zeichen, denn Fabienne trank wie ein Loch. Wir hatten einen unglaublichen Windelverbrauch, da sie immer wieder nach Tee oder Wasser verlangte, teilweise sogar nachts, um wieder einschlafen zu können.

Wir schauten uns fragend an und sagten uns: Sie kriegt die ersten Zähne, aber das ist doch echt ziemlich früh, oder? Wieder wurden die schlauen Bücher gewälzt, die aber nicht wirklich die Zeit einschränkten. Anscheinend gibt es Kinder, die bereits mit vier Monaten die ersten Zähne bekommen, andere erst mit einem Jahr. Es gibt Kinder, die alle Zähne hintereinander bekommen, somit in einer bestimmten Zeit Terror machen, und danach ist wieder himmlische Ruhe, und andere kriegen immer ab und an einen Zahn, sind immer mal wieder ruhig und dann wieder sehr unruhig, wenn halt der nächste Zahn kommt, und das kann sich hinziehen bis zum dritten Lebensjahr. Na, schönen guten Morgen, dann können wir ja nur hoffen, dass uns die zweite Variante hoffentlich erspart bleibt und ich in circa einem Jahr der Süßen das erste Mal ein ordentliches Stück Fleisch zu essen geben kann.

Elternsein für Fortgeschrittene

Lernen, das Lernen zu beobachten

Unser Kind lernt ja im Grunde täglich etwas dazu, und ich hätte mir im Leben nicht vorstellen können, dass es so unglaublich spannend und faszinierend sein kann, dieses Lernen zu beobachten und in vollen Zügen zu genießen. Na klar, vergleicht man so ein kleines Menschenkind mit anderen Arten wie zum Beispiel Krokodilen, die gleich nach der Geburt schon in der Lage sind, zu jagen, sich fortzubewegen und ihre Umgebung mit wachsamen Augen wahrzunehmen, erscheint das Lob dafür, dass ein Baby nach zig Wochen das erste Mal den Kopf alleine halten kann, ziemlich übertrieben.

Aber solche Vergleiche konnten mein Verlangen danach, live zu erleben, wie aus einem kleinen süßen, aber unbeholfenen Baby ein kleiner Mensch mit eigenem Charakter wird, nicht schmälern. Ich bin froh, dass ich das alles aufgeschrieben habe, denn wenn ich mal in meiner Familie oder in meinem Freundeskreis nachgefragt habe: »Wann konnte eurer denn durchschlafen und wann bekam er die ersten Zähne?«, erntete ich oft Sätze wie: »Oh, das weiß ich gar nicht mehr, das ist ja auch schon so lange her (bei unserem Fünfjährigen).«

In den ersten Wochen schaute ich mir das Kind jeden Tag von oben bis unten an. Ich verglich diese filigranen kleinen Fingerchen mit meinen Wurstfingern, alles an ihr war so unglaublich klein und zerbrechlich. Sie war süß, aber außer schlafen, trinken und ab und an mal ein wenig Gequake machte sie nichts, außer süß zu sein.

Ich vermutete, dass sie erst einmal ihre gesamte Kraft für die ganzen Umstellungen brauchte. Bis vor Kurzem atmete sie unter Wasser, ernährte sich über die Nabelschnur, alles war so mollig warm, und jetzt war für sie alles neu und auch das musste sie lernen. Ihre Lunge atmete auf Hochtouren, ihr Herz klopfte mit Ibiza-House-Geschwindigkeit von 120 bpm, und davon war sie halt zu erschöpft, um noch irgendwelche zusätzlichen Entwicklungssprünge zu veranstalten. Alleine diese Instinkte, dass sie wusste, ich muss atmen, ich muss nuckeln, waren doch schon irre.

Aber in den nächsten Wochen kamen mehr und mehr Kleinigkeiten dazu, vor allem lernte sie schneller und schneller. Ihr Kopf war zwar noch wackelig, aber er fiel nicht mehr nach vorne, sie öffnete die Augen und erkannte uns mehr und mehr und reagierte auf uns mit einem Lächeln, das mir jedes Mal vor Freude die Schuhe auszog. Und ab dem vierten Monat war die Lernrallye dann endgültig eröffnet. Sie brabbelte vor sich hin, kreischte, lachte und verstand, dass wir die Guten sind mit dem Futter und dass sie keine Angst zu haben brauchte, dass sie verhungert, denn sie wusste, da, wo die das Zeug hergeholt haben, da ist noch mehr. Also beobachtete sie ab sofort jede Handbewegung, sobald ich ihre Flasche vorbereitete, ob ich auch ja alles richtig mache und genügend in die Flasche einschenke.

Eines Tages klappte es dann mit ihrem Nuckel. Dass sie

begriffen hatte, wo er war und wie sie ihn aus dem Mund herausnehmen konnte, und damit dann recht unzufrieden war und mich so nicht nur einmal zur Verzweiflung brachte, lag schon eine ganze Weile zurück. Aber nun hatte sie sich selber beigebracht, wie sie sich den Nuckel auch wieder in den Mund stecken konnte. Ich saß vor ihrem Bett und beobachtete mindestens zehn Mal »Nuckel raus, Nuckel rein, Nuckel raus, Nuckel rein« und fand es klasse.

Ein weiteres Highlight war der Tag, an dem sie das erste Mal ihre Teeflasche selbst halten konnte, und auch mit dieser fing sie dann recht schnell das Rein-raus-Spiel an, um ihre Technik zu perfektionieren. Oft sah es so aus wie ein Flugzeug, das in der Luft aufgetankt wird: Der Stutzen baumelt in der Luft hin und her und irgendwann ploppt er in die Tanköffnung.

Das Baden, am Anfang noch von lautem Geschrei begleitet, war für sie jetzt ein Klacks. Alles klar, Papa zieht mich aus, da ist diese blöde Thermometer-Schildkröte, der ich gleich wieder einen Tritt gebe, damit sie mir nicht im Weg ist, dann werde ich abgeschrubbt und lass mir das gefallen, bis mir langweilig wird, und dann strampel ich so lange, bis das Badezimmer wieder unter Wasser steht und ich aus der Wanne genommen werde und in mein warmes Frottee-Badetuch komme. Sie hatte also auch hier die Situation schnell begriffen und selbige, inklusive ihrer Eltern, voll im Griff!

Manchmal war es sogar wie ein kleiner Schock, wenn etwas neu war, was wir bis dahin von ihr noch nicht kannten. Man schaut wie selbstverständlich, ja fast schon gelangweilt auf ein tausend Tonnen schweres Flugzeug und macht sich keinerlei Gedanken darüber, wie so ein Stahlkoloss es überhaupt schafft abzuheben. Wenn aber dein

Kind den eigenen Nuckel aus dem Mund nimmt, ihn mit leicht schielenden Augen fokussiert und immer wieder versucht, ihn in jeder nur erdenklichen Weise wieder in den Mund zu bekommen, dann sieht man stundenlang gebannt zu und wartet auf den ersten eigenständigen Volltreffer. Und wenn der dann auch noch gelingt, ist das die persönliche Väter-Mondlandung: Ein kleiner Schritt für Fabienne, aber ein großer für den stolzen Superdaddy!

Am Limit

Auch wenn unsere Tochter erst 65 Zentimeter maß, schaffte sie es an gewissen Tagen, mir vor Augen zu führen, dass es vollkommen egal ist, wie tiefenentspannt mein normaler Aggregatszustand ist – es ist für sie machbar, mich an meine Schmerzgrenze, mein absolutes Limit zu bringen.

Antje hatte einen Zahnarzttermin um elf, und ich plante entsprechend meinen ersten Jobtermin um 13 Uhr und dachte, so sei genügend Zeit für eine problemlose Kindsübergabe. Am Tag vor ihrem Termin hatte Antje ein kleines Tief und sagte: »Irgendwie komme ich gar nicht raus aus unserer Wohnung, ich würd gerne mal wieder shoppen gehen, vielleicht mach ich das morgen nach dem Zahnarzt.« – »Mach das doch einfach«, entfuhr es mir in einem Anfall von verfrühtem Verständnis, meine Terminplanung ließ ich in diesem Moment komplett außer Acht!

Der Morgen verlief noch einigermaßen harmonisch. Die Kleine war gut drauf, Fläschchen war eingeatmet, und sie spielte vergnügt in ihrer Wiege. Während Antje sich fertig machte, legte ich Fabienne wieder hin für ihren kleinen Vormittagsschlaf und schrieb eine SMS an meinen Termin, ob wir uns nicht eine Stunde später treffen könnten, damit wir alles unter einen Hut bekämen.

»Melde dich, wenn was ist«, sagte Antje zum Abschied und war raus zum Zahnarzt. Mein Handy piepte und Britta, mein Termin, schrieb, dass sie leider einen Folgetermin habe. Das hieß also pronto unter die Dusche springen, mich fertig machen, immer mit einem Auge auf das Babyfon und in der Hoffnung, dass Fabienne noch einen kleinen Moment vor sich hinnickerte, bis ich meine Hose anhatte.

Diese erste Hürde hatte ich geschafft und spurtete danach in die Küche, um nach ihrem Mittagsglas zu suchen. Heute gab es Kürbis mit Kartoffeln, eine Riesensauerei, schmeckte ihr aber lecker. Während ich das Glas aufwärmte, wachte die hungrige Löwin mit dem ihr eigenen Dschungelschrei auf und wurde von mir geschnappt und in die Wippe verfrachtet. Als erfahrener Mittagsfütterer ließ ich mein gutes Hemd von vorneherein aus, da ich ja noch nicht sagen konnte, ob ihr heute wieder nach Bad-Dekorieren war. Nach dem Glas musste die Kleine noch schnell gewindelt und der Mund wenigstens von Orangerot auf Gelb gesäubert werden, damit wir loskonnten.

Da es jetzt wieder superknapp mit der Zeit wurde, packte ich entgegen meinen eigenen Ratschlägen die Wickeltasche auf den letzten Drücker und es war so was von vorhersehbar, dass ich etwas vergessen hatte, aber ich musste einfach los.

Im Auto schlief die Kleine sofort ein, aber es war leider nur eine kurze Fahrt und daher nach 15 Minuten vorbei. Mein Termin war bereits da und wir begannen mit unserem Gespräch. Nach weiteren 15 Minuten fand Fabienne, dass nun auch mal gut war mit diesem langweiligen Geschäftspalaver und man sollte sich auch mal um sie kümmern, außerdem war sie auch immer noch müde. Da ich, wie schon vorhergesehen, unter anderem einen Latz und die Spuckwindel vergessen hatte, ließ ich mir vom Kellner einen Stapel Papiertücher bringen, um wenigstens die gröbste Sabberei abzufangen.

Und dann begann die Horrorshow. Fabienne schrie den ganzen Laden zusammen und es gab kein Gegenmittel, Spielen, Füttern, alles egal, sie war einfach müde und wollte schlafen.

Ich legte sie, die immer noch wie am Spieß schrie, in die Babywippe, während die ersten Gäste im Restaurant entnervt zahlten und gingen. Ich stand jetzt neben dem Meetingtisch und schwang die Wippe samt meiner Tochter hin und her, damit sie vielleicht doch einschlief oder um mir wenigstens ein paar Minuten zu geben, um die restlichen Meetingpunkte im Schnelldurchlauf zu besprechen. In meiner Vorstellung sah diese Situation so was von peinlich aus, aber ich tat so, als ob das völlig normal sei.

Während einer kurzen Pipipause meiner Gesprächspartnerin rief ich bei Antje an. Sie war mitten im Shoppingwahn und natürlich total begeistert, dass sie diesen unterbrechen sollte, um mich aus diesem Schlamassel rauszuholen. Gott sei Dank kam sie recht schnell, denn unsere Tochter hatte nur kurz Anlauf genommen, um danach, gefühlt doppelt so laut, wieder zu schreien.

Verständnis vorgaukelnd sagte meine Geschäftspartnerin: »Lass uns das Meeting einfach verschieben auf kommende Woche, ach ja, die lieben Kinder.« Ich nahm in diesem Fall ihr Angebot dankend an und lief alles andere als mit einem geordneten Rückzug in Richtung Tiefgarage. Fabienne schrie immer noch und ich war kurz vor dem Nervenzusammenbruch. Der Kassenautomat spuckte zum fünften Mal meinen Fünf-Euro-Schein aus und ich kramte schweißgebadet in meinen Hosentaschen nach Kleingeld. Ich musste es einfach schaffen, mit der Scheißkarre, so schnell es ging, auf irgendeine Holpersteinstraße zu gelangen.

In der Linkskurve vor der Schranke rutschte auf einmal mein Handy über die Windschutzscheibe auf den rechten Scheibenwischer. Ich hatte in der Hektik allen Ernstes mein Handy auf dem Dach liegen lassen. Das passiert doch nur irgendwelchen zerstreuten älteren Leuten, oh mein Gott, ich fühle mich alt und zerstreut! Ach ja, und nach mehreren Minuten bei 120 Dezibel fand ich dann auch die Parkkarte, auch auf dem Dach!

Endlich auf der Straße, nahm ich zwei Ampeln bei Kirschgrün und dann war es endlich da: das Pflaster meines Friedens. Aus den Augenwinkeln sah ich Fabiennes Augen zufallen, und dann diese himmlische Stille! Ich zog den 50/50-Joker zum Absichern ihres Zustandes und schaltete Jazz Radio an. Ich drehte noch ein paar Extrarunden um den Block, um ganz sicher zu sein, dass die Kleine tief und fest schlief. Als ich dann in der Wohnung ankam und sie in ihr Bett legte, damit sie endlich in Ruhe schlafen konnte, hatte sie die Augen auf, lächelte mich an und, ja, es war ganz klar, sie wollte nicht mehr schlafen. »Das gibt es doch nicht«, sagte ich zu ihr und nahm sie wieder aus dem Bett und übergab sie Antje mit den Worten: »Das ist deine Tochter, das kann man nicht verbergen.«

Ich setzte mich ins Esszimmer und musste zugeben, ich war komplett am Ende. Neben der Schlafentzugsfolter der ersten Wochen war dieses permanente Schreien etwas, was mir meine Grenzen aufzeigte, und es brauchte eine Weile, bis ich nach einer langen Dusche und einer Joggingrunde wieder voller Freude meine Tochter auf den Arm nahm. Im Grunde kann sie ja überhaupt nichts dafür, aber wenn sie nur wüsste, wie sehr sie mit ihrer Stimme unsere komplette heile Welt auf den Kopf stellen kann!

Meine Grenzen

Ich hatte mich in den letzten Monaten so langsam an alles, was mit so einem neuen Erdenbewohner zu tun hat, herangetastet und konnte inzwischen mit Stolz behaupten, es gibt fast nichts, was ich nicht auch schon für oder mit dem Kind erledigt hätte: Das Kind baden und voller Gelassenheit das totale Chaos und die Überschwemmung im Bad beseitigen, die Kleine anziehen, während sie wie am Spieß heult und zappelt wie ein Aal, sie einreiben mit Schmierfett, ohne sie vom Wickeltisch fallen zu lassen, sie windeln, ohne dabei Tränen in den Augen zu haben und zu würgen, oder in zahnenden Heulnächten die Nachtwache übernehmen, ohne zu murren – all das war für mich mittlerweile ein Klacks und wurde sozusagen mit links und 40 Fieber im Schlaf erledigt.

Trotzdem gab es einige Sachen, die waren für mich eine Riesenüberwindung. Ich übernahm lieber zahlreiche Strafdienste wie putzen oder den Müll runterbringen, samstagnachmittags bei IKEA einkaufen oder mich bei dem Mittagsgläschen von Fabienne anspucken lassen, statt diese zu erledigen.

Dazu gehörte zum Beispiel das Schneiden der Fuß- und Fingernägel. Im Vergleich zu meinen eigenen Fingernägeln kamen mir die meiner winzig kleinen Tochter vor wie Reiskörner oder Stecknadelköpfe, und da sollte ich mit dieser überdimensionalen, monstermäßigen Kindernagelschere herumschnipseln? Nein danke! Immer wieder spukte in meinem Kopf die Erinnerung an den Struwwelpeter herum, dem die Finger abgeschnitten wurden. Ich kannte doch die ruckartigen Bewegungen meiner Prinzessin. Das überließ ich lieber meiner Frau und bot an, im Hintergrund so lange Faxen zu machen, um sie abzulenken, bis die Maniküre vorbei war. Diese war alle zwei Wochen notwendig, da unsere Tochter nach dieser Zeit Edward mit den Scherenhänden glich und dann gerne mal nachts in ihrem Gesicht rumkratzte und aussah wie nach einer Kneipenschlägerei.

Ein weiteres Horrorszenario waren ganz einfache Ohrenstäbchen. Auch die konnte ich unmöglich in ihr Ohr einführen, da ich Angst hatte, ihr Trommelfell zu durchbohren

Dann gab es den Nasenball des Grauens. Wenn die Kleine verrotzt war, besonders bei ihrer ersten kleinen Bronchitis, dann konnte man dieses Röcheln kaum mit anhören, weil es einem so leidtat. Aber du kannst halt noch nicht sagen: »Hey, zieh mal die Nase hoch, nimm deinen Ärmel oder ein Taschentuch und schnaub mal ordentlich.« Aber das Zeug musste raus. Also besorgten wir einen Nasenball, den man dann drückt und in die Nase einführt und wieder loslässt, sodass durch den Unterdruck die leckere Grippe-Auster in der Pipette des Balls hing und nicht mehr in der Nase. Megaeklig, also definitiv eine weitere Sache für meine Frau, die solche Sachen so unglaublich locker nahm und wie selbstverständlich erledigte. Das macht mir auf jeden Fall Mut, falls ich mal im biblischen Alter von 95 Jahren von ihr gepflegt werden sollte.

Ich bin zu der Überzeugung gekommen: Was diese Dinge angeht, sind Frauen einfach cooler als Männer.

Der Sockenschuss oder Lady Gaga

Das ständige Lernen unserer Tochter brachte auch einige Dinge mit sich, die zum einen sehr lustig und zum anderen auch strange waren. Es kam zum Beispiel jeden Tag zigmal vor, dass Fabiennes Socken vor der Wippe oder irgendwo im Bett lagen. Irgendwann beobachtete ich, wie sie mit dem einen Fuß die Socke des anderen auszog, ihn mit den Zehen kurz festhielt und dann im hohen Bogen durch die Luft schleuderte. Mit dem nun freien Fuß machte sie dasselbe mit dem anderen und lag dann barfuß in der Wippe und rieb sich vor Freude die Füße. Ich dachte mir, vielleicht ziehen wir auch unbemerkt ein Schimpansenkind groß, und die Idee, dass sie sich mit den Füßen am Dachbalken festkrallen könnte, war jetzt doch nicht mehr so ausgeschlossen.

Das Spielchen mit den Socken war für sie fast noch spannender als das mit dem Nuckel. Ich zog ihr die Dinger wieder an und nach zwei Minuten lagen sie wieder in der Gegend herum. Bei uns zu Hause in der warmen Wohnung war das eigentlich kein Problem, aber außerhalb unserer vier Wände schon. Wir stiegen daher, wenn wir mit der Kleinen rausgingen, auf Strumpfhosen um, denn es war langsam bitterkalt draußen.

Ihre Füße und Beine schienen für sie ohnehin eine immer wichtigere Rolle zu spielen. Morgens begrüßte sie mich neben ihrem Strahlelächeln neuerdings mit einer Art Can-Can-Einlage, komischerweise immer nur mit dem rechten Bein. Die Füße wurden als Spielzeug entdeckt und fortan immer häufiger in den Mund gestopft.

Dadurch, dass sie in ihren Fußballeroberschenkeln jetzt unheimlich viel Kraft entwickeln konnte, strampelte sie sich auch oft nachts frei und lag dann ohne Decke da. Wir hatten zwar in der Anfangsphase ordnungsgemäß versucht, sie in diese Schlafsäcke zu kriegen und ohne Decke hinzulegen, aber auch damals war ihr Wunsch nach uneingeschränkter Beinfreiheit so groß, dass da nichts zu machen war.

Ihr niedliches Gegacker wurde langsam variantenreicher. Manchmal war es einfach nur niedlich, ihr zuzuhören, und ich animierte sie zu immer neuen Geräuschen. Dabei wurde auch ich variantenreicher. Ein großer Spaß war das Traktorfahren. Sie saß auf meinem Knie und ich war der Traktor, der mit lautem Getöse die Kleine durchrüttelte, und sie lachte wie verrückt und rollte dabei ihre Zunge im Mund hin und her, sodass man den Eindruck bekam, sie kaute lässig einen Kaugummi.

Aber das Problem mit dem Gebrabbel war, es gab halt keinen Aus-Knopf. Die ersten fünf bis zehn Minuten war das zum Schießen, lustig, süß und man wollte sie in einer Tour filmen oder fotografieren. Dann ließ man sie in der Wippe mit einem Spielzeug, und man freute sich die nächsten zehn Minuten darüber, dass sie sich schon so schön mit sich selbst beschäftigen konnte. Doch ab da wandelte sich das immer lauter werdende und in höhere Oktaven wechselnde Geräusch zu einer nervlichen Zerreißprobe. Auf einmal wurde aus »süß« »Nun ist aber gut«, und man fragte sich schon mal, ob auch genügend Kopfschmerztabletten im Haus waren. Und in solchen Fällen hatte unsere Tochter die Kondition eines Ultra-Triathleten. Es ging weiter und weiter, und man wusste nicht, ob man sich darüber freuen sollte, was für eine Quasselstrippe sie war und dass es so ganz klar war, dass sie im Krankenhaus nicht vertauscht worden war, sondern garantiert von meiner Frau stammte, oder ob man dieses Spektakel in irgendeiner Art unterbrechen sollte, um nicht über kurz oder lang einen Nervenzusammenbruch zu erleiden.

Meist erledigte sich das dann von ganz alleine. Wenn sie nämlich von ihrem Kaffeekränzchen mit sich selbst genug hatte, fing sie von einer Sekunde auf die andere an zu schreien, was wohl so viel hieß wie: »So, ich habe fertig, und jetzt habe ich Hunger oder bin müde oder will einfach Aufmerksamkeit, und zwar ein bisschen pronto!« Die Socken lagen ebenfalls bereits wieder irgendwo im Zimmer, und so nahm ich die Barfüßige auf den Arm und legte sie ins Bett, in dem sie nach ein paar Minuten auf dem Rücken schlief wie eine hawaiianische Mönchsrobbe, und ich sagte: »Und wenn es nur 20 Minuten sind, die du schläfst, danke für ein bisschen Ruhe vor der nächsten Wickeltischdebatte.«

Alt wie ein Baum

Meine Tochter zeigte mir jeden Tag, wie schnell die Zeit verging. Für mich war es unfassbar, dass die Nachricht der Schwangerschaft meiner Frau schon über ein Jahr her war. Eben noch lag Fabienne nur so da, einen Moment später hatte sie die Augen auf und konnte lächeln. Ein paar Tage später konnte sie vor sich hinlabern und bald würde sie laufen können – und alles kam einem so vor, als ob das von heute auf morgen passiert wäre. Die Geschwindigkeit ihres Wachstums stellte alle Geschichten der Vergangenheit in den Schatten, die mir gezeigt hatten, dass ich älter werde.

Früher hatte ich mit dem Älterwerden echte Probleme.

Das erste Mal so richtig zu meinem 30. Geburtstag. Zig Leute gratulierten mir mit »Happy Birthday«, aber der Satz ging dann leider noch weiter: »Alles Gute zum 30.!« Auch wenn es für mich eine Riesen-Überraschungsparty gab, die konnte meine Laune nicht aufheitern. Bis 29 war man ein Checker, der coole Aufreißer, der Mann, der selbst für eine 19-Jährige noch attraktiv sein konnte, aber mit 30? Das kam einem als 18-Jähriger total alt vor. Selbst auf Singleportalen heißt es oft: »Ich suche einen Mann zwischen 18 und 30!« Ja und dann? Abstellgleis oder was? Es war ein Graus! Alle anderen Zahlen von 31 bis 39 waren dann eigentlich vollkommen egal. 30 war uncool, und alle Ziffern hinter der Drei waren unwichtig. Erschreckend war vielmehr, dass es kaum einen Fußballer gab, der in meinem biblischen Alter noch aktiv in der Bundesliga spielte.

Zu meinem 40. gab es eine Riesen-Mafiaparty, alle Freunde und Familie kamen à la Al Capone, und wir hatten einen Riesenspaß und das Gefühl war nicht mehr ganz so schlimm wie zum 30. Trotzdem hieß das einfach, wieder zehn Jahre um. Da muss dir nur einer deiner Exfreunde zurufen: »Hey, Alter, noch 40 Mal Ostern.« Oder: »Krass, die Hälfte ist vorbei.«

Mein bester Freund und ich machten ab 40 aus, uns gegenseitig anzurufen, wenn uns Situationen ans Älterwerden erinnerten, und das passierte immer häufiger. Einmal siezte mich eine Hostess und ich sagte, sie könne ruhig Du sagen. Ihre Antwort: »Oh, entschuldigen Sie, ich dachte halt nur wegen dem Altersunterschied.« Mein Freund wurde wiederum angesprochen von einer knackigen 20-Jährigen: »Hey, du siehst total toll aus ... Du wärst genau der Richtige für meine Mutter!«

Davon gab es tausend Situationen und alleine, dass man nur noch mit Sie angesprochen wurde, war schon blöd. Mein Großvater sagte immer: »Alt werden ist cool, alt sein ist Schrott«, und ich verstand mehr und mehr, wie recht er damit hatte.

Auch meine Frau verschonte mich nicht mit ihrer Offenheit, immerhin trennen uns 13 Jahre. Eines Tages stand ich vor dem Spiegel und war deprimiert und sagte zu meiner Frau: »Schatz, ich sehe aus wie Knut der Eisbär und ich meine damit nicht diesen niedlichen, kleinen, süßen Bären, sondern diesen großen, dicken, grauen Bären. Was willst du überhaupt mit so einem alten Sack?« Sie trällerte mir zurück: »Ach, Bärchen, auf alten Schiffen lernt man segeln, auf alten Pferden lernt man reiten!«

Ich erinnerte mich wieder an den Satz aus diesem Hörbuch: »Die Zeit kommt einem vor wie ein immer schneller werdender D-Zug.« Und leider ist das so. Mit einem Kind reden wir nicht mehr über einen D-Zug, sondern über ein Spaceshuttle. Ich traue mich kaum zu blinzeln, weil ich Angst habe, dass meine Tochter danach bereits eingeschult ist. Zweimal blinzeln: volljährig. Aber man kann dagegen halt nichts tun, also hieß es einfach nur so viel wie möglich in sich aufnehmen und miterleben.

Trainieren für Olympia und DSDS

Okay, jetzt ist es raus, unsere Tochter wird entweder Sängerin oder Sportlerin. Ihre Gesangskünste wurden von Tag zu Tag variantenreicher und glichen mehr und mehr einem DSDS-Casting und es schien, als ob sie sich in den Kopf gesetzt hätte, mindestens ins Finale zu kommen. Außer-

dem schien Fabienne sich auf die Olympischen Spiele vorzubereiten.

Die Disziplinen im Einzelnen:

Kugelstoßen: Anstelle der Kugeln nahm sie einfach
sämtliches Spielzeug. Sie hatte gelernt zu greifen, und sobald sie einen Beißring oder eine kleine Puppe in der Hand
hatte, schmiss sie sie im hohen Bogen durchs Zimmer. Ich
war dann sozusagen der Balljunge und sammelte alles
nach und nach wieder ein.

Kunstturnen: Besonders ihre Beinarbeit hatte sie in den
letzten Wochen perfektioniert, und so gab es zahlreiche
neue Posen und Strampeleinlagen. Mit beiden Füßen im
Mund demonstrierte sie eindrücklich ihre Gelenkigkeit.

Brustschwimmen: Sobald sie auf dem Bauch lag, drückte
sie ihr Kreuz durch und strampelte mit Armen und Beinen.

Reck: An zwei Zeigefingern zog sie sich immer wieder
nach oben und erledigte so einige Klimmzüge, um sich auf
das Reckturnen vorzubereiten.

Gewichtheben: Wenn sie auf dem Wickeltisch lag und einen Riesenhaufen in die Windel drückte, übte sie auf jeden
Fall schon mal den Gesichtsausdruck.

Ringen: Zum einen gab es die griechisch-römische Variante auf dem Wickeltisch mit sich selbst, immer öfter mit
super durchgedrücktem Rücken, sodass sie fast eine Brücke machte, zum anderen die klassische beim täglichen
An- und Ausziehen, um uns das Leben möglichst schwer
zu machen.

Aber das alles ist offenbar nur der Anfang. Als ich an einem verkaufsoffenen Sonntag mit Fabienne in einem Café
eines Shoppingcenters saß und Antje den Rücken frei-

hielt, die in aller Ruhe nach neuen Klamotten Ausschau halten wollte, sah ich eine Mutter mit ihren Zwillingstöchtern. Zur Verstärkung hatte sie anscheinend ihre Mutter mitgebracht. Ich schaute eine Weile fast schon stalkermäßig hinüber, um zu beobachten, was uns so erwartete, wenn unsere Tochter die Disziplin Dauerlauf demnächst mit in ihr Trainingsprogramm aufnehmen würde. Wir kamen ins Gespräch, wie das so unter Müttern und Vätern üblich ist, und ich erfuhr, dass die beiden Wonneproppen 17 Monate alt waren. Ein wenig Zeit der Ruhe blieb uns also noch. Die Mutter aß ihr Sandwich, indem sie das eine der Kinder zwischen ihren Knien festhielt, damit es nicht weglaufen konnte. Parallel rannte die Oma dem zweiten Kind kreuz und quer zwischen H & M, Mango und Zara hinterher. Kaum war die Mutter fertig und lockerte auch nur für einen Moment den speziell trainierten Karate-Kniegriff, sauste auch Zwilling Nummer zwei los, und zwar genau in die entgegengesetzte Richtung, und sie hinterher.

Ich muss unbedingt wirklich wieder kontinuierlich Sport machen, damit ich meiner Tochter in einem Jahr überhaupt so schnell hinterherkomme, dachte ich, während ich das letzte Stück meines Kuchens mit einem Vanille-Latte runterspülte.

Als ich ein Telefonat mit meiner Anwältin und Freundin Anschi führte, klärte sie mich darüber auf, dass, sobald die Disziplin Kurzstreckenlauf dazukomme, das Zusammenleben mit unserer zukünftigen Spitzensportlerin zu einem permanenten Krisenherd werden würde. Ihre Kinder waren fünf und neun Jahre alt. Sie sprach ein wenig wie bei »Blair Witch Project«. »Thomas, das wird alles noch viel schlimmer, du hast da keine Kontrolle mehr, kauf dir lieber so eine Auslaufleine.« Hatte ich wirklich auch schon mal gesehen in Disney World in den USA, zahlreiche Kinder an Auslaufleinen, damit sie im Getümmel nicht verschüttgehen. Aber ich glaube in Deutschland dauert es noch eine ganze Weile, bis so etwas salonfähig wird.

Rollentausch

Weil ich meine Tochter tagsüber so sehr vermisste, spielte ich oft mit dem Gedanken: Was könnte ich meiner Frau für einen Job besorgen, damit sie genügend Geld verdienen würde, um mir die Möglichkeit zu geben, einfach zu Hause zu bleiben? Irgendwie war jeder von uns der Meinung, der andere hat das Glückslos gezogen. Antje dachte: Der Typ hat es gut, er geht raus, trifft zig Leute, erlebt tolle Sachen und entflieht dieser Windelhölle und kommt dann entspannt am Abend zurück und freut sich auf das Kind. Ich wiederum dachte: Na klasse, ich muss raus ackern, führe Gespräche mit zahlreichen Leuten, auf die ich keine Lust habe, vermisse meine Tochter bereits im Treppenhaus, muss zig Probleme lösen und Geld verdienen und Antje hat einen entspannten Tag mit Fabienne.

Wie falsch diese Einschätzungen waren, merkten wir, als wir uns gegenseitig vorschlugen, die Rolle des anderen zu übernehmen. Das geschah, als ich am Abend nach Hause kam und nach einer kurzen Begrüßung unter die Dusche hüpfte und mich auf einen schönen Abend mit den beiden freute. Doch Antje war nicht nur ein wenig, sondern so richtig genervt. »Nimm du jetzt mal die Kleine, sie hat keinen Mittagsschlaf gemacht, obwohl sie saumüde war, und jetzt quengelt sie herum und ich kann einfach nicht mehr.«

Etwas verwundert nahm ich die Kleine auf den Arm und versuchte sie ein wenig aufzumuntern.

Die Höhe für meine Frau war dann, und das passierte sehr häufig, dass die Kleine, kaum auf meinem Arm, ein Riesenlächeln draufhatte, lustig umherschaute und sich freute, mit mir zu spielen. »Das ist echt ungerecht«, fauchte sie, »ich kümmere mich den ganzen Tag um sie, und kaum kommt der feine Herr nach Hause und macht für fünf Minuten den Zauberclown, dann ist Ruhe. So ein richtiges Papakind ist sie.« – »Aber Engel«, beschwichtigte ich sie, »das ist doch einfach nur deshalb so, weil sie mich so lange nicht gesehen hat. Wenn du weg wärst und abends wiederkommen würdest, dann wäre das bei dir genauso!« Dann bot ich ihr an: »Was hältst du davon, wenn du mal einen Tag rausgehst, shoppen, zum Friseur, zum Sport oder was immer du willst.« Ich suchte nach Antje, die, während ich gesprochen hatte, ins Büro gegangen war. Dort fand ich sie bereits telefonierend mit ihrem Friseur. »Okay, super Vorschlag. Papa Nanny, am Freitag bin ich raus, und ich wünsche dir viel Spaß mit unserer Prinzessin.«

Für mich war das vollkommen okay, ich freute mich sogar darauf, doch diese Freude sollte sich als verfrüht herausstellen. Bereits die Nacht auf den Donnerstag war eine unruhige. Ich stand um 2.30 Uhr und um 7.30 Uhr auf, um die Kleine zu füttern. Wie schon in der Nacht dauerte es auch morgens sehr lange, bis die Flasche leer, das Kind gewickelt und wieder eingeschlafen war. Es war dann schon nach acht und daher legte ich mich erst gar nicht wieder hin. Antje stand auf und machte sich fertig, um zum Friseur zu schießen, ein kurzer Kuss und sie war weg. Ich legte Fabienne um neun noch einmal kurz hin und sie schlief auch brav bis um kurz vor zwölf. Ab da hatte sie sich anscheinend genug ausgeruht, um den ganzen Tag ab High Noon Terror zu veranstalten. Die Milch wollte sie nicht oder nur so langsam, dass ich die Flasche zigmal wieder aufwärmen musste. Danach schrie sie mich an, weil sie ein Bäuerchen machen wollte, aber nichts kam, dafür knatterte es im Gebälk, sie hatte Blähungen.

Puh, kurzer Zwischenstand, Mittagessen für mich fällt aus, Mittagsschlaf ist nicht angesagt und mein Rücken bringt mich um bei all dem Durch-die-Gegend-Tragen. Irgendwann gab ich den Versuch auf, sie hinzulegen, da es auch langsam wieder Zeit wurde für die nächste Flasche und das »Ich will nicht schlafen«-Gebrüll zum »Milch her oder ich zieh aus«-Geschrei wurde. Aber trotz Hunger trank sie auch diese Flasche immer nur mit zahlreichen Unterbrechungen.

Was hatte ich bis jetzt eigentlich in meinem für heute eingeplanten »Home Office« geschafft? E-Mails abarbeiten? Konnte ich vergessen. Zahlreiche Telefonate führen? Undenkbar! Den Stapel Rechnungen endlich mal fertig machen und die Überweisungen tätigen? Guter Witz! Mein ganzer Tag bestand aus Rennen und Füttern. Antje rief an, jetzt bloß nichts anmerken lassen! »Und, Schatz, alles okay an der Heimatfront?«, witzelte sie in den Hörer. Während ich ihr zuhörte, schaltete ich die Stummtaste meines Handys ein, um für sie unbemerkt die Wohnzimmer- und Kinderzimmertür zuzumachen, damit sie nicht hörte, dass die Frucht unserer Liebe bereits wieder Whitney Houstons Oktaven alt aussehen ließ. »Nee, nee, du, alles in bester Ordnung. Äähh, wann kommst du?«, fragte ich mit einem leicht flehenden Unterton, den sie hoffentlich nicht bemerkte. »Ach Mensch, wenn das so supi läuft, dann geh ich noch mit meiner Freundin kurz auf ein, zwei Absacker, ist das okay?« Den Tränen nahe, sagte ich Ja und begab mich zurück in den Babykonzertsaal nebenan.

Das Spektakel wollte und wollte nicht aufhören bis zum Abend, als Antje zurückkam. Ich hatte die Kleine immer wieder hingelegt, aber es war mir einfach nicht gelungen, sie zum Schlafen zu kriegen. Meine Laune war auch mit einer oskarreifen schauspielerischen Darbietung nicht zu verbergen. Unabhängig davon, dass das Kind ungerechterweise jetzt Antje anstrahlte, legte sie die Kleine ins Bett, wo sie nach circa zehn Sekunden einschlief.

Am schlimmsten nach diesem Albtraumtag waren das stille, schmunzelnde Genießen meiner Frau und die Erkenntnis: Ich liebe meine Arbeit.

Der Gegenwart nachtrauern

Ich beobachtete meine Tochter jeden Tag und genoss es, wie pur sie sich über mich und meine Anwesenheit freute. Es begann schon am Morgen, wenn sie mich das erste Mal anlachte, und blieb den ganzen Tag so, wann immer sie mich sah. Ich dachte oft darüber nach, wie es wohl sein würde, wenn sie größer wird. Natürlich wird es auch schön werden, wenn sie mich versteht oder sie selbst etwas von sich geben kann. Ich freute mich auch auf die Zeit, in der wir etwas gemeinsam unternehmen würden oder ich ihr etwas beibringen könnte. Manchmal packte mich jedoch die Angst, ob dieses tiefe Vertrauen und diese Nähe auch bleiben oder ob sich da etwas verändert.

Ich habe gelesen, dass Kinder anfangen zu fremdeln und ab einem gewissen Alter stark auf die Mutter fixiert sind. Ich glaube, das werde ich ganz schwer aushalten und kann es mir kaum vorstellen. Und während dieser ganzen Gedanken merkte ich, dass ich diese Zeit, in der wir uns gerade befanden, schon vermisste, obwohl sie ja gerade passierte. Ich wollte sie einfach festhalten und hoffen, dass alles so bleibt, wie es ist, auch wenn es natürlich total beknackt ist, sich zu wünschen, dass die eigene Tochter ohne Haare, sabbernd und ohne Zähne durchs Leben geht.

Ich glaube, das waren auch Hormone, die mir solche Flausen in den Kopf setzten und die bestimmt auch der Grund dafür sind, dass viele Paare ganz schnell noch ein weiteres Baby bekommen, weil diese Zeit so unfassbar schön ist und viel zu schnell vorbeigeht.

Ich begann mich mehr und mehr mit den verschiedenen Entwicklungsstufen zu befassen, die uns in der nächsten Zeit erwarten würden. Wann kommen denn nun die ersten Zähne und ab wann krabbelt sie? Wann kann sie die ersten Schritte laufen und wann das erste Mal »Papa« sagen? Nach meinem Reinfall mit dem Babyschwimmen wollte ich unbedingt die nächsten Möglichkeiten, mit meiner Tochter etwas zum ersten Mal zu erleben, in vollen Zügen genießen, ohne etwas zu verpassen.

So langsam war ich mir sicher, dass ich ein Problem mit meinen Hormonen hatte, denn obwohl mich Fabienne anlachte und rumalberte, kriegte ich dieses Gefühl nicht aus dem Kopf. Ich kämpfte dagegen an und schlief am Abend ein mit einem Potpourri aus Bildern mit mir und der Kleinen beim Radfahren mit Stützrädern, beim Schwimmkurs mit Schwimmreifen und beim Drachensteigen auf einem Feld. Ich überlegte mir, ob ich mich auch auf absolute Mädchendinge, wie rosa Ponys oder Lillifee-Kostüme, einlassen könnte. Werde ich total ausrasten vor Glück, wenn meine Tochter bei einer Schulaufführung einen Baum spielt, der einfach nur doof in einer Ecke steht und sonst nichts macht? Ich denke mal, alle Klischees aus amerikanischen Familienfilmen, die ich früher nur belächelt habe, werden in der Zukunft auf mich zutreffen, und ich glaube, das ist gut so.

Futterneid

So langsam war es Zeit, auch am Abend ein wenig Abwechslung in den Brei-Speiseplan unserer Tochter zu bringen. Wir entschieden uns für einen Zwieback in Wasser, zu einer tollen Matschepampe zerkleinert, mit Grießbrei und Apfelmus. Was mich sehr faszinierte, war, dass mich der Geruch so unglaublich an meine eigene Kindheit erinnerte. Es ist doch spannend, dass man solche Gerüche über 40 Jahre lang im Gehirn verankert. Ich bin auf die Welt gekommen vor der ersten Mondlandung. Heutzutage fliegen Raumkapseln bis zum Mars und trotzdem ist die Babynahrung anscheinend auf demselben Stand wie damals.

   Wenn Fabienne teilweise bei der Flasche, bis sie endlich in ihrem Mund war, hektisch wurde, dann war es bei dieser Mahlzeit förmlich Hysterie. Wenn sie auf meinem Arm war, während Antje den Brei vorbereitete, dann strampelte sie mit den Beinen und wedelte mit beiden Armen so heftig, dass ich zeitweilig das Gefühl hatte, sie will abheben. Dabei ließ sie die Schüssel, in der das Mahl zubereitet wurde, nicht aus den Augen. Jeder Handgriff wurde kontrolliert und begutachtet und wehe, Antje oder ich schmeckte den Brei zu lange ab, ob er die richtige Temperatur oder Konsistenz hatte. Dann wurde aber mal richtig krakeelt, was das Zeug hielt: »Hey, Pfoten weg von meinem Essen, sonst scheppert es im Karton!« Und unsere Madame wurde auch wählerischer. Wenn Grießbrei und Apfelmus nicht im richtigen Verhältnis gemischt waren, dann wurde der Löffel gerne mal samt Brei in der Gegend herumgespuckt.

Auch wenn wir mit ihr am Frühstückstisch saßen, was in den ersten Monaten eigentlich nie ein Problem gewesen war, begutachtete sie jetzt förmlich jeden Bissen und wir fühlten uns durchweg beobachtet. Es spielte auch gar keine Rolle, ob sie bereits gegessen hatte oder nicht – Futterneid hatte sie immer. Es gab Situationen, da aßen wir förmlich hinter vorgehaltener Hand, um nicht Gefahr zu laufen, von ihren Blicken getötet zu werden. Eins ist klar: An Unterernährung wird unsere Tochter wohl nie leiden.

Irgendwann hatte ich Fabienne auf dem Schoß, spielte »Hoppe, hoppe, Reiter« mit ihr und wartete auf ein letztes Bäuerchen, um sie hinzulegen. Dabei nahm sie auf einmal meinen Finger in den Mund und kaute heftig darauf herum. Ich dachte, wenn sie wirklich bald die ersten Zähne bekommt, dann sollte ich definitiv auf meine Finger aufpassen, denn das tat ohne Beißerchen schon fast weh.

Antje hatte dann die zündende Idee: Um uns beim Frühstücken nicht ständig auf Fabiennes Fahndungsliste zu befinden, gab sie ihr eine Hälfte ihres Frühstücksbrötchens. Nach einem ersten ängstlichen Blick in unsere Richtung nahm sie das Brötchen in den Mund und begann darauf rumzukauen. Ihr gefiel, was sie da im Mund hatte, und so sabberte sie schön alles voll. Irgendwann zerfiel dann der Teig in tausend Teile und lag auf ihr, auf der Tischdecke und um die Wippe herum, und sie lachte total glücklich. Was aber viel wichtiger war: Wir hatten in aller Ruhe gefrühstückt. Ich plante von da ab jeden Morgen ein Brötchen mehr ein, und sobald wir anfingen zu essen, bekam die Kleine nun täglich ihre Schrippe, die sie bereits froh erwartete.

Home Office, ein frommer Wunsch

Jeden Tag gab es für mich dieselbe Gefühlsschwankung: Auf der einen Seite wollte ich am liebsten den ganzen Tag mit meiner Tochter verbringen, auf der anderen wusste ich, natürlich muss das Männchen die Höhle verlassen und für Nahrung und ein Dach über dem Kopf sorgen. Da meine Lottoscheine der letzten Wochen leider nicht den erwünschten Erfolg gebracht hatten und es leider auch mit der Sofortrente nicht geklappt hatte, gab es auch keine andere Wahl. Trotzdem grübelte ich ständig, wie ich beides unter einen Hut bekommen könnte. Dadurch kam ich auf die grandiose Idee, dass ich viele Dinge doch auch problemlos von zu Hause aus erledigen konnte: E-Mails checken, faxen, Telefonate – ob ich die nun im Büro erledigte oder zu Hause, war ja nun wirklich egal. Das Zauberwort hieß also: Home Office!

In meinem Kopf klang das alles ganz logisch und einfach, aber ich hatte natürlich die Rechnung ohne meine Frau und meine Tochter gemacht. Das Spannende daran war nämlich, dass die anfänglichen euphorischen Anfeuerungen meiner Frau – »hey, mach doch deine Sachen von zu Hause aus, dann sind wir viel länger beisammen und du siehst die Kleine öfter« – damit endeten, mir nach und nach viele der alltäglichen Aufgaben, die zu Hause anfielen, zu übertragen. Das war so ein schleichender Prozess, ohne dass sie es wirklich merkte oder böse meinte.

Am Morgen ging eigentlich noch alles einigermaßen normal los. Nach meiner Bekundung, dass ich den Tag zu Hause verbringen würde, um zu arbeiten, folgte unser ganz normaler Tagesbeginn. Fabienne funkte SOS aus dem Kinderzimmer und erklärte uns in ihrer Sprache: »Ich habe Hunger, Hunger, Hunger.« Antje schnappte sich daher die Kleine, die großen und kleinen Geschäfte wurden fachgerecht entsorgt und während sie ihr die Flasche gab, kam ich mit dem frischen Kaffee und ein paar Toasts aus der Küche zurück. Schnell noch eine Folge »Kika Kaninchen« und eine Dusche und dann ran ans Werk. Antje legte gerade Wäsche zusammen und rief mir zu: »Kannst du die Kleine noch schnell umziehen? Und sie hat auch nicht so richtig Bäuerchen gemacht. Vielleicht nimmst du sie noch mal kurz hoch.« Okay, kein Problem, machte ich doch gerne und fuhr mit Fabienne, rülpsend auf meinem Arm, schon mal den Computer hoch. Langsam wurde sie müde und fing an sich die Augen zu reiben. Antje schwebte an mir vorbei mit den Worten: »Ach, schau mal, sie ist ja schon total müde, leg sie doch schon mal hin.« Super, das machte ich dann mal »schnell«, aus dem Nachbarzimmer hörte ich ein Pling nach dem anderen für meine eingehenden Mails.

Nach circa 15 Minuten war sie dann auch schon eingeschlafen und meine Lendenwirbelsäule zeigte mir einen Vogel, nachdem ich die gesamte Zeit über dem Babybett in L-Form gestanden hatte, um den Nuckel festzuhalten. Dann setzte ich mich schnell an den PC – ach, nur 65 Mails, das geht ja! Nach fünf, die ich gerade noch beantworten konnte, fiel Fabienne der Nuckel raus und ich musste wieder ins Kinderzimmer, insgesamt drei Mal.

Nach 30 Minuten hatte sie dann gar keine Lust mehr

zu schlafen. Antje aus dem Badezimmer: »Du, ich muss mir nur noch schnell die Haare waschen und föhnen. Macht es dir was aus, wenn du ihr schnell das Gläschen machst und ihr gibst? Danke, du bist ein Schatz.« Badezimmertür zu. »Aber sehr gerne, jetzt, wo ich doch schon so produktiv gewesen bin, ist es Zeit für ein Päuschen!«, brabbelte ich doch leicht angespannt in meinen nicht vorhandenen Bart.

Eine geschlagene Stunde später war ich dann auch fast fertig mit Glasaufwärmen, Füttern und Windeln. Anscheinend genoss meine Frau die Situation, dass ich mich um die Kleine kümmerte, da ich aus dem anderen Zimmer den Staubsauger hörte und sie auch auf meine hilfesuchenden Rufe nicht reagierte. Auf jeden Fall kam ich bis zum frühen Abend nur zu Arbeiten, die ich ansonsten im Büro in einer halben Stunde problemlos erledigt hätte. Am Abend, als meine Frau mich dann endgültig vom Computer wegholte, mit dem Argument, ich solle doch ruhig auch mal mit der Kleinen spielen, wenn ich schon mal da sei, war mir klar: Home Office klingt gut, ist aber, bis Fabienne in die Pubertät kommt und ohnehin in ihrem Zimmer hockt, mit einem »Für Eltern verboten«-Schild an der Tür, absolut utopisch, wenn ich nicht demnächst alle meine Kunden verlieren will.

Ein halbes Jahr

Es ist kaum zu fassen, aber im Februar wurde Fabienne bereits sechs Monate alt. Mir kam es so vor, als ob sie gestern auf die Welt gekommen wäre, und wahrscheinlich fühlte es sich so an, als ob sie morgen die erste Kerze auf ihrer Lillifee-Torte auspustet. Ich hatte das Gefühl, an jedem Tag, an dem ich nicht bei ihr war, etwas ganz Entscheidendes zu verpassen. Aber natürlich brachte das Größerwerden auch Vorteile. Unabhängig davon, dass sie weiterhin den ganzen Tag am Lachen war, reagierte sie mehr und mehr auf das, was um sie herum passierte. Und dann ihr schallendes Gelächter, wenn ich irgendeinen Blödsinn erzählte wie: »Was ist denn hier los, wer ist denn da?« Dann lachte sie los, einfach fantastisch. Man konnte noch so schlechte Laune gehabt haben, dann war die Welt in Ordnung.

Eines Tages bemerkte ich, dass sie immer, wenn ich sie auf dem Schoß hatte und sie von der Seite mit »Fabienne« ansprach, zu mir hochschaute. Ich war total begeistert, wie intelligent meine Tochter war, dass sie schon ihren Namen kannte. Dann ging meine Frau grinsend an mir vorbei und sagte »Grinsekatze« in ihr Ohr und auch jetzt reagierte sie. Verdammt, es ging also eher darum, dass sie merkte, dass sie angesprochen wurde, aber immerhin etwas!

Auch das Essen wurde mehr und mehr zu einem Spaß, denn sie verstand langsam, auch wenn es mal zwei Sekunden länger dauerte zwischen zwei Löffeln, dass diese beiden Erwachsenen nicht vorhaben, sie verhungern zu lassen. Daher wurde auch nicht mehr geschrien, sondern in freudiger Erwartung erzählt, und es kam nur noch selten vor, dass ich mich nach dem Füttern umziehen musste.

Ein weiteres Highlight folgte im Badezimmer. Bis jetzt hatten wir sie immer, nach dem morgendlichen Waschen, in ihre Wippe gelegt und diese ins Badezimmer gestellt, damit sie uns sehen konnte, um so in aller Ruhe unter die Dusche zu springen und uns fertig zu machen. Jetzt beobachtete ich sie und sah, dass sie immer ganz hektisch mit ihren Armen flatterte, wenn ich die Dusche betrat. Eines Tages dachte ich mir: Komm, wir schlagen zwei Fliegen mit einer Klappe. Erstens hatte sich Madame an diesem Tag nicht nur die Windeln, sondern auch den Rücken vollgeschissen und zweitens war sie wieder so aufgeregt vor der Dusche. Ich schlug Antje also vor, nach einer oberflächlichen Reinigung mit ein paar Feuchttüchern die Sauerei mit ihr unter der Dusche zu beseitigen.

Also kam der kleine Nackedei mit rein auf meinem Arm und beobachtete mit großen Augen die Tropfen unserer Tropenbrause. Vorsichtig tastete ich mich vor und streckte meine Hand in den Wasserstrahl, sie machte mir das Ganze nach und schmeckte das Wasser dann fachmännisch ab. Nach dieser kurzen Qualitätskontrolle wurde ein Fuß zum Kitzeln in den Strahl gehalten und sogar mit der Zunge getestet. Ich war total begeistert, dass Fabienne anscheinend keinerlei Angst vor dem Wasser hatte, und sah sie daher schon als künftige Rettungsschwimmerin zahlreiche Medaillen erschwimmen. Problematisch wurde es nur, als Antje die Seife mit ins Spiel brachte. Kaum hatte ich der Kleinen den Rücken und den Po eingeseift, da rutschte sie mir auch schon fast aus dem Arm. Ständig nachgreifend fühlte sie sich an wie ein Aal, der jetzt zu allem Überfluss auch noch anfing zu zappeln.

Nachdem ich, so schnell es ging, einen Großteil wieder abgewaschen hatte, beruhigte sich die Situation und ich hatte sie wieder fest im Griff. Fabienne fand das ganze Spektakel eher amüsant und quiekte vor sich hin und mir war vollkommen klar, was mich jetzt täglich erwartete, und so war es auch – und für mich jeden Tag aufs Neue ein Riesenspaß.

Geschenke mit Geräuschen oder:
Die Giraffe muss sterben

Ich finde, als guter Freund hat man eine gewisse Verant-
wortung jungen Eltern gegenüber, besonders was die Geschenke angeht. Man schenkt einem fünfjährigen Jungen
keine Maschinenpistole und einem fünfjährigen Mädchen
keinen Schminkkasten. Aber auch andere Geschenke emp-
finde ich eher nicht als Freude, sondern als Provokation.
Insbesondere eigentlich alle Dinge, die mit Geräuschen zu
tun haben. Was hatte ich diesen Leuten getan?

Man verschenkt doch eigentlich nur Sachen, von denen
man denkt, dass sie dem anderen gefallen und Freude be-
reiten. Wobei, unserer Tochter bereiteten sie ja Freude! Was
gab es da alles? Ein Lernbuch: klang erst mal lehrreich,
aber entpuppte sich als das, was es war, ein Nervbuch. Auf
verschiedenen Stoffseiten gab es einen Spiegel, eine Seite, die total raschelte, und eine, die quietschte, wenn man
draufdrückte, und ich kann mit Bestimmtheit sagen, sie
hat kaum in den Spiegel geschaut und auch wenig gera-
schelt, aber die Quietschseite, das war ein Spaß, also für
sie, meine ich!

Dann bekamen wir eine Decke, die man auf den Boden legen konnte, mit verschiedenen Tieren drauf, und alle
machten ein Geräusch, wenn man draufdrückte. Damit
sollte sich die Kleine beschäftigen, wenn sie anfing, auf dem
Bauch zu liegen und zu krabbeln. Bis dahin lag sie halt auf
der Decke und rollte sozusagen über die einzelnen Geräusche. Viel öfter als das traten wir drauf, wenn wir durchs
Zimmer liefen, und erschreckten uns dabei, vorzugsweise
nachts.

Ich führte Buch darüber, wer unserer Tochter etwas in

dieser Art schenkte, und je nach Nervgrad schrieb ich zum entsprechenden Namen das Rachegeschenk, wenn derjenige mal ein Kind bekäme: Mathias bekommt ein Knatterrad, Michael einen Lachsack und Patrick definitiv ein Schlagzeug. Das größte Problem ist ja, dass sich ein Kind so unfassbar schnell an ein Spielzeug gewöhnt, und wenn das so ist, dann geht ohne das Ding rein gar nichts mehr.

Ich erinnere mich noch, meine Eltern schenkten meiner Schwester einmal eine schwarze Puppe. Warum schwarz? Ich weiß es nicht! Vielleicht eine frühe Form der antirassistischen Aufklärung, die bei meiner Schwester auf jeden Fall gewirkt zu haben schien, denn diese Puppe war ihr Ein und Alles! Sie schlief mit ihr, sie badete und fütterte sie und eines Tages schnitt sie ihr sogar die Haare. Okay, dann war es halt ab sofort ihre schwarze Lieblingspuppe mit niemals mehr nachwachsender Kurzhaarfrisur. Das Problem entstand eines Tages, als die Puppe auf einmal weg war. Liegen gelassen beim Kinderarzt, beim Einkaufen, verloren auf dem Spielplatz, keiner wusste es und das Geschrei war groß über Tage. Mein Vater wusste sich keinen Rat mehr und suchte total entnervt nach einer Ersatzpuppe, und wir reden von einer Zeit ohne Easy Shopping, Internet, Amazon, ein Klick und fertig. Aber er fand eine, legte sie vor die Haustür, klingelte und bat meine Schwester zu öffnen. Und da war sie nun, wiedergekommen von einem langen Ausflug, mit neuen schicken langen Haaren, und die Welt war wieder in Ordnung. Bis zu dem Tag, an dem meine Schwester die ursprüngliche Puppe wiederfand. Meine Eltern stammelten noch irgendetwas von Zwillingsschwester, aber geglaubt hat das am Ende, denke ich, keiner. Hängen geblieben ist bei mir, wie wichtig so ein Spielzeug werden kann.

Bei unserer Tochter war es eine Giraffe. Die quietschte so schön, wenn sie darauf rumkaute oder rumdrückte, und ich spreche von einem echt nervigen Quietschen, aber man konnte sich in einigen Situationen halt entscheiden zwischen dem Quietschen und der Heulsirene von Fabienne. Sie wurde ihrem Sternzeichen Löwe auch sehr gerecht, denn wenn ich ihr animierend zurief: »Fass, Fabienne, ja, töte die doofe Giraffe«, dann riss sie ihren Mund weit auf, hatte den kompletten Kopf der Giraffe in selbigem und schüttelte sie wie verrückt.

Eines Tages, Fabienne war mitten in der Zahnphase und es hatte gefühlte Stunden gedauert, bis wir sie endlich zum Schlafen kriegten, tappte ich wie immer im Dunkeln aus dem Zimmer, um auch endlich eine Mütze Schlaf zu bekommen. Fast schon an der rettenden Tür angekommen, passierte es dann: Ich trat auf die am Boden liegende, anscheinend von der hungrigen Löwin, nachdem sie mit ihrer Beute gespielt hatte, liegen gelassene Giraffe. Mit einem lauten Quietschen war die Einschlafphase meiner Tochter abrupt beendet und ging fließend in ein lautes Gelächter über. Kombiniere, kombiniere, Giraffe heißt: Es ist Spielzeit, hurra, dann muss ich ja gar nicht schlafen. Und schon saß ich die nächste Stunde mit der Giraffe am Bett meiner Tochter und bestätigte ihr hundertmal, wie toll sie sie wieder geschüttelt hatte.

Eins war mir nach diesem Abend aber klar: Die Giraffe muss sterben!

Nach dem Spiel ist vor dem Spiel

Unsere Tochter stand kurz vor ihrem sechsten Monatsgeburtstag, als wir die Nachricht bekamen, dass bei unserer Freundin Özlem der Geburtstermin feststand. Nach ihrer Tochter bekam sie nun, vier Jahre später, einen Jungen, der auch per Kaiserschnitt geholt werden sollte. Wir besorgten uns für den Tag der Geburt einen Babysitter, damit wir uns in Ruhe auf ihren Sohn konzentrieren konnten. Um 10.30 Uhr kam dann das erste Foto des kleinen Fabrice und wir freuten uns schon riesig darauf, ihn das erste Mal im Arm zu halten. Wir gingen noch kurz etwas essen und unterhielten uns über unsere Kleine, die ja jetzt schon sechs Monate alt wurde, und wie schnell die Zeit vergangen war. Antje schwärmte: »Ach, das war so schön, aber viel zu schnell vorbei, wie bei unserer Hochzeit, die würde ich auch gerne noch mal erleben, denn da war ich auch so aufgeregt, dass ich die Hälfte nicht mitbekommen habe.« Das waren die ersten Warnsignale und ich muss zugeben, die habe ich am Anfang gar nicht so richtig mitbekommen.

Wir zahlten und machten uns auf den Weg ins Krankenhaus zur Kinderstation. Dort angekommen, suchten wir eine Weile, bis wir endlich das richtige Zimmer gefunden hatten, und in allen Ecken und jedem Zimmer wimmelte es nur so von Neugeborenen oder hochschwangeren Frauen. Die Augen meiner Frau waren schon glasig, bevor wir überhaupt das richtige Zimmer betraten. Nachdem wir Özlem gratuliert hatten, sahen wir uns diesen winzigen Kerl endlich aus der Nähe an. So klein, so zerbrechlich und, um Himmels willen, nach nur sechs Monaten sah unsere Tochter daneben aus wie ein Zeppelin. Der Kleine schaute kaum aus seinen noch verquollenen Augen, aber er zog uns und besonders Antje total in seinen Bann.

Was ich dabei überhaupt nicht auf dem Schirm hatte, war, dass so ein frisch geborenes Kind eine Art Glücks-bärchen-Power besitzt. Diese setzt es ein, um den kompletten Hormonhaushalt einer Frau außer Kraft zu setzen. Antje nahm Fabrice auf den Arm, setzte sich mit ihm in eine Ecke des Zimmers und war nicht mehr ansprechbar. Mit leicht verklärtem Blick und einem Dauerlächeln sah sie so aus, als ob sie gerade einen riesigen Joint genossen hätte, und so langsam wurde mir einiges klar. Sie wurde von einer vollen Wucht Glücksbärchen-Hormone getroffen, schwebte förmlich im siebten Himmel und es war vollkommen logisch, was sich gerade in ihrem Kopf abspielte: »So was auch haben wollen, haben wollen, zweites Kind haben wollen, am besten gleich.« Sie brauchte das auch gar nicht zu erwähnen, sie hatte in diesem Moment sozusagen telepathische Kräfte. Ich setzte mich erst mal und musste ebenfalls ernsthaft darüber nachdenken, wie das wäre mit einem zweiten Kind.

Was ebenfalls aussetzt, wenn man so ein kleines, sü-ßes Baby auf den Arm bekommt, ist die Erinnerung an Stress, Ärger, Schlaflosigkeit, Ängste und alles, was mit diesem Glückspaket mitgeliefert wird. Alles in der Vergangenheit ist auf einmal rosarot und war im Grun-de auch gar nicht so schlimm. Ich dachte, die Ent-scheidung darüber, ein zweites Kind zu bekommen, sollte man nicht in so einer beeinflussenden Atmosphäre tref-fen, das ist, wie wenn man mit Hunger einkaufen geht. Da ist der Wagen gleich doppelt so voll, weil man einfach nicht mehr logisch überlegt, was man wirklich braucht. Über eine Fortsetzung unseres Kinderglücks sollten wir daher entscheiden, wenn wir beide wieder klar denken können.

Aber wenn ich ehrlich bin, verfolgt mich der Satz: »Was wäre wenn?« seit diesem Tag permanent, und auch in meinen Gedanken ist es seitdem rosarot, oder wie wir beim Fußball sagen: »Nach dem Spiel ist vor dem Spiel.«

Unsere Leseempfehlung

Anne Nina Simoens
Anja Pallasch

Komplett aktualisiert!

BABYPEDIA

· Elterngeld
· Elternzeit
· Anträge
· Finanzen
· Rechtsfragen
· Ausstattung

Checklisten, Links,
Apps, Literatur

GOLDMANN

336 Seiten
Auch als E-Book
erhältlich

Das erste Service-Buch mit den wichtigsten Informationen rund um Schwangerschaft und das erste Jahr mit dem Baby. Hier finden werdende und frischgebackene Eltern alles, was sie wissen müssen: Checklisten für die To-dos vor und nach der Geburt, Infos zum passenden Kinderwagen, Behördengänge aller Art (von Mutterschutz über Elternzeit bis Kindergeld), die nützlichsten Apps und Websites oder die besten Bücher – dieses einzigartige Nachschlagewerk versammelt alles, was den Alltag mit Baby leichter macht. Jetzt komplett aktualisiert und überarbeitet!